A tecnoutopia do software livre

CONSELHO EDITORIAL
Ana Paula Torres Megiani
Eunice Ostrensky
Haroldo Ceravolo Sereza
Joana Monteleone
Maria Luiza Ferreira de Oliveira
Ruy Braga

A tecnoutopia do software livre

Uma história do projeto técnico e político do GNU

Aracele Lima Torres

Copyright © 2018 Aracele Lima Torres

Grafia atualizada segundo o Acordo Ortográfico da Língua Portuguesa de 1990, que entrou em vigor no Brasil em 2009.

Edição: Haroldo Ceravolo Sereza/ Joana Monteleone
Editora assistente: Danielly de Jesus Teles
Projeto gráfico e diagramação: Jean Ricardo Freitas
Assistente acadêmica: Bruna Marques
Revisão: Alexandra Collontini
Capa e arte da capa: Mari Ra Chacon Massler

Esta obra foi publicada com apoio da Fapesp, nº do processo 2015/20321-1.

CIP-BRASIL. CATALOGAÇÃO-NA-FONTE
SINDICATO NACIONAL DOS EDITORES DE LIVROS, RJ

T649T

Torres, Aracele Lima
  A tecnoutopia do software livre : uma história do projeto
técnico e político do GNU
Aracele Lima Torres. -- 1. ed.
São Paulo : Alameda
: il. ; 21 cm

ISBN: 978-85-7939-451-5

1. Software livre. 2. Software. 3. Informática - Estudo e ensino.
I. Título.

17-39989   CDD: 005.1
                                      CDU: 004.4

Editora filiada à Liga brasileira de editoras (LIBRE) e
à Alinça internacional dos editores independentes (AIEI).

ALAMEDA CASA EDITORIAL
Rua 13 de Maio, 353 – Bela Vista
CEP 01327-000 – São Paulo, SP
Tel. (11) 3012-2403
www.alamedaeditorial.com.br

Ao GNU

Objetos perdidos

El siglo veinte, que nació anunciando paz y justicia, murió bañado en sangre y dejó un mundo mucho más injusto que el que había encontrado.

El siglo veintiuno, que también nació anunciando paz y justicia, está siguiendo los pasos del siglo anterior.

Allá en mi infancia, yo estaba convencido de que a la luna iba a parar todo lo que en la tierra se perdía.

Sin embargo, los astronautas no han encontrado sueños peligrosos, ni promesas traicionadas, ni esperanzas rotas.

Si no están en la luna, ¿dónde están? ¿Será que en la tierra no se perdieron? ¿Será que en la tierra se escondieron?

(Eduardo Galeano)

Sumário

11 Prefácio

15 Introdução

23 **Capítulo 1:** Tudo assistido por máquinas de adorável graça
23 Máquinas de não tão adorável graça: a invenção dos primeiros computadores
38 A invenção de uma cultura hacker
55 Máquinas de adorável graça: os computadores para o povo
81 As máquinas pessoais: do hobismo à indústria

105 **Capítulo 2:** A Filosofia GNU
105 O nascimento da indústria do software
123 A gênese do Projeto GNU
133 A cultura do *copyleft*
146 A negação e a afirmação da propriedade intelectual
170 O compartilhamento como uma demanda social
185 O perfil político-ideológico de Richard Stallman

203 **Capítulo 3:** O projeto social do GNU e o *software* livre como utopia
203 A chegada do Linux e a bifurcação do movimento
226 *Software* ideológico versus *software* não ideológico
239 O *software* livre e a retórica neoliberal
249 O *software* livre como utopia

265	**Considerações finais**
269	**Referências**
275	**Fontes**
275	Textos
275	Sites
283	Documentários
285	**Anexos**
285	Anexo A – Anúncio inicial do GNU
288	Anexo B – GNU GPL Versão 1
289	Anexo C – An Open Letter to Hobbyists
290	Anexo D – A second and final letter
291	Anexo E – Carta de Mike Hayes a Bill Gates
292	Anexo F – Carta de Charles Pack a Bill Gates
292	Anexo G – Goodbye, "free software"; hello, "open source"
294	Anexo H – The Open Source Definition
295	Agradecimentos

Prefácio

O software livre foi um dos mais influentes movimentos sociais da virada do século XX para o XXI. Um movimento cuja estratégia não se limitou à propagação de suas ideias e a pressões políticas, mas que aliou a elas a construção de códigos, computacionais e jurídicos, capazes de também atuarem em prol da causa do conhecimento livre. E o software livre venceu fragorosamente, assim como fracassou gloriosamente.

Abertura, compartilhamento, transparência, processos emergentes, criação coletiva são princípios balizadores das comunidades e iniciativas livres, que por sua vez tornaram-se aspectos essenciais do capitalismo contemporâneo. Eles abrem espaço para a inteligência e a força vital, criativa, das multidões conectadas, as mesmas que fazerem acontecer o fluxo informacional que alimenta a extração de valor operada pelos gigantes da tecnologia. O código que faz funcionar os servidores e aplicativos dessas grandes empresas é, em grande parte, livre. Do mesmo modo, os processos de criação coletiva, colaboração e competição que fundamentam as redes sociais das grandes empresas operam de modo bastante semelhante aos grupos de desenvolvimento livre.

O movimento em muito se estruturou na luta contra o monopólio da Microsoft e contra o modelo do software proprietário vendido em caixinhas. Anos depois, a empresa continua sendo um dos grandes do mercado, mas seu modelo de negócios por excelência perdeu força. Foi superado por outro, que une livre iniciativa com vigilância, colaboração e competição.

Podemos começar a entender essa estranha combinação olhando para elementos que estão inscritos na história. Aí reside a grande contribuição de Aracele Torres, neste competente trabalho. Com a percepção aguçada dos bons historiadores, ela vai buscar nos anos 1940 e 1950 as tecnoutopias fundamentais que vão informar não somente o movimento software livre, já nos anos 1980, como a cibercultura contemporânea. Quando ela mergulha nos documentos, nas imagens e nos debates da Califórnia dos anos 1960 é especialmente feliz. Nos dá elementos para, além de compreendermos melhor as fraturas e colas ideológicas do software livre – do qual se aproxima no capítulo seguinte-, pensarmos o debate sobre política, democracia e tecnologia do século XXI.

O movimento software livre interessa, hoje, não só pelas ideias políticas, temas e lutas que elaborou entre o fim do século XX e início do século XXI, ele é importante por ser um caso especial em que as fronteiras entre movimento, empresas, organizações sociais, partidos e comunidades de afinidade foram borradas e os atores articularam-se - alguns em torno de uma difusa tecnoutopia, outros em busca de espaço no mercado capitalista de informática.

Entender, tanto os fundamentos e desenvolvimentos dessa tecnoutopia, como as mudanças tecnológicas que aconteceram, é crucial para pensarmos o futuro de nossas sociedades e da economia global. Parte do mundo do trabalho que se desenha parece em muito o dos desenvolvedores de software: indivíduos ou pequenos grupos, tornados empresas de si mesmos, num jogo que mistura colaboração e competição, buscando realizar e financiar projetos. Todos conectados – e vigiados - por máquinas de adorável graça.

Quando Richard Stallman funda o Projeto GNU, projeta um mundo em que uma rede de colaboração e troca de códigos e conhecimentos continuaria possível, resistindo aos avanços do capitalismo que transforma tudo em mercadoria. Em alguns momentos, e para alguns, esse objetivo se mesclou à própria extinção do capitalismo. Hoje, vemos como o sistema não só resistiu a esses ataques como incorporou algumas de suas características. Stallman, mais tarde, afirmaria que o software livre foi sua maneira de lidar com uma questão política maior, a luta contra a tendência de as empresas terem cada vez mais poder sobre o povo e os governos. O grande trabalho de Aracele Torres nos permite perceber como, em mais de um sentido, o software livre continua extremamente atual.

Rafael de Almeida Evangelista
Universidade Estadual de Campinas

Introdução

O Projeto GNU nasceu na metade dos anos 1980 nos Estados Unidos. Ele foi idealizado por um programador chamado Richard Stallman, que estava descontente com a mudança na forma como os programas de computador estavam sendo feitos. Antes esses programas podiam ser livremente compartilhados e alterados por outras pessoas que não o seu autor original. Os códigos-fonte desses programas, ou seja, suas instruções de fabricação, muitas vezes eram abertos e podiam ser distribuidos, possibilitando aos programadores alterá-los e adaptá-los.

Essa realidade se alterou na medida em que a indústria do *software* foi se desenvolvendo e as empresas sentiram necessidade de proteger a propriedade desses programas, já que eles estavam se tornando uma fonte de lucro. O principal mecanismo usado pelas empresas para garantir essa proteção foi o *copyright*, que restringe os direitos de uso e de cópia desses *softwares*. Com o uso do *copyright*, o código-fonte passou a ser fechado, impossibilitando que ninguém, além dos donos do *software*, pudesse alterá-lo. Isso criou o padrão de *software* proprietário que temos hoje.

Para reagir a essa tendência de programas proprietários, Richard Stallman criou o Projeto GNU, que desenvolve e apoia o desenvolvimento de *softwares* livres, ou seja, programas de computador cujo código-fonte é aberto e permite que qualquer um o estude, o copie, o modifique e o redistribua. O nome GNU é um acrônimo recursivo para *GNU's not Unix*. Ele quer dizer que o GNU, o sistema operacional criado pelo projeto de Richard Stallman, era baseado em outro sistema, o Unix, mas que ao mesmo tempo se diferenciava deste. Além disso, o nome coincidentemente também faz referência ao Gnu, um animal nativo do continente africano e conhecido como o "boi africano". Por causa dessa coincidência o Gnu acabou sendo adotado como símbolo do projeto.

Penso que seria negligência com o leitor se omitisse as minhas atividades como militante e colaboradora do *software* livre. Até porque, o fato de eu ser usuária e defensora foi a principal motivação para começar a estudar o tema. Portanto, começo a apresentar o conteúdo desse livro a partir do meu envolvimento com o "objeto" de estudo.

Quando conheci o *software* livre, em 2007, eu não tinha a menor noção de que havia outro sistema operacional disponível para os computadores, além do popular *Windows*. A filosofia ligada ao *software* livre me seduziu primeiro, ela me levou a querer usá-lo antes mesmo de entender que seu uso oferece também vantagens técnicas. Como ativista do movimento estudantil na época, eu fiquei fascinada pelo que um programa livre e feito de forma colaborativa representava dentro da economia capitalista que nós temos, onde não somos incentivados a trabalhar ou produzir algo sem ganhar nada ou receber nenhum pagamento em troca.

Intrigava-me o fato de que existia, em um mundo cada vez mais individualista e capitalista como o nosso, diversos projetos de *software* livre que eram mantidos de forma voluntária e cooperativa, por pessoas de diferentes partes do mundo e de diferentes ideologias. Projetos que muitas vezes são tecnicamente melhores do que muitos projetos proprietários desenvolvidos por grandes empresas. Dei-me conta que haveria aí uma possibilidade de pesquisar sobre o tema e tentar descobrir, senão porque as pessoas colaboram com tais projetos, mas, pelo menos, o que o *software* livre poderia representar no contexto atual. Decidi então transformar esse tema em objeto de estudo na graduação. Em 2009, apresentei como trabalho final do curso de História na Universidade Federal do Piauí (UFPI), uma monografia que tratava do *software* livre como movimento social de contestação do *copyright*. Eu o colocava, ao lado do *The Pirate Bay*, grupo sueco por trás do maior site de compartilhamento de

A tecnoutopia do software livre

arquivos na internet, como representantes de um movimento contemporâneo que defendia o que se convencionou chamar de "cultura livre".

Paralelo à pesquisa eu também desenvolvia atividades junto às comunidades de *software* livre, no Piauí, onde morava na época, e por outros estados onde participava de eventos. Em 2010 me tornei uma colaboradora direta da comunidade KDE, contribuindo com as áreas de promoção de eventos e tradução de *softwares* e textos. Na medida em que meu envolvimento com as comunidades foi aumentando, e fui conhecendo melhor o funcionamento delas, o meu interesse pelo tema enquanto historiadora também aumentava. A convivência mais direta com comunidades de *software* livre e o aprofundamento de leituras sobre o tema me forneceram novas perspectivas, diferentes inclusive das que eu tinha quando escrevi a monografia em 2009. Resolvi então, após terminar a graduação, desenvolver uma pesquisa de mestrado sobre o Projeto GNU, a fim de conhecer melhor a história do movimento e de entender suas reais implicações sociais e políticas.

Essa pesquisa, por fim, se transformou neste livro, que é um trabalho de uma pesquisadora apaixonada pelo seu tema, assim como todos os outros o são, já que eu acredito que ninguém escreve e pesquisa sobre aquilo que não gosta. Isso não significa dizer, no entanto, que ele será menos ou mais tendencioso ou parcial. Significa que eu quero deixar claro ao leitor qual é o lugar de onde eu falo. Significa dizer que eu tenho muita proximidade com o meu "objeto" de estudo. A qualidade do trabalho historiográfico não é determinada por isso, mas pela forma como o historiador procede no questionamento das fontes, na construção da narrativa, no rigor com o qual ele aplica o método historiográfico. É isso que conta, como lembra Jean-Pierre Rioux, "o questionamento rigoroso apazigua a desordem partidária" (1999, p. 47).

Também não compromete a qualidade deste trabalho a proximidade com o tempo do qual ele trata. Fazer uma história do tempo presente poderá parecer arriscado pelo total estado de imersão em que o historiador se encontra. "Mas não está todo historiador intimamente presente na história que compõe?" (TÉTART, 2000, p. 135). Uma pesquisa assim poderá parecer mais subjetiva, mais sujeita a delírios ou às "queimaduras da história", para usar um termo de Philippe Tétart. Mas não sofro do "medo das queimaduras da história", sofro mais de uma "impaciência social", de um "desejo de identidade", pois é isso que caracteriza toda história do presente. Esse tipo de história é um fenômeno de geração, como alertava Agnés Chaveau e Philippe Tétart (1999), uma reação aos acontecimentos do último século, uma vontade de entender e tentar explicar o tempo em que se vive. É neste sentido que enxergo esse trabalho, como esse desejo de busca e compreensão da nossa identidade.

Esse livro está dividido em três partes. Na primeira delas apresentamos ao leitor a história de como as tecnologias digitais que usamos hoje, computador e internet, foram concebidas. Essa contextualização histórica é necessária para desnaturalizar essas tecnologias, que são usadas atualmente como ferramentas de comunicação, mas que foram criadas como tecnologias de guerra. Nessa primeira parte, portanto, explico como a história da informática se entrelaça com a história da guerra no século XX. Mostro como esse entrelaçamento acabou rendendo à informática uma reputação ruim, muitas pessoas enxergavam os computadores como máquinas desumanizantes e nocivas para a sociedade.

No entanto, abordo como essa visão negativa sobre os computadores foi se modificando, entre outras coisas, através do esforço de alguns grupos sociais da região de São Francisco, na Califórnia. Como demonstro ao longo do livro, esses grupos compostos por *hackers, hippies*, acadêmicos, empresários etc., vão defender, a partir dos anos 1970, uma informática a serviço das pessoas. Eles serão os responsáveis por criar as primeiras máquinas pessoais, com a justificativa de que os computadores precisavam ser usados pelas pessoas, não contra elas. Eles defendiam que essas máquinas deveriam ser descomplicadas, precisavam abandonar os ambientes cientifico militares onde nasceram e se tornar parte do ambiente doméstico. A história da criação dos primeiros computadores e, posteriormente, dos primeiros computadores pessoais, é fundamental, portanto, para entender como nos últimos anos do século XX ocorreu uma transformação no significado cultural dessas tecnologias.

Ainda na primeira parte, apresento um tópico sobre a construção da cultura *hacker*, no qual aponto a noção de cultura *hacker* que temos hoje como historicamente construída através, principalmente, da literatura sobre o tema. Esse tópico discute os diversos significados do termo *hacker* e procura mostrar como esses vários significados foram estabelecidos desde os anos 1950 até hoje. Falar sobre a identidade *hacker* é importante porque Richard Stallman reivindica para seu Projeto GNU o *status* de herdeiro e restaurador de uma "ética hacker". Explicar quais são os termos dessa ética ajuda, por consequência, também a compreender a constituição da filosofia do projeto.

Inicio a segunda parte do livro com a análise da história do desenvolvimento da indústria do *software*, destacando que até os anos 1960 praticamente todas as empresas repassavam seus *softwares* de graça aos clientes. Não se vislumbrava ainda a possibilidade de ganhar dinheiro vendendo *software*, portanto, até as empresas nesse momento mantinham um esquema de incentivar o compartilhamento dos programas. Conhecer a história da indústria do *software* possibilita perceber que ele nem sempre foi tratado como uma propriedade que necessitava ser protegida, isso porque ele não foi visto desde sempre como uma fonte de lucro. Como destaco nessa parte, a prática de compartilhar os *softwares* era comum tanto no ambiente empresarial quanto nos ambientes *hackers*, como laboratórios universitários e clubes de entusiastas da computação e eletrônica.

Nesta segunda parte apresento, também, a história de como Richard Stallman idealizou o Projeto GNU na metade dos anos 1980, quando ele alega que a comunidade *hacker* da qual fazia parte no MIT (Massachusetts Institute of Technology) começou a entrar em decadência e ele precisava retomar os seus valores de solidariedade e cooperação.

Falo sobre como a filosofia do Projeto GNU foi desenvolvida, destacando o que o projeto defende e como defende. Procuro demonstrar como o GNU propõe não a extinção do sistema de propriedade intelectual, mas sua flexibilização. Encerro essa seção do livro construindo o perfil político-ideológico de Richard Stallman, expondo as suas crenças políticas, porque elas são a base de seu projeto e revelam muito sobre a forma como ele o conduz. Além disso, elas são alvo constante de críticas daqueles que discordam, seja do seu projeto político, seja da forma como ele o defende.

Na terceira e última parte procuro discutir a história da divisão que ocorreu no movimento *software* livre, durante o final dos anos 1990, resultando em duas correntes, a *free software* e a *open source*. Essa divisão acabou contribuindo para a expansão e popularização do movimento, que ganhou novos atores e novas ideologias, além de mais força. A *free software*, como mostro, é a corrente liderada por Richard Stallman. Ela propõe que o *software* livre seja visto como um projeto social, que prioriza a defesa da liberdade dos usuários e objetiva alcançar uma sociedade na qual o *software* proprietário seja extinto e apenas *software* livre seja produzido. Já a corrente *open source* defende uma abordagem diferente, para eles o que deve ser priorizado é a qualidade e eficiência técnica do *software* livre. Esse grupo foi responsável por dar ao *software* livre uma roupagem mais comercial e menos política, com uma abordagem mais neoliberal.

Para encerrar meus argumentos, exponho o cenário no qual o *software* livre se configura como uma alternativa política para muitos esquerdistas em meio à crise política atual. Procuro tornar evidente como o movimento, por usar um discurso pautado em valores historicamente mobilizadores da sociedade, permite que tanto a esquerda como a direita se apropriem dele. E, por fim, defendo a minha tese, a de que o *software* livre pode ser considerado como uma utopia moderna, na medida em que se caracteriza como um projeto político que propõe uma sociedade diferente da que temos hoje.

A tecnoutopia do software livre

Como será possível notar, Richard Stallman foi a fonte privilegiada sobre o Projeto GNU. A maioria dos textos citados sobre o projeto foram escritos por ele ou fazem referência à sua figura. Isso se explica pelo fato de Stallman ser não só o idealizador do projeto, mas seu principal porta-voz. É uma figura central (talvez até centralizadora) na história desse projeto, de modo que a documentação que encontrei sobre o GNU me impôs construir essa pesquisa principalmente a partir de sua perspectiva.

Capítulo 1

Tudo assistido por máquinas de adorável graça

**Máquinas de não tão adorável graça:
a invenção dos primeiros computadores**

Não é possível pensar o século XX sem refletir também sobre as catástrofes da guerra que fizeram parte de toda sua "breve" história. É dessa forma que um historiador contemporâneo, que pesquisa sobre essas catástrofes, acredita que devemos olhar para esse período. Eric Hobsbawm (2009), cujo nome está associado ao conceito de "Breve Século XX" é quem elucida, em seu livro "Era dos extremos: o breve século XX: 1914-1991", as implicações, "tão profundas quanto irreversíveis" (p. 18), da guerra[1] do século passado sobre nosso modo de vida atual. Com olhar de "observador participante" Hobsbawm explica que toda uma civilização desmoronou por conta da guerra e que só a partir de uma reflexão sobre esta é que poderemos entender o século XX e seus fenômenos sociais:

> A humanidade sobreviveu. Contudo, o grande edifício da civilização do século XX desmoronou nas chamas da guerra mundial, quando suas colunas ruíram. Não há como compreender o Breve Século XX sem ela. Ele foi marcado pela guerra. Viveu e pensou

---

[1] Adotaremos a mesma perspectiva de Eric Hobsbawm em relação às duas grandes guerras mundiais, como sendo uma longa guerra de 31 anos. Dessa forma, ao invés de falarmos em guerras, no plural, usaremos a palavra guerra, no singular, para nos referirmos aos dois conflitos.

em termos de guerra mundial, mesmo quando os canhões se calavam e as bombas não explodiam. Sua história e, mais especificamente, a história de sua era inicial de colapso e catástrofe devem começar com a da guerra mundial de 31 anos (*Ibidem*, p. 30).

As histórias do computador eletrônico e da internet também começam com a guerra, e da mesma forma só podem ser entendidas a partir dela. São tecnologias que nasceram em ambientes científico militares, como demandas da guerra, e que tiveram seu desenvolvimento impulsionado por toda essa dinâmica. Uma dinâmica que era nova, significativamente diferente das guerras anteriores. A guerra do século XX inaugurou novas formas de combate: os combates deixaram de ser uma questão de corpo a corpo (BRETON, 1991), travados entre as populações militares e passaram a contar com novas formas de ataque e com novos alvos. O número de mortos entre a população civil atingiu proporções assustadoras, superando o número de militares. As populações civis se tornaram, pela primeira vez na história, alvos principais dos ataques. Foi o século mais assassino da história, estimativas apontam para 187 milhões de mortos (HOBSBAWM, 2009). E a ciência e tecnologia desempenharam um papel crucial para estes resultados assustadores.

Por ser uma guerra de proporções mundiais, envolveu, de forma inédita, todas as potências do globo, exigiu uma produção em massa e criou demandas gigantescas. Essas demandas foram responsáveis, em grande parte, pelo desenvolvimento da ciência e da tecnologia visto durante o século passado. Não por acaso a guerra do século XX é vista como a "guerra de cálculo, de previsão e de organização" (BRETON, 1991, p. 166). Seu papel, como já foi dito, foi importantíssimo para o desenvolvimento do computador e de várias ferramentas tecnológicas que visavam aprimorar a capacidade de calcular e de prever do homem. A guerra, portanto, provocou revoluções importantes no seio da ciência e da tecnologia, funcionou como uma espécie de catalisador para estes campos.

A tecnoutopia do software livre

Como Hobsbawm (2009) descreve a seguir, caracterizou-se também como um conflito de tecnologias e não apenas de exércitos:

> A guerra total sem dúvida revolucionou a administração. Até onde revolucionou a tecnologia e a produção? Ou, perguntando de outro modo, até onde adiantou ou retardou o desenvolvimento econômico? Adiantou visivelmente a tecnologia, pois o conflito entre beligerantes avançados era não apenas de exércitos, mas de tecnologias em competição para fornecer-lhes armas eficazes e outros serviços essenciais. Não fosse pela Segunda Guerra Mundial, e o medo de que a Alemanha nazista explorasse as descobertas da física nuclear, a bomba atômica certamente não teria sido feita, nem os enormes gastos necessários para produzir qualquer tipo de energia nuclear teriam sido empreendidos no século XX. Outros avanços tecnológicos conseguidos, no primeiro caso, para fins de guerra mostraram-se consideravelmente de aplicação mais imediata na paz – pensamos na aeronáutica e nos computadores – mas isso não altera o fato de que a guerra ou a preparação para a guerra foi um grande mecanismo para acelerar o progresso técnico, "carregando" os custos de desenvolvimento de inovações tecnológicas que quase com certeza não teriam sido empreendidas por ninguém que fizesse cálculos de custo-benefício em tempo de paz, ou teriam sido feitos de forma mais lenta e hesitante (p. 54).

Fora nos laboratórios das universidades, usados como verdadeiras incubadoras de projetos militares, que ferramentas como o computador e a internet nasceram. Ambos nasceram das necessidades geradas pelo ambiente da guerra, mas também representaram, como Hobsbawm destacou acima, a disputa tecnológica que caracterizou esse período. Foram demonstrações do poderio das potências que os criaram, no caso destes, os Estados Unidos (EUA). A tecnologia parece ter sido a principal e a mais eficaz arma na guerra do século XX.

O período que marca o nascimento dos primeiros computadores é o que compreende os anos de 1945 a 1951. Nesse intervalo, as primeiras máquinas começaram a ser fabricadas em universidades inglesas e norte-americanas (BRETON, 1991). Elas representaram a confluência de ideias e projetos de vários cientistas, uma longa acumulação de saberes em torno dos estudos sobre automação. Essas máquinas, como explica Breton, representaram a síntese de vários e diferentes trabalhos, dentre eles os do matemático húngaro, e naturalizado norte-americano, John von Neumann; e do matemático britânico, Alan Turing. Ambos tinham interesse na construção de ferramentas potentes que representassem modelos do cérebro humano e que pudessem realizar cálculos os mais vastos possíveis. Breton explica:

> O principio técnico do computador irá situar-se no exato ponto de convergência das tradições que se aproximavam há séculos: a nova máquina, construída como uma espécie de "cérebro artificial", será um automatismo de programação que irá permitir ao mesmo tempo efetuar cálculos aritméticos e processar informações de forma lógica (*Ibidem*, p. 89-90).

Mas o desenvolvimento desta tecnologia também representa um outro tipo de convergência, a que ocorreu entre os interesses dos cientistas e dos militares. O nascimento dos computadores, assim como o da internet mais tarde, foi fruto de uma relação estreita entre a ciência e a guerra. Este período da guerra foi marcado por uma significativa militarização da ciência. Como Philippe Breton (1992) também sublinha, os cientistas geralmente são vistos como responsáveis para assegurar a

A tecnoutopia do software livre

perpetuidade da nossa civilização e durante o período da guerra eles foram mais cobrados a assumir esse papel. Seus serviços foram solicitados para, entre outras coisas, guiar os políticos na utilização da ciência para garantir nossa perpetuidade. Foi dessa forma, portanto, que eles foram utilizados durante a guerra:

> Em meados do século XX assiste-se com efeito, paralelamente ao movimento de inovação em todos os domínios, a uma escalada em força da intervenção dos cientistas na sociedade. A guerra representa, como é evidente, um grande papel nessa utilização do cientista como perito ao serviço das necessidades militares e das estratégias governamentais. Os especialistas em técnicas de comunicação serão, pois, particularmente mobilizados e o seu papel no conflito mundial e depois na guerra fria, será decisivo (p. 35-6).

Durante a Segunda Guerra todos os setores das ciências se colocam à disposição para ajudar com as demandas militares, embora dois deles tenham ganhado um especial destaque: a física nuclear e o cálculo e tratamento da informação. Não se pode esquecer também das poderosas técnicas de propaganda e desinformação largamente usadas (*Ibidem*, p. 38). A psicologia e a medicina (lembremo-nos das teorias eugenistas) também tiveram um papel importante, sobretudo na Alemanha de Hitler.

Vários projetos foram desenvolvidos nas universidades dos países beligerantes com financiamentos do exército. Muitos desses projetos tinham como fim servir aos objetivos militares e por isso foram mantidos em segredo, como foi o caso do Projeto Manhattan,[2] que construiu a

---

2   Curiosamente, não foram os militares que encomendaram a bomba aos cientistas, a ideia da sua construção partiu dos próprios cientistas. Para que as autoridades aceitassem iniciar o projeto, eles tiveram que convencê-las da capacidade

bomba atômica. Cientistas como John von Neumann, que usou seu conhecimento matemático para construir um dos primeiros computadores eletrônicos inventados nos EUA, fez parte de vários projetos de cunho secreto. Seus conhecimentos matemáticos também foram usados para fazer cálculos que visavam garantir o êxito das tecnologias de destruição em massa produzidas pelo governo norte-americano. "Von Neumann é ao mesmo tempo a pessoa que inventa o computador e o mesmo que (...) calcula a altura exacta a que uma bomba devia explodir a fim de causar o máximo de destruição", afirma Philippe Breton (*Ibidem*, p. 103).

Essa intensa militarização da ciência provocou, sobretudo após a explosão da bomba atômica, uma crise na imagem do cientista, construída ao longo do século XIX, como um homem da paz, responsável pela construção das bases para um mundo mais pacífico. A ciência pôde avançar de forma assustadora graças aos financiamentos, quase ilimitados, que provinham do exército, mas a comunidade científica teve que pagar o preço por esse crescimento: ela teve que se manter submissa, de forma constante, ao sistema político-militar.[3] Poucos cientistas se opuseram a essa tendência geral de militarização da ciência, o matemático Norbert Wiener, idealizador da cibernética, foi um deles. Para ele, os cientistas eram responsáveis por avaliar as circunstâncias políticas e sociais e controlar a utilização social da ciência, sob pena de a "guerra científica" ocasionar sua própria destruição (*Ibidem*).[4]

---

destruidora da bomba e, também, de que os alemães já estariam bastante avançados no campo da física nuclear (BRETON,1992).

3   O engajamento dos cientistas que prestaram serviços aos militares no combate ao nazismo e fascismo, mesmo culminando na dizimação de milhares de pessoas e na destruição da imagem da comunidade científica como guardiã da paz, pode ser explicado também pelo fato de que muitos deles eram refugiados do nazismo, e foram perseguidos por questões étnicas e ideológicas (idem).

4   A teoria cibernética de Wiener reflete também uma reação à crise de valores causada pela guerra e propõe a reestruturação da sociedade, tomando como seu

A tecnoutopia do software livre

Gilberto Dupas (2011) lembra que a bomba atômica colocou, entre outras questões, a da autonomia da técnica na nova sociedade que se formou no século XX, a que muitos tendem a chamar de pós-moderna. Embora não sendo nova, essa questão voltou à tona com a descoberta em torno das aplicações da física nuclear. A sociedade está inclinada a aceitar a técnica como detentora de um poder próprio. Para Dupas, esse episódio mostrou "o poder do sistema tecnocientífico sobre uma economia entregue unicamente a seus dinamismos, obcecada por seus avanços" (p. 73). As sociedades pós-modernas, segundo sua visão, estariam mergulhadas num estado de vazio ético e de perda de referências morais, em função do mito do progresso técnico-científico e de seu caráter irreversível. Ele aponta como o desafio contemporâneo para contornar esse estado de vazio referencial, a necessidade da redescoberta de uma macro ética que possa orientar a humanidade como um todo:

> As novas tecnologias na área do átomo, da informação e da genética causaram um crescimento brutal dos poderes do homem, agora o sujeito e objeto de suas próprias técnicas. Isso ocorre num estado de vazio ético no qual as referências tradicionais desaparecem e os fundamentos ontológicos, metafísicos e religiosos da ética se perderam (...) Em meio à incerteza e à deslegitimação, urge encetar uma nova busca axiológica. O desafio é como possibilitar, na era dos homens "vazios", voltados às escolhas pri-

---

valor principal a comunicação. A comunicação aparecerá na teoria wieneriana, como a chave para entender todos os fenômenos, sejam eles naturais ou artificiais. Nessa perspectiva, uma sociedade melhor passaria, portanto, pela construção de uma comunicação aberta e transparente, onde a decisão política pudesse ser tomada por máquinas com poder de aprendizado. Essa valorização da comunicação vai se desenvolver, segundo Breton, como uma espécie de trauma pós-guerra. Para mais detalhes ver: BRETON, Philippe. *A utopia da comunicação*. Lisboa: Instituto Piaget, 1992.

vadas, redescobrir uma macroética, válida para a humanidade no seu conjunto (*Ibidem*, p. 105).

O casamento entre ciência e guerra também resultou em um outro tipo de tecnologia, tão ou mais revolucionária que o computador. Uma tecnologia que mudaria sobremaneira a forma como os homens se comunicam e interagem entre si, a internet. Uma das versões mais contadas sobre a criação da internet diz que ela surgiu em função de estratégias militares, nos anos 1960, durante o clima de tensão entre os EUA e a União Soviética (URSS), que ficou conhecido como Guerra Fria. A Agência de Projetos de Pesquisa Avançada (ARPA) do Departamento de Defesa dos EUA, idealizou um sistema de comunicação que fosse imune a ataques nucleares de seus inimigos soviéticos. Esse sistema pretendia ser uma alternativa aos convencionais meios de telecomunicações, no caso destes serem destruídos. Ele entrou em funcionamento em 1969, quando surgiu a ARPANET, uma rede descentralizada, que era composta por milhares de outras redes. Abaixo há uma explicação dada por Manuel Castells (1999) sobre como funcionava essa rede:

> Com base na tecnologia de comunicação por comutação de pacotes, o sistema tornou a rede independente de centros de comando e controle, de modo que as unidades de mensagens encontrariam suas rotas ao longo da rede, sendo remontadas com sentido coerente em qualquer ponto dela. Quando, mais tarde, a tecnologia digital permitiu a compactação de todos os tipos de mensagens, inclusive som, imagens e dados, formou-se uma rede capaz de comunicar todas as espécies de símbolos sem o uso de centros de controle (p. 375).

Um dos responsáveis pelo projeto da ARPANET na época, Bob Taylor, desmente essa versão. Para ele, ela é apenas um mito, que tornou-se amplamente aceito ao longo do tempo por falta de contestação. Segundo

A tecnoutopia do software livre

Taylor, o projeto da ARPANET tinha apenas como fim ligar os computadores em laboratórios científicos de todo país, para que os cientistas pudessem compartilhar informações (HAFNER; LYON, 1998). Taylor, que era diretor do IPTO (Information Processing Techniques Office), havia sugerido ao seu chefe a criação da rede que conectasse os pesquisadores de todo o país, acelerando os trabalhos de pesquisa e poupando recursos.

Katie Hafner e Matthew Lyon descrevem em seu livro *Where wizards stay up late: the origins of the internet*, como Taylor teve a ideia para a rede e como compartilhou isso com seus superiores da ARPA:

> Taylor deu a seu chefe um resumo rápido: os contratados do IPTO, a maioria dos quais estavam em universidades de pesquisa, estavam começando a solicitar mais e mais recursos computacionais. Cada pesquisador principal, ao que parece, queria seu próprio computador. Não só havia uma óbvia duplicação de esforços em torno da comunidade de pesquisa, mas ela estava ficando detestavelmente cara. Computadores não eram pequenos e nem baratos. Porque não tentar vinculá-los? Através da construção de um sistema de links eletrônicos entre máquinas, pesquisadores fazendo trabalho similar em diferentes partes do país poderiam compartilhar recursos e resultados mais facilmente. Ao invés de espalhar meia dúzia de caros mainframes pelo país, dedicados a suportar pesquisas gráficas avançadas, a ARPA poderia concentrar recursos em um ou dois lugares e construir um caminho para todos chegarem a eles. Uma universidade poderia se concentrar sobre uma coisa, outro centro de pesquisa poderia ser fundado para se concentrar sobre outra, mas independente de onde você estivesse localizado fisicamente, você teria acesso a tudo. Ele sugeriu que a ARPA fundasse uma pequena rede de teste,

começando com, digamos, quatro nós e aumentando para uma dúzia ou algo assim (*Ibidem*, p. 41-2, tradução nossa).[5]

Independente de qual tenha sido o real propósito dessa rede no seu início, ela acabou servindo a ambos os propósitos e até a outros que estavam muito além do planejado naquele momento. Manuel Castells (1999) destaca que o estabelecimento da ARPANET teve como base principal o ambiente universitário. A rede de computadores criada pela ARPA foi formada inicialmente por quatro nós, localizados em quatro universidades diferentes: na Califórnia, em Los Angeles; no Stanford Research Institute; na Califórnia, em Santa Bárbara; e na Universidade de Utah. O acesso a essa rede era restrito aos militares e aos cientistas que tinham vínculos com o Departamento de Defesa dos EUA.[6]

---

5   No original: "Taylor gave his boss a quick briefing: IPTO contractors, most of whom were at research universities, were beginning to request more and more computer resources. Every principal investigator, it seemed, wanted his own computer. Not only was there an obvious duplication of effort across the research community, but it was getting damned expensive. Computers weren't small and they weren't cheap. Why not try tying them all together? By building a system of electronic links between machines, researchers doing similar work in different parts of the country could share resources and results more easily. Instead of spreading a half dozen expensive mainframes across the country devoted to supporting advanced graphics research, ARPA could concentrate resources in one or two places and build a way for everyone to get at them. One university might concentrate on one thing, another research center could be funded to concentrate on something else, but regardless of where you were physically located, you would have access to it all. He suggested that ARPA fund a small test network, starting with, say, four nodes and building up to a dozen or so".

6   Essa rede funcionou até os anos 1990, quando se tornou obsoleta e foi desativada. Até chegar lá passou por uma série de mudanças. Nos anos 1980 foi dividida em duas: ARPANET, uma rede dedicada a fins científicos e MILNET, dedicada a fins militares. Ainda nos anos 1980 surge a CSNET (Computer Science

A tecnoutopia do software livre

A ARPA foi criada pelo presidente Dwight D. Eisenhower, conhecido por ter sido um entusiasta da ciência. A agência nasceu como uma reação dos EUA diante da ameaça que o lançamento do satélite *Sputnik*, pela URSS em 1957, representou:

> A agência tinha sido formada pelo Presidente Dwight Eisenhower no período de crise nacional que se seguiu ao lançamento do primeiro satélite Soviético *Sputnik* em Outubro de 1957. A agência de pesquisa era para ser um mecanismo de resposta rápida diretamente ligado ao presidente e ao secretário de defesa, para garantir que os Americanos nunca mais seriam pegos de surpresa na fronteira tecnológica. O Presidente Eisenhower via a ARPA como um encaixe perfeito na sua estratégia para conter as intensas rivalidades entre os ramos militares sobre a pesquisa e desenvolvimento de programas (*Ibidem*, p. 13-4, grifo do autor, tradução nossa).[7]

Network), uma rede voltada para fins científicos; e a BITNET (Because it's time to Network), voltada para acadêmicos não-científicos. Essas duas últimas redes não eram desvinculadas do projeto ARPANET, ambas tinham-no como a base de seus sistemas de comunicação. No final dos anos 1980, através da junção de todas essas redes se formou a ARPA-INTERNET, chamada mais tarde apenas de INTERNET. Para mais informações ver: CASTELLS, Manuel. *A sociedade em rede (A era da informação: economia, sociedade e cultura; v.1)*. 3ª ed. São Paulo: Paz e Terra, 1999.

7 No original: "The agency had been formed by President Dwight Eisenhower in the period of national crisis following the Soviet launch of the first *Sputnik* satellite in October 1957. The research agency was to be a fast-response mechanism closely tied to the president and secretary of defense, to ensure that Americans would never again be taken by surprise on the technological frontier. President Eisenhower saw ARPA fitting nicely into his strategy to stem the intense rivalries among branches of the military over research-and-development programs".

O choque causado pelo lançamento do *Sputnik* provocou, na opinião de Castells (*Ibidem*), uma verdadeira explosão tecnológica dos anos 1960. Ele teria funcionado como um forte impulso tecnológico, preparando terreno para o grande avanço que ocorreiar nos anos 1970. Esse impulso foi dado por iniciativas como a criação da ARPA, citada acima, e a criação, no mesmo período, da NASA (National Aeronautics and Space Administration), a agência espacial norte-americana. É interessante perceber como a guerra e, consequentemente, os investimentos que o governo norte-americano fez no desenvolvimento de tecnologias que garantissem sua soberania, foram cruciais para o desenvolvimento das tecnologias eletrônicas e da própria ciência. Não seria possível dizer que sem esse cenário específico essas tecnologias não teriam se desenvolvido. Seu desenvolvimento, impulsionado pela guerra, é um indicio de como o Estado e a sociedade podem tanto contribuir para o avanço quanto para o seu sufocamento. Nesse sentido, Manuel Castells explica que:

> ...embora não determinem a tecnologia, a sociedade pode sufocar seu desenvolvimento principalmente por intermédio do Estado. (…) Sem dúvida, a habilidade ou inabilidade de as sociedades dominarem a tecnologia e, em especial, aquelas tecnologias que são estrategicamente decisivas em cada período histórico, traça seu destino a ponto de podermos dizer que, embora não determine a evolução histórica e a transformação social, a tecnologia (ou a sua falta) incorpora a capacidade de transformação das sociedades, bem como os usos que as sociedades, sempre em um processo conflituoso, decidem dar ao seu potencial tecnológico (*Ibidem*, p. 26).

Uma investigação básica acerca da origem da informática é capaz de evidenciar que a sua história se entrelaça com a da guerra do século XX, mas, principalmente, com a história dessa guerra sob a perspectiva

A tecnoutopia do software livre

de um país beligerante particular, os EUA. O século XX, conhecido como o "século norte-americano" (HOBSBAWM, 2009) viu os EUA emergirem, a despeito de todos os danos que a guerra provocou, como a potência mais poderosa do globo. Como afirma Hobsbawm, o mundo ao final do século XX havia deixado de ser eurocêntrico e tinha nos EUA sua maior potência tecnológica. Não por acaso a história da informática é também essencialmente norte-americana e sua origem representa a ascensão desse país como potência. Nenhum outro país ganhou tamanho lugar de destaque na memória da informática. A literatura sobre a revolução tecnológica, que tanto anunciamos atualmente, localiza os EUA como o berço dessa revolução. O desenvolvimento do novo paradigma tecnológico se concentrou principalmente nessa região (CASTELLS, 1999; QUEIROZ, 2007).

Em seu livro *A sociedade em rede,* Manuel Castells (1999) apresenta algumas das possíveis justificativas para essa concentração ter se dado nos EUA dos anos 1970 e mais especificamente na região da Califórnia. A formação de instituições como ARPA e NASA é um dos fatores que parece ter contribuído para a configuração desse cenário norte-americano de fertilidade tecnológica. Essas instituições impulsionaram o avanço tecnológico no país a partir dos anos 1960. Um impulso oriundo do investimento do setor militar, preocupado em não ficar para trás na corrida espacial que caracterizou este período. Além disso, outros fatores como a formação de um polo tecnológico a partir dos anos 1950 na região do Vale do Silício, na Califórnia, ajudam também a explicar a preeminência dos EUA no campo tecnológico.

A região do Vale do Silício é conhecida até hoje como o coração das inovações tecnológicas dos EUA e do mundo, de onde saíram importantíssimas invenções como o microprocessador e o computador pessoal, que representaram uma guinada na história da informática. Ela ganhou esse nome por causa do material do qual são feitos os semicondutores, o silício. Nos anos 1950, tinha sido o local de desova do transistor (LEVY,

2010), responsável pela grande revolução eletrônica da compactação e miniaturização de componentes (QUEIROZ, 2007).

Nos anos 1970 essa região acabou se tornando uma espécie de "meca tecnológica", atraindo milhares de mentes brilhantes de todas as partes do mundo. No seu início contou com a liderança institucional da Universidade de Stanford e com grandes investimentos financeiros do Departamento de Defesa e do mercado (CASTELLS, 1999). No Vale do Silício conviveram todos os tipos de ideologias e utopias, comunidades as mais diferentes possíveis, desde empresas de eletrônica, universidades e outras instituições científicas, até comunidades de *hippies* e de *hackers*. Pierre Lévy (1993) descreve o lugar como um espaço tanto de empresas quanto de indivíduos entusiastas da eletrônica:

> No início dos anos setenta, em poucos lugares no mundo havia tamanha abundância e variedade de componentes eletrônicos quanto no pequeno círculo radiante, medindo algumas dezenas de quilômetros, ao redor da universidade de Stanford. Lá podiam ser encontrados artefatos informáticos aos milhares: grandes computadores, jogos de vídeo, circuitos, componentes, refugos de diversas origens e calibres... E estes elementos formavam outros tantos membros dispersos, arrastados, chocados uns contra os outros pelo turbilhão combinatório, experiências desordenadas de alguma cosmogonia primitiva. No território de Silicon Valley, nesta época, encontravam-se implantadas, entre outras, a NASA. Hewlett-Packard, Atari e Intel. Todas as escolas da região ofereciam cursos de eletrônica. Exércitos de engenheiros voluntários, empregados nas empresas locais, passavam seus fins de semana ajudando os jovens fanáticos por eletrônica que faziam bricolagem nas famosas garagens das casas californianas (p. 43).

A tecnoutopia do software livre

A presença de recursos do Departamento de Defesa também foi importante na formação do Vale do Silício.[8] Nesse caso, temos novamente a guerra desempenhando um papel crucial no desenvolvimento tecnológico. Podemos dizer que a informática é também um produto da guerra, a formação desse novo campo se dá nas décadas de 1940 e 1950, no período de criação dos primeiros computadores eletrônicos (BRETON, 1991).[9] Curiosamente, é da própria região do Vale do Silício que vão nascer movimentos que reivindicam para a informática um *status* popular e libertário, movimentos que reivindicam uma informática benéfica para o povo e não usada como arma de guerra contra ele.

Se a história da informática é também produto da guerra, a história da microinformática pode ser o oposto, o produto de uma cultura antiguerra. Se a guerra foi a mãe de todas as tecnologias, tal como afirma Manuel Castells (1999), a repulsa a ela teria produzido revoluções igual-

---

8   Curioso notar que a retórica dos capitalistas do Vale do Silício condena a intervenção do Estado no mercado e exalta a iniciativa privada, quando na verdade as tecnologias do computador e da internet, que os possibilitaram erguer seus impérios milionários, assim como a infraestrutura da região do Silício, só foram possíveis por conta de enormes investimentos públicos. Para mais informações sobre esse debate ver: BARBROOK, Richard; CAMERON, Andy. *Californian Ideology*. 1995. Disponível em: <http://www.alamut.com/subj/ideologies/pessimism/califIdeo_I.html>. Acesso: 27/10/2013.

9   O termo "informática" em francês foi criado em 1962 por um dos pioneiros dessa área, Philipe Dreyfys. A palavra é uma contração dos nomes "informação" e "automático", o que quer dizer que na verdade a informática era um novo ramo da automação que estava surgindo, a automação da informação. Esse ramo cruzaria as tradições milenares do automatismo e do cálculo com a então recente tradição da informação (BRETON, 1991, p. 43). A noção moderna de informação, adotada pela então nascente disciplina da informática, foi dada pelo engenheiro e matemático Claude Shannon, considerado um dos fundadores da teoria da informação. Para Shannon, a informação estaria presente sempre que algum tipo de sinal, não importando qual tipo (palavras, ondas de luz, impulsos elétricos, etc), é transmitido de um lugar para outro (GONICK, 1984, p. 7-8).

mente importantes no campo tecnológico no final do século XX. Esta repulsa teria influenciado a revolução microinformática, que teve início nos anos 1970 e que teria sido responsável por transportar o computador do ambiente militar e científico, e do ambiente das grandes empresas, para o ambiente doméstico. Essa revolução culminou, entre outras coisas, na formação de uma verdadeira utopia.

As histórias a seguir são histórias de como o computador passou de uma máquina a serviço da guerra, para uma "máquina de adorável graça", a serviço do povo, da liberdade, a serviço de uma utopia do conhecimento livre. Antes disso, no entanto, falaremos sobre o desenvolvimento de uma cultura que nasceu a partir do uso dos computadores, ela começa com a história de um grupo de aficcionados por ferromodelismo, nos Estados Unidos dos anos 1950, num ambiente universitário.

A invenção de uma cultura *hacker*

À criação das tecnologias do computador e da internet está associada o desenvolvimento de uma cultura conhecida como "cultura hacker". Muitos atribuem a ela um papel importantíssimo na formação de um movimento contemporâneo que defende o livre compartilhamento das informações. O próprio Richard Stallman, idealizador do Projeto GNU, reivindica para si o status de herdeiro dessa "cultura hacker". O seu projeto de criação de um sistema operacional livre, representava para ele uma continuação da tradição *hacker*, que havia desaparecido ou ameaçava desaparecer, à medida em que a indústria da computação se desenvolvia. "Eu sou o último sobrevivente de uma cultura morta", dizia ele nos anos 1980 a Steven Levy (2010, p. 450). E mais tarde, em 2002, em um texto seu sobre o Projeto GNU, Stallman explicava que se viu diante de uma difícil escolha moral quando viu sua comunidade *hacker* entrar em decadência:

> Como a minha comunidade se foi, continuar como antes era impossível. Ao invés disso, eu enfrentei uma difícil escolha moral. A escolha fácil era juntar-

-se ao mundo do software proprietário, assinando acordos de confidencialidade e prometendo não ajudar meu companheiro hacker. O mais provável é que eu também estaria desenvolvendo software que fosse lançado sob acordos de confidencialidade, aumentando assim a pressão sobre as outras pessoas para trair seus companheiros também. Eu poderia ter feito dinheiro desta forma, e talvez me divertido escrevendo código, mas eu sabia que no final da minha carreira eu olharia para trás, para os anos de construção de muros para dividir as pessoas, e sinto que eu teria gastado minha vida fazendo do mundo um lugar pior. (…) Outra escolha, honesta mas desagradável, era abandonar o campo da computação. Dessa forma, minhas habilidades não seriam mal utilizadas, embora elas fossem ainda desperdiçadas. Eu não seria culpado por dividir e restringir os usuários de computador, mas isso aconteceria mesmo assim. Então, eu procurei uma forma na qual um programador poderia fazer algo para o bem. Perguntei a mim mesmo, haveria um programa ou programas que eu poderia escrever para tornar possível uma comunidade novamente? A reposta foi clara: era necessário primeiro um sistema operacional. Que é o software crucial para iniciar o uso de um computador. Com um sistema operacional, você pode fazer muitas coisas; sem um, você não pode fazer o computador funcionar. Com um sistema operacional livre, poderíamos ter novamente uma comunidade de hackers cooperando – e convidando qualquer pessoa para participar. E qualquer um seria capaz de usar um computador sem começar pela conspiração de privar seus amigos. Como um desenvolvedor de sistema operacional, eu tinha as habilidades certas para este trabalho. (…)

> O nome GNU foi escolhido seguindo uma tradição hacker, como um acrônimo recursivo para "GNU's Not Unix" (p. 17, tradução nossa).[10]

A escolha de Richard Stallman, de não abandonar o campo da computação e de não desenvolver *softwares* proprietários, é informada por um dever moral de ajudar os seus companheiros e a sua comunidade. Esse dever encontra-se diretamente ligado a uma "ética hacker", que se baseia principalmente na ideia de um ambiente de cooperação e de acesso livre ao *software* e às ferramentas tecnológicas. Por se entender como parte dessa cultura, Richard Stallman via como algo incoerente, ou talvez inaceitável (a ponto de preferir abandonar o campo da computação), a

---

10 No original: "With my community gone, to continue as before was impossible. Instead, I faced a stark moral choice. The easy choice was to join the proprietary software world, signing nondisclosure agreements and promising not to help my fellow hacker. Most likely I would also be developing software that was released under nondisclosure agreements, thus adding to the pressure on other people to betray their fellows too. I could have made money this way, and perhaps amused myself writing code. But I knew that at the end of my career, I would look back on years of building walls to divide people, and feel I had spent my life making the world a worse place. (...) Another choice, straightforward but unpleasant, was to leave the computer field. That way my skills would not be misused, but they would still be wasted. I would not be culpable for dividing and restricting computer users, but it would happen nonetheless. So I looked for a way that a programmer could do something for the good. I asked myself, was there a program or programs that I could write, so as to make a community possible once again? The answer was clear: what was needed first was an operating system. That is the crucial software for starting to use a computer. With an operating system, you can do many things; without one, you cannot run the computer at all. With a free operating system, we could again have a community of cooperating hackers—and invite anyone to join. And anyone would be able to use a computer without starting out by conspiring to deprive his or her friends. As an operating system developer, I had the right skills for this job. The name GNU was chosen following a hacker tradition, as a recursive acronym for "GNU's Not Unix."

A tecnoutopia do software livre

sua participação na produção de *softwares* proprietários, que não pudessem ser compartilhados e acessados livremente pelos seus usuários.

Continuar a tradição da comunidade *hacker* significava, para Stallman, não abrir mão dessa filosofia da cooperação e da informação compartilhada. É possível notar que até na própria escolha do nome para o seu novo sistema operacional, Richard Stallman procurou fazer uma ponte entre o seu projeto, que ele acreditava ser o de restauração dessa "cultura morta", e as tradições dela, visando estabelecer uma continuidade.

A sua tentativa de reestabelecer uma tradição *hacker*, que ele via como decadente ou morta em meados dos anos 1980, pode ser analisada à luz do conceito de "tradição inventada", do historiador Eric Hobsbawm. Segundo Hobsbawm (1997), muitas tradições que "parecem ou são consideradas antigas são bastante recentes, quando não são inventadas" (p. 09). A invenção de uma tradição se dá como reação a situações novas, em que há transformações rápidas na sociedade às quais as velhas tradições não conseguem se adaptar. A invenção de uma tradição, portanto, tentaria estabelecer uma continuidade "bastante superficial" com o passado, visando inculcar valores e normas desse passado histórico apropriado. Assim, Hobsbawm explica que a invenção de tradições ocorre...

> ... com mais frequência: quando uma transformação rápida da sociedade debilita ou destrói os padrões sociais para os quais as "velhas" tradições foram feitas, produzindo novos padrões com os quais essas tradições são incompatíveis; quando as velhas tradições, juntamente com seus promotores e divulgadores institucionais, dão mostras de haver perdido grande parte da capacidade de adaptação e da flexibilidade; ou quando são eliminadas de outras formas (*Ibidem*, p. 12).

Quando se vê diante da decadência da tradição *hacker*, da qual fazia parte e se dizia último sobrevivente, Richard Stallman evoca esse passado glorioso da comunidade, assim como suas práticas, que estavam sendo destruídas pelo desenvolvimento da indústria da computação. Faz isso para legitimar o seu projeto de um sistema operacional livre e, assim, atribuir a ele uma ligação com os valores de um passado histórico que não devem ser perdidos ou abandonados.

Dessa forma, compreender a historicidade do termo *hacker* ajuda a compreender, também, a construção de uma imagem do Projeto GNU como sendo herdeiro e restaurador de uma "ética hacker". Ajuda a compreender a própria identidade de quem faz parte dele. Como afirma Rafael Evangelista (2010), é comum alguém se referir ao movimento *software* livre como sendo um movimento de *hackers*. Essa denominação funciona como uma forma de qualificar o movimento ou quem faz parte dele, baseada em quesitos como: habilidades técnicas com computadores; prestígio e legitimidade dentro da comunidade, não necessariamente estes dois últimos advindos de uma habilidade técnica. Neste sentido, Rafael Evangelista explica que:

> Embora fale-se constantemente em "espírito hacker" ou "cultura hacker", características que iriam além do conhecimento técnico por estarem mais ligadas à atitude, a um determinado jeito de fazer as coisas e lidar com o mundo, praticamente na totalidade das vezes apenas sujeitos com alguma produção objetiva em termos de código ou hardware serão classificados como hackers (p. 173).

Ao longo dos anos, a palavra *hacker* teve (ainda tem) vários significados. O mais popular é o que está relacionado à uma imagem negativa e pejorativa, do *hacker* como um criminoso da tecnologia, que invade e danifica sistemas de computadores. Essa é uma imagem que muitos, principalmente os que são defensores do *software* livre, procuram desconstruir (idem). Richard Stallman, por exemplo, combate o uso do termo nesse sentido e afirma que ele foi construído com a ajuda da mídia:

A tecnoutopia do software livre

> ... quando digo que sou um hacker, as pessoas muitas vezes pensam que eu estou fazendo uma confissão imprópria, me apresentando especificamente como um violador de segurança. Como essa confusão se desenvolveu? Por volta de 1980, quando a imprensa tomou conhecimento de hackers, eles se fixaram em um aspecto restrito do real hacking: a violação de segurança que alguns hackers ocasionalmente fizeram. Eles ignoraram todo o resto e usaram o termo para significar violação de segurança, nem mais e nem menos. A mídia tem, desde então, espalhado essa definição, desconsiderando nossas tentativas para corrigi-la. Como um resultado, a maioria das pessoas tem uma ideia equivocada do que nós hackers realmente fazemos e pensamos (tradução nossa).[11]

Rafael Evangelista (2010) também aponta para o papel importante da mídia nos anos 1980, no sentido de reforçar a conotação negativa da palavra *hacker*. Em 1983 no cinema, por exemplo, viu-se a produção de um filme de ficção científica chamado *WarGames*, no qual um adolescente com habilidades com computadores acaba invadindo o computador do sistema de defesa dos Estados Unidos e, sem querer, ordena

---

11 No original: "...when I say I am a hacker, people often think I am making a naughty admission, presenting myself specifically as a security breaker. How did this confusion develop? Around 1980, when the news media took notice of hackers, they fixated on one narrow aspect of real hacking: the security breaking which some hackers occasionally did. They ignored all the rest of hacking, and took the term to mean breaking security, no more and no less. The media have since spread that definition, disregarding our attempts to correct them. As a result, most people have a mistaken idea of what we hackers actually do and what we think". Disponível em: *On hacking.* <http://stallman.org/articles/on-hacking.html>. Acesso: 06 mar. 2013.

um ataque que pode levar a uma guerra mundial.[12] O que também pode ter contribuído para reforçar essa visão negativa da figura do *hacker* foi o caso exemplar da prisão do jovem Kevin Mitnik em 1988, acusado de invadir o sistema da Digital Equipment Corporation. O fato teve bastante repercussão na mídia (idem).

Richard Stallman, ao tentar definir um *hacker* faz questão de marcar a diferença entre alguém que é *hacker* de fato e alguém que é *cracker* ou *security breaker* (violador de segurança). A diferença estaria na conduta, na presença ou ausência de uma ética, que marcaria exatamente a tênue fronteira entre os dois, caracterizada por um dualismo entre fazer o bem e fazer o mal. Um *hacker*, neste sentido, não usaria seus conhecimentos de computação para prejudicar as pessoas: "Se violação de segurança é errado depende do que o violador vai *fazer* com o produto que ele obteve do acesso 'proibido'. Prejudicar pessoas é ruim, divertir a comunidade é bom" (grifo do autor, tradução nossa),[13] afirma Stallman.

Gabriella Coleman (2013) explica que a palavra *cracker* foi criada em meados dos anos 1980, pelos próprios *hackers*, para se referir aos programadores de computadores que têm uma conduta desonesta ou ilegal. A ideia era estabelecer uma diferença entre entusiastas da computação bem intencionados e os mal intencionados. E apesar de muitos *hackers* fazerem questão de assinalar essa distinção, como o fez acima Stallman, essa prática não é unânime, como afirma Coleman, e alguns *hackers* questionam a divisão.

É interessante observar como essa divisão operada por Stallman e por muitos outros *hackers* é subjetiva e se baseia no conjunto de práticas aceitáveis que constituem a "ética hacker". A lógica dessa divisão

---

12 Para mais informações ver: <http://pt.wikipedia.org/wiki/WarGames>. Acesso: 06 mar. 2013.

13 No original: "Whether security breaking is wrong depends on what the security breaker proceeds to do with the "forbidden" access thus obtained. Hurting people is bad, amusing the community is good". Cf. nota 11.

parece representar uma moral simples: não usar seus conhecimentos de tecnologia para prejudicar outras pessoas ou cometer atos ilícitos; mas que pode gerar distorções ou dúvidas, por tocar em questões que podem ser subjetivas, como estabelecer o que seria desonesto ou não, ou o que representaria uma conduta prejudicial a alguém.

Antes de ser usada de forma pejorativa, para descrever o comportamento de alguém que viola a segurança de sistemas, a palavra *hacker* foi usada para descrever uma atitude lúdica, um trote ou uma brincadeira, semelhante ao sentido que (não por acaso) Stallman costuma atribuir a ela. Este seria considerado o seu "sentido original", surgido no contexto onde teriam se desenvolvido as primeiras comunidades *hackers* no MIT (Massachusetts Institute of Technology) dos anos 1960 e 1970. "Hackear incluía uma grande variedade de atividades, desde escrever software, fazer brincadeiras, até explorar os telhados e túneis do campus do MIT" (tradução nossa),[14] afirma Stallman. Portanto, a atitude de um *hacker*, segundo ele, estaria relacionada a certo espírito brincalhão e, ao mesmo tempo, inteligente e habilidoso:[15]

> É difícil escrever uma definição simples de algo tão variado como hackear, mas eu acho que o que essas atividades têm em comum é a ludicidade, habilidade e exploração. Dessa forma, hackear significa explorar os limites do que é possível, com um espirito de habilidade divertida. Atividades que mostram

---

14 No original: "Hacking included a wide range of activities, from writing software, to practical jokes, to exploring the roofs and tunnels of the MIT campus". Cf. nota 11.

15 Esse mesmo sentido pode ser encontrado no dicionário *Jargon File*, um famoso glossário de gírias usadas por programadores, criado em 1975 pelas comunidades *hackers* dos laboratórios do MIT e de Stanford. Na página *The Meaning of 'Hack'*, podemos encontrar a descrição de um *hack* como algo engenhoso e como uma brincadeira criativa. Disponível em: <http://catb.org/jargon/html/meaning-of-hack.html>. Acesso: 18 mar. 2013.

uma inteligência divertida tem um "valor hacker" (tradução nossa).[16]

Este "sentido original" da palavra *hacker* teria se desenvolvido, como mostra a documentação que tivemos acesso, a partir de 1959, quando o *Tech Model Railroad Club* (TMRC), um clube de entusiastas do ferromodelismo fundado no MIT em 1946, a usou pela primeira vez. Essa palavra apareceu no primeiro dicionário abreviado da linguagem do clube. Entre as palavras que compunham o vocabulário particular do grupo, os termos *hack* e *hacker* apareciam no dicionário possuindo um significado parecido com o descrito anteriormente por Richard Stallman:

> HACK: 1) algo feito sem fim construtivo; 2) um projeto realizado a partir de um autoconselho ruim; 3) um impulsionador da entropia; 4) produzir, ou tentar produzir, um hack.
> HACKER: alguém que faz hacks (tradução nossa).[17]

Fazer algo "sem fim construtivo" quer dizer que o que um *hacker* fazia nem sempre era algo utilitário, mas algo para a sua diversão ou prazer pessoal. O responsável pela produção desse dicionário foi Peter Samson, um dos membros do clube. Em 2005, 46 anos depois de tê-lo escrito, Samson disponibilizou uma versão com alguns comentários seus em cada verbete. Os comentários nos verbetes *hack* e *hacker* tentam rea-

---

16 No original: "It is hard to write a simple definition of something as varied as hacking, but I think what these activities have in common is playfulness, cleverness, and exploration. Thus, hacking means exploring the limits of what is possible, in a spirit of playful cleverness. Activities that display playful cleverness have 'hack value.'" Cf. nota 11.

17 No original: "HACK: 1) something done without constructive end; 2) a project undertaken on bad self-advice; 3) an entropy booster; 4) to produce, or attempt to produce, a hack. HACKER: one who hacks, or makes them." Disponível em: <http://www.gricer.com/tmrc/dictionary1959.html>. Acesso: 05 mar. 2013.

firmar a ideia do *hacker* como alguém que produz ou aplica uma tecnologia de forma não convencional, fugindo dos padrões e, muitas vezes, apenas por diversão. "Um hacker evita a solução padrão", dizia ele nos comentários do verbete.[18]

Além disso, nos comentários de Samson de 2005 há uma preocupação que inexistia em 1959, quando ele escreveu o dicionário, a de esclarecer que as atividades desempenhadas pelos *hackers* não são atividades maliciosas. Por isso, ele adiciona o seguinte comentário ao verbete *hack*:

> Eu vi isso como um termo para uma aplicação da tecnologia feita de forma não convencional ou não ortodoxa, normalmente depreciada por razões de engenharia. Não havia sugestão específica de intenção maliciosa (ou mesmo de benevolência). Na verdade, a era desse dicionário viu "bons hacks:" usando um computador do tamanho de uma sala para tocar música, por exemplo; ou, alguns diriam, escrever o próprio dicionário (tradução nossa).[19]

Os sentidos atribuídos à palavra *hacker* pelos entusiastas do TMRC e pelas gerações seguintes de entusiastas da tecnologia, que se desenvolveram no MIT e das quais Richard Stallman se diz influenciado diretamente, não foram sempre vistos como "originários" da "cultura hacker". Aliás, as próprias noções de cultura e ética *hacker* parecem ter sido

---

18 No original: "A hacker avoids the standard solution. The hack is the basic concept; the hacker is defined in terms of it." Cf. nota 17.

19 No original: "I saw this as a term for an unconventional or unorthodox application of technology, typically deprecated for engineering reasons. There was no specific suggestion of malicious intent (or of benevolence, either). Indeed, the era of this dictionary saw some 'good hacks:' using a room-sized computer to play music, for instance; or, some would say, writing the dictionary itself". Cf. nota 17.

construídas pela literatura que temos disponível hoje sobre o tema, ou seja, longe dos espaços onde essa cultura é geralmente localizada.

É preciso olhar para esse discurso sobre a "cultura hacker", principalmente o que tende a apresentá-la como algo homogêneo, como uma construção histórica. Rafael Evangelista (2010) indica que, apesar do termo *hacker* ter surgido no final dos anos 1950, a sua popularização só acontece a partir da década de 1980, quando da publicação do livro *Hackers: Heroes of the Computer Revolution*, do jornalista Steven Levy. O livro, que é publicado em 1984, conta a história dos *hackers* desde os anos 1950, começando pelo TMRC, até os anos 1980, quando Richard Stallman decide criar o seu projeto de *software* livre.

Na tentativa de construir uma memória que se contrapusesse à memória negativa dos *hackers* até então estabelecida, Steven Levy conta a história deles apresentando-os como pessoas aventureiras e visionárias, que vislumbravam o computador como uma ferramenta revolucionária. Aqui ele chama atenção para o seu pioneirismo na escrita sobre o tema e para a abordagem diferente do termo *hacker* feita em seu livro:

> Eu fui o primeiro a escrever sobre os hackers – esses programadores e designers de computador que encaram a computação como a coisa mais importante no mundo – porque eles eram pessoas fascinantes. Embora alguns no campo usassem o termo "hacker" como uma forma de chacota, implicando que hackers eram ou nerds marginalizados socialmente ou programadores "não profissionais" que escreviam código sujo e "fora do padrão", achei-os bem diferentes. Sob seus frequentes exteriores imponentes, eles eram aventureiros, visionários, se arriscavam, artistas... e pessoas que mais claramente viram porque o computador era uma ferramenta verdadeiramente revolucionária. (...) Eu vim para entender porque os hackers verdadeiros consideram o termo

A tecnoutopia do software livre

uma denominação de honra ao invés de uma denominação pejorativa (2010, p. ix, tradução nossa).[20]

Quando Levy se refere ao uso do termo como motivo de chacota e sobre a construção da ideia dos *hackers* como *nerds* marginalizados socialmente, vale lembrar que ele está tentando desconstruir um estereótipo que, se não foi criado nos anos 1980, pelo menos se fortaleceu muito durante estes anos. No mesmo ano em que seu livro foi lançado, era lançado também no cinema o filme de comédia *Revenge of the Nerds* (A vingança dos *nerds*). Nesse filme, os estudantes de computação, chamados pejorativamente de *nerds*, são retratados como pessoas com inteligência acima da média e que não se enquadram nos padrões físicos e estéticos da sociedade, por isso são marginalizadas ou tem dificuldades de se relacionar, e são perseguidas e humilhadas pelos outros estudantes da universidade.[21]

Ao contar a história dos "verdadeiros *hackers*", Levy desempenha um papel importante na construção da memória histórica sobre esses personagens e sua cultura. Aliás, ao falar em "cultura" e "ética" *hackers*, no singular, ele opera uma unificação dessas gerações de programadores e entusiastas em torno de uma filosofia ou ideologia comum. Apesar

---

20 No original: "I was first drawn to writing about hackers—those computer programmers and designers who regard computing as the most important thing in the world—because they were such fascinating people. Though some in the field used the term "hacker" as a form of derision, implying that hackers were either nerdy social outcasts or "unprofessional" programmers who wrote dirty, "nonstandard" computer code, I found them quite different. Beneath their often unimposing exteriors, they were adventurers, visionaries, risk-takers, artists . . . and the ones who most clearly saw why the computer was a truly revolutionary tool. (...). I came to understand why true hackers consider the term an appellation of honor rather than a pejorative."

21 Mais informações em: <http://en.wikipedia.org/wiki/Revenge_of_the_Nerds>. Acesso: 19 mar. 2013.

de dividi-los em gerações e interesses diferentes,[22] Levy os apresenta sob uma mesma filosofia:

> Enquanto eu falava para esses exploradores digitais, desde aqueles que domesticaram máquinas multimilionárias em 1950 aos jovens gênios contemporâneos que dominaram os computadores em seus quartos suburbanos, eu encontrei um elemento comum, uma filosofia comum que parecia ligada à lógica fluida elegante do próprio computador. Ele era uma filosofia do compartilhamento, da abertura, da descentralização, e de colocar suas mãos em máquinas a qualquer custo para melhorar as máquinas e para melhorar o mundo. Essa *Ética Hacker* é o seu presente para nós: algo com valor até mesmo para aqueles de nós com nenhum interesse em computadores (idem, grifo do autor, tradução nossa).[23]

---

22 O livro é dividido em quatro partes: a parte um é chamada de *True Hackers* e conta a história dos *hackers* dos anos 1950 e 1960 em Cambridge, os quais o autor considera os primeiros e verdadeiros *hackers*. Na segunda parte, *Hardware Hackers*, Steven Levy conta a história dos *hackers*s californianos dos anos 1970, responsáveis por criar os primeiros computadores pessoais. Já na terceira parte, chamada de *Game Hackers*, ele se refere aos *hackers* que produziram jogos de computadores nos anos 1980. Por fim, a quarta e última parte, se refere a Richard Stallman e seu projeto de *software* livre. Foi chamada de *The Last of the True Hackers* por retratar Stallman como o último sobrevivente da cultura *hacker*.

23 No original: "As I talked to these digital explorers, ranging from those who tamed multimillion-dollar machines in the 1950s to contemporary young wizards who mastered computers in their suburban bedrooms, I found a common element, a common philosophy that seemed tied to the elegantly flowing logic of the computer itself. It was a philosophy of sharing, openness, decentralization, and getting your hands on machines at any cost to improve the machines and to improve the world. This *Hacker Ethic* is their gift to us: something with value even to those of us with no interest at all in computers."

A tecnoutopia do software livre

O trabalho de Steven Levy, portanto, estipula uma diferença entre aquilo que ele caracteriza como *hacker* e o que não. Ao dizer o que é, o que se espera de um *hacker*, ou como um *hacker* pensa e age, ele também deixa implícito o que um *hacker* não é. Ao afirmar uma identidade *hacker*, ele nega ou exclui outra(s). A intenção do seu livro era definir o que era um *hacker* no momento em que o termo ainda era bastante obscuro. Não por acaso, antes da sua publicação, o editor teria sugerido a mudança do título do livro para *Who knows what a hacker is?* (Quem sabe o que é um *hacker*?) (LEVY, 2010).

Como chama a atenção Rafael Evangelista (2010), Levy insiste no uso do termo *hacker* quando nem mesmo os próprios personagens de sua história se autodenominavam assim. Em determinada parte do seu livro ele chega, inclusive, a confirmar a inexistência de debates em torno da "ética *hacker*" ou a construção de manifestos que atestassem a consciência dessa ética: "Os preceitos dessa revolucionária Ética Hacker não foram muito debatidos e discutidos quanto silenciosamente acordados. Nenhum manifesto foi emitido. Nenhum missionário tentou reunir os convertidos" (2010, p. 27, tradução nossa),[24] aponta ele.

Não houve um manifesto dessa "cultura *hacker*", mas talvez o trabalho de Steven Levy tenha funcionado para muitos como um. Os *hackers* só começaram a ser pensados e pensarem a si mesmos como grupo depois da publicação do livro de Levy (TURNER, 2006). O livro não só funcionou para estabelecer uma memória histórica sobre eles, mas também contribuiu para estabelecer um conjunto de valores que definiriam esse(s) grupo(s). Eis o conjunto de preceitos que Steven Levy (2010) apresentou em seu livro como sendo os preceitos fundamentais da "ética *hacker*":

---

24 No original: "The precepts of this revolutionary Hacker Ethic were not so much debated and discussed as silently agreed upon. No manifestos were issued. No missionaries tried to gather converts."

> Acesso a computadores—e qualquer coisa que poderia ensinar algo sobre a forma como o mundo funcionava—deveria ser ilimitado e total.
> Toda informação deve ser livre.
> Desconfiança da Autoridade – Promoção da Descentralização.
> Hackers devem ser julgados por seus hacks, não por critérios falsos como escolaridade, idade, raça ou posição social.
> Você pode criar arte e beleza em um computador.
> Computadores podem mudar sua vida para melhor (p. 28-34, tradução nossa).[25]

Tamanha foi a repercussão do trabalho de Steven Levy, que esses valores se tornaram tema da primeira conferência *hacker* da história (e que se tornaria um evento anual), inspirada pela publicação do livro. O evento foi realizado em novembro de 1984, durante três dias, em uma antiga base militar ao norte de São Francisco, na Califórnia. Ele colocou frente a frente, pela primeira vez, as gerações de entusiastas apresentadas ao longo do livro. Foram convidados cerca de 400 *hackers*, mas apenas 150 compareceram, e 20 jornalistas, incluindo o próprio Steven Levy (LEVY, 2010; TURNER, 2006).

A conferência, por sua vez, acabou inspirando a produção de um documentário, no mesmo ano, intitulado *Hackers: Wizards of the Electronic Age* (algo como "Gênios da era eletrônica"). Na descrição na página do documentário, é possível observar que a sua intenção, além de contar a história da invenção do computador pessoal, através da

---

25 No original: "Access to computers—and anything that might teach you something about the way the world works—should be unlimited and total. All information should be free. Mistrust Authority—Promote Decentralization. Hackers should be judged by their hacking, not bogus criteria such as degrees, age, race, or position. You can create art and beauty on a computer. Computers can change your life for the better."

A tecnoutopia do software livre

voz de doze dos seus pioneiros, era também a de combater a visão negativa em torno dos *hackers*, os diferenciando dos mal intencionados *code-crackers*.[26]

No documentário é anunciado que o propósito do evento era discutir sobre o conjunto de valores que orientaram a revolução do computador pessoal e sobre o futuro deles. Além disso, outros dois temas dominaram o evento: a definição de uma "ética *hacker*" e as formas de negócios que estavam emergindo na indústria da computação (TURNER, 2006). A tensão entre continuar a manter os velhos valores do *software* compartilhado e da "cultura *hacker*", e abraçar os novos valores colocados pelo desenvolvimento da indústria do *software* é abordada também como uma das preocupações dos participantes da conferência.

Ao longo do documentário é possível perceber que, embora eles partilhem alguns desses valores apontados por Levy, eles não constituem um grupo homogêneo. Havia pontos de vista diferentes em relação à função da tecnologia na sociedade e ao modo como o conhecimento deveria ser produzido e acessado. De maneira geral, conseguimos identificar *hackers* com certo engajamento político como, por exemplo, David Hughes, que defendia a necessidade de uma declaração de independência eletrônica que garantisse a democracia no espaço da internet. Entre eles estava também Richard Stallman, que aparece ao longo do documentário defendendo o seu projeto de tornar todos os *softwares* livres.

Ambos encaravam a computação para além de questões técnicas, a percebiam também como uma questão política, de intervenção na sociedade, ao passo em que outros *hackers*, como Robert Woodhead, a pensavam de forma diferente. Enquanto Stallman defendia que os códigos dos programas deveriam ser disponíveis a todos, Woodhead afirmava que as ferramentas deveriam ser disponíveis a todos, mas os produtos, no caso de um *software*, por exemplo, não. Para Woodhead, o *software*

---

26 Disponível em: <http://www.handtap.com/hackers/>. Acesso: 25 mar. 2013.

que ele produziu e no qual ele "colocou sua alma", pertencia a ele e não deveria ser alterado por ninguém. Mudar seu código seria um grande insulto. Já Steve Wozniak defende que o código-fonte deveria estar disponível apenas para que as pessoas aprendessem a partir dele, não para que elas pudessem vendê-lo ou copiá-lo (FLORIN, 1986).

Gabriella Coleman (2013), em seu trabalho etnográfico sobre a ética e a estética *hacker*, também aponta para essa pluralidade que caracteriza as comunidades *hackers*. Embora possamos identificar princípios éticos comuns entre elas, como em todos os grupos sociais, encontraremos também divergências, ambiguidades e disputas. Coleman identificou, por exemplo, que os *hackers* do *software* livre valorizam a transparência no processo de colaboração, ao passo em que os *hackers undergrounds* se organizam de forma mais reservada e menos transparente. Outros grupos *hackers*, como o coletivo *Riseup*, estão mais preocupados em utilizar a tecnologia para melhorar o mundo, enquanto *hackers* de grupos *infosec* (*information security*) estão mais preocupados com a segurança da informação.

Além dessas diferenças, ela destaca também as diferenças regionais e nacionais. *Hackers* da América do Norte, América Latina e da Europa tendem a ser mais antiautoritários e antigovernistas que os *hackers* chineses, por exemplo, que são considerados muito nacionalistas. Mesmo entre os *hackers* europeus é possível apontar uma diferença entre os do norte e os do sul. *Hackers* do sul europeu costumam seguir uma tendência esquerdista anarquista mais do que os do norte.

No texto que segue, veremos algumas histórias relacionadas aos grupos *hackers* que se destacaram nos anos 1970, pela criação dos primeiros computadores pessoais. Muitos deles acreditaram e defenderam, senão todos, mas pelo menos parte dos preceitos da "ética hacker" apontados por Steven Levy. Como chamou a atenção acima, Gabriella Coleman, é preciso olhá-los sob um ponto de vista muito mais heterogêneo do que Levy sugere. Talvez a maioria deles concordasse, por exem-

A tecnoutopia do software livre

plo, com a ideia de que o acesso aos computadores, assim como às demais tecnologias, deveria ser ilimitado, no entanto, a ideia de que toda informação deveria ser livre não representava um consenso entre eles. Os limites dessa liberdade foram objeto de discussão e dissensão. Liberdade em que sentido? Livre para quem e como?.

Máquinas de adorável graça: os computadores para o povo

"Prontos ou não, os computadores estão chegando para o povo. Essa é uma boa notícia, talvez a melhor desde os psicodélicos"

Stewart Brand, 1972

Esse tópico pretende mostrar como alguns grupos *hackers* nos anos 1960 e 1970, tentaram transformar os computadores, até então vistos por uma parcela da sociedade como tecnologias bélicas, desumanizantes e burocratizantes, em ferramentas de mudança social, que possibilitassem o empoderamento do indivíduo e a construção de uma sociedade da cooperação. Esses grupos eram informados por alguns dos preceitos apontados por Steven Levy em seu livro e por vários ideais da contracultura (TURNER, 2006).

As histórias contadas a seguir e os personagens que fazem parte delas, constituem o cenário a partir do qual se desenvolveram as ideias e práticas relacionadas ao nascimento de uma utopia contemporânea do conhecimento livre. A sua apresentação se torna importante na medida em que entendemos o Projeto GNU, nosso recorte dentro desse contexto utópico, como sendo inspirado por esse cenário e representante dessa utopia contemporânea. Desse modo, essas histórias se referem a certa visão mais "positiva" das tecnologias, embora também, algumas vezes, elas sejam intercaladas por alguns pontos de vista mais distópicos.

Fred Turner (2006), em seu livro *From Counterculture to Cyberculture* (Da contracultura à cibercultura), aponta para uma mudança drástica, ocorrida ao longo dos últimos anos do século XX, no significado cultural das tecnologias da informação. Ele afirma que para muitos norte-americanos nos anos 1960, os computadores eram vistos como tecnologias desumanizantes, burocratizantes e racionalizantes, mas que a partir dos anos 1990, a visão sobre eles sofre uma transformação radical. Eles passam a ser vistos como a esperança para a concretização do sonho contracultural do empoderamento do indivíduo e da construção de uma comunidade colaborativa.

Turner defende que a metáfora computacional dos anos 1940 e 1950, da qual a teoria cibernética de Norbert Wiener, que equiparava humanos e máquinas, era a maior representante; e a contracultura dos anos 1960, tinham mais elementos em comum do que podemos imaginar: "Eles compartilhavam uma celebração do trabalho intelectual, da tecnologia e de estilos de trabalho colaborativos. Ambos se revelaram na abundância econômica e tecnológica do pós-Segunda Guerra Mundial" (p. 16, tradução nossa),[27] informa ele. E embora a contracultura tenha feito críticas à burocracia da Guerra Fria muitos de seus membros abraçaram suas ferramentas tecnológicas e algumas de suas ideias.

O autor demonstra esse entrelaçamento entre a cibernética e a contracultura, a partir da trajetória de um grupo de jornalistas e empreendedores representados por Stewart Brand e o *Whole Earth Catalog* (WEC). Para ele, o grupo articulado por Brand e as publicações que ele produziu entre os anos 1960 e 1990, eram porta-vozes de uma nova visão de mundo e contribuíram para a construção de uma tecnoutopia, onde o computador e a internet são imaginados como ferramentas de libertação. A seguir, Turner relata como os contribuidores e leitores do WEC pensavam e como ajudaram a criar essa noção da tecnologia como libertadora:

---

27 No original: "They shared a celebration of intellectual work, of technology, and of collaborative work styles. Both reveled in the economic and technological abundance of post–World War II America".

A tecnoutopia do software livre

Como os pesquisadores colaborativos da II Guerra Mundial, eles se tornaram interdisciplinares, reunindo novos entendimentos das formas nas quais a informação e a tecnologia poderiam remodelar a vida social. Juntos, eles chegaram a argumentar que as tecnologias deveriam ser de pequena escala, deveriam apoiar o desenvolvimento da consciência individual e, portanto, deveriam ser, ao mesmo tempo, informacional e pessoal. Leitores que escreveram nele também celebraram o trabalho empreendedor e formas de organização social heterárquicas, promoveram uma comunidade desencarnada como um ideal alcançável e sugeriram que sistemas tecnosociais poderiam servir como locais de comunhão extática. Com o tempo, essas duas crenças e a rede de leitores e contribuidores que as desenvolveram, juntamente com o próprio *Catalog*, ajudaram a criar as condições culturais sob as quais os microcomputadores e as redes de computadores poderiam ser imaginados como ferramentas de libertação (p. 73, grifo do autor, tradução nossa).[28]

---

28 No original: "Like the collaborative researchers of World War II, they became interdisciplinarians, cobbling together new understandings of the ways in which information and technology might reshape social life. Together, they came to argue that technologies should be small-scale, should support the development of individual consciousness, and therefore should be both informational and personal. Readers who wrote in also celebrated entrepreneurial work and heterarchical forms of social organization, promoted disembodied community as an achievable ideal, and suggested that techno-social systems could serve as sites of ecstatic communion. Over time, both these beliefs and the networks of readers and contributors who developed them, along with the *Catalog* itself, helped create the cultural conditions under which microcomputers and computer networks could be imagined as tools of liberation".

Como parte de uma geração preocupada com os efeitos da guerra, com as armas de destruição em massa e com a burocracia governamental, Stewart Brand se voltou para os estudos da ecologia e da cibernética procurando respostas sobre como construir um mundo diferente. Para Brand, assim como para a ala da contracultura conhecida como Novos Comunalistas (*New Communalists*),[29] a produção intelectual e tecnológica de pessoas como Norbert Wiener, Buckminster Fuller e Marshall McLuhan, fruto do complexo acadêmico-industrial-militar gerado pela guerra, teve um forte apelo. Eles viram nas teorias desses escritores a possibilidade de uma harmonia global. Através de uma visão cibernética do mundo, eles conseguiram imaginar a realidade de uma forma reconfortante e harmoniosa, como um sistema de informação, de padrão único e interligado (idem).

Essas teorias serviram de inspiração para Brand criar o *Whole Earth Catalog* em 1968. O WEC foi um catálogo voltado inicialmente para os comunalistas. Ele oferecia produtos, mas também servia como uma rede, um sistema de informação e um "dispositivo de avaliação e acesso". A partir dele os indivíduos poderiam procurar ferramentas que os ajudariam a conduzir sua própria educação e o seu empoderamento. Em resposta aos dilemas criados pela guerra e pelas hierarquias e burocracias do governo, o WEC apontava o desenvolvimento de um poder pessoal, "o poder do indivíduo para conduzir sua própria educação,

---

29 Fred Turner (2006) caracteriza os *New Communalists* como uma ala da contracultura que, entre 1967 e 1970, estabeleceu comunas no campo pretendendo construir comunidades autossuficientes nas quais fosse possível redescobrir formas pré-industriais de intimidade e governo igualitário. Nesse processo, eles se afastaram da ação política e defenderam o uso da tecnologia de pequena escala para unir as pessoas e permitir uma nova forma de humanidade. Para os *New Communalists* a chave da mudança social estava na mente e não na política.

encontrar sua própria inspiração, moldar seu próprio ambiente".[30] Eram as ferramentas que deveriam ajudar nesse processo de transformação da consciência individual que o WEC pretendia promover.

De acordo com os propósitos do WEC, as suas estrutura e estratégia retórica deveriam funcionar de modo a criar um leitor que fosse um visionário, ciente das condições do planeta, mas que ao mesmo tempo pudesse atuar também a nível local, com a habilidade de transformar o mundo através de mudanças no seu entorno, capaz de se apropriar dos frutos tecnológicos da paisagem industrial, nômade e tecnocrata (idem). A capa da primeira edição do WEC sugere essa necessidade de uma visão global, que procurasse entender o sistema por inteiro, que podia ser melhorado através da ação de cada indivíduo. O catálogo se tornou reflexo desse ideal, a cada nova edição ele contava com contribuições do seus leitores, num processo contínuo de expansão e aprimoramento.

Embora defendessem uma mudança social global através da tecnologia, o grupo que estava por trás do catálogo defendia que tal mudança deveria ocorrer a nível individual e local, os grupos deveriam agir nos limites do seu entorno local, de forma segregada. Como afirma Fred Turner (idem), o *Whole Earth Catalog*, na verdade, embora mantivesse um discurso de sistema global interconectado, se afastava de questões de gênero, raça e classe e representava uma elite branca, masculina, bem educada e empresarial. Os membros do catálogo eram brancos, jovens, com nível de educação alto e com recursos financeiros. Para Turner, o catálogo celebrava não só a contracultura, mas também a cultura dominante tecnocrática, ao reproduzir as hierarquias tradicionais de distinção social: "... nas páginas do *Catalog*, assim como nos salões das corporações e no poder do governo na época, pessoas de cor, mulheres e os po-

---

30 Disponível em:<http://www.wholeearth.com/issue-electronic-edition.php?iss=1010>. Acessado em: 07 mai. 2012.

bres permaneceriam ausentes" (*Ibidem*, p. 100, grifo do autor, tradução nossa),[31] afirma ele.

Figura 1: Capa do primeiro número do *Whole Earth Catalog* apresentando uma fotografia da terra tirada do espaço por uma expedição da NASA, em 1967[32]

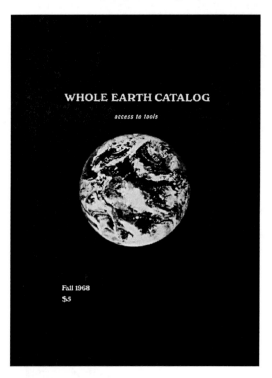

A filosofia do *acess to tools* (acesso às ferramentas) e do *do it yourself* (faça você mesmo), que orientava o grupo responsável pelo catálogo, foi abraçada por pessoas de diferentes grupos sociais. O WEC conseguiu

---

31 No original: "...from the pages of the *Catalog*, as from the halls of corporate and government power at the time, people of color, women, and the poor remain largely absent".

32 Disponível em: <http://www.wholeearth.com/uploads/2/Image/covers/thumbs--md/md-fall-1968-1010-cover.jpg>. Acesso: 27 mar. 2013.

A tecnoutopia do software livre

reunir em torno de si diferentes comunidades contraculturais, intelectuais e acadêmicas (*Ibidem*). Essas ideias foram a base de projetos como o *Resource One* e o *Community Memory*, dos quais falaremos a seguir, grupos que defendiam a apropriação da tecnologia militar para uso pessoal e para o desenvolvimento dos indivíduos e de suas comunidades. Elas também foram a inspiração de alguns do *hackers* que construíram os primeiros computadores pessoais, na fértil região de São Francisco, na Califórnia.

A frase de Stewart Brand que abre esta seção anunciou o sonho de muitos grupos contraculturais, tecnológicos e, até mesmo, acadêmicos, a popularização dos computadores. Na verdade, mais do que isso, o sonho de que através dessa popularização e do acesso de cada indivíduo a essas ferramentas, fosse possível estabelecer uma nova realidade: menos burocrática, mais meritocrática, menos hierárquica e onde as informações fossem livres.

Esse quase prenúncio de Brand abria um artigo seu publicado na revista Rolling Stones.[33] Nele, Brand também revela uma concepção, que provavelmente era compartilhada por muitos *hackers*, a de que eles teriam responsabilidades sociais, deveriam assumir funções sociais importantes como, por exemplo, a de garantir que os computadores fossem popularizados e que estes ajudassem, em consequência, a democratizar o conhecimento.

Na visão de Brand, os *hackers* são verdadeiros agentes sociais: "Eles são os únicos que traduzem demandas humanas em código que as máquinas podem entender e agir sobre." (tradução nossa),[34] afirmava ele

---

33 O nome do artigo é *Spacewar: Fanatic Life and Symbolic Death Among the Computer Bums* e faz referência ao *Spacewar*, um dos primeiros jogos de computadores criados na história. Ele foi criado no começo dos anos 1960 por *hackers* do MIT. Disponível em: <http://www.wheels.org/spacewar/stone/rolling_stone. html>. Acesso: 27 mar. 2013.

34 No original: "They are the ones who translate human demands into code that the machines can understand and act on". Cf. nota 33.

no artigo. Ele acreditava que os *hackers* eram indivíduos cujo conhecimento que possuem sobre linguagens de programação e computadores os empoderavam e os capacitavam para transformar o mundo.

Na ocasião da primeira conferência *hacker*, Brand havia publicado na *Whole Earth Review* (sucessora do *Whole Earth Catalog*), um texto no qual defendia que os *hackers* foram tão pioneiros e revolucionários quanto os criadores da constituição norte-americana:

> Eu acho que os hackers ... são o corpo de intelectuais mais interessante e mais eficiente desde os criadores da Constituição dos Estados Unidos. Nenhum outro grupo que eu conheço teve a intenção de liberar uma tecnologia e teve sucesso. Eles não somente fizeram isso contra o desinteresse ativo da América corporativa, seu sucesso forçou a América corporativa a adotar seu estilo no final. Reorganizando a Era da Informação em torno do indivíduo, através dos computadores pessoais, os hackers podem também ter salvado a economia Americana. Alta tecnologia é agora algo que os consumidores em massa fazem, ao invés de apenas tê-la feita para eles... A mais silenciosa das subculturas dos anos 60 emergiu como a mais inovadora e mais poderosa — e mais desconfiada do poder (Apud TURNER, 2006, p. 138, tradução nossa).[35]

---

35 No original: "I think hackers...are the most interesting and effective body of intellectuals since the framers of the U.S. Constitution. No other group that I know of has set out to liberate a technology and succeeded. They not only did so against the active disinterest of corporate America, their success forced corporate America to adopt their style in the end. In reorganizing the Information Age around the individual, via personal computers, the hackers may well have saved the American economy. High tech is now something that mass consumers do, rather than just have done to them...The quietest of the '60s sub-subcultures

A tecnoutopia do software livre

A forma como Brand descreve a atuação dos *hackers* na revolução dos computadores pessoais, colocando-os como um grupo pioneiro e revolucionário, que liberou essa tecnologia para a sociedade, privilegia uma "visão política" do acontecimento. Aliás, as memórias que têm se estabelecido em torno dos eventos que marcaram a invenção dessas máquinas, tendem a destacar essa face "política", como se o princípio que reuniu os *hackers* em um grupo de *doers* (fazedores), como eles próprios se denominavam,[36] fosse de caráter político, antes de tudo.

Muitos desses *hackers* não enxergavam os seus *hacks* como uma intervenção política, como uma forma de transformar a sociedade. O ambiente a partir do qual surgiram as primeiras máquinas pessoais, o *Homebrew Computer Club*, era basicamente, e antes de tudo, como veremos a seguir, um clube de entusiastas da computação interessados em se divertir e aprender com essa tecnologia. Não era exatamente o que podemos chamar de ambiente "politizado", não que não houvessem pessoas com esse perfil no espaço, mas essa não era a regra.

Os assuntos abordados nos boletins informativos publicados pelo grupo, são essencialmente técnicos. Neles, sempre estava presente um discurso sobre o incentivo ao desenvolvimento de habilidades individuais, troca de informações, satisfação pessoal e diversão. Em um dos números do informativo, datado de junho de 1975,[37] o grupo afirmava: "É um hobby. Sim, um hobby por diversão", ao falar sobre o interesse na computação pessoal. E na publicação posterior, de julho,[38] a primeira página trazia uma seção chamada *What would you like to see the Club do?* (O que você gostaria de ver o Clube fazer?) construída a partir das suges-

---

has emerged as the most innovative and most powerful—and most suspicious of power".

36   *Homebrew Computer Club Newsletter*. Vol. 1, #2, p.1. 12 de abril de 1975.

37   *Homebrew Computer Club Newsletter*. Vol. 1, #4, p.1. 7 de junho de 1975.

38   *Homebrew Computer Club Newsletter*. Vol. 1, #5, p.1. 5 de julho de 1975.

tões, enviadas por seus integrantes, sobre o que eles gostariam de fazer no clube. Quase nenhuma das sugestões feitas foge da questão técnica. Praticamente todas são voltadas ao interesse de desenvolver habilidades técnicas ou sobre produzir ferramentas e tecnologias específicas. Apesar de defenderem a descomplicação dos computadores para que as pessoas pudessem utilizá-los em casa, isso não visava necessariamente uma revolução política e social.

Embora esses *hackers* não constituíssem um grupo homogêneo e discordassem em várias coisas, havia uma questão a qual todos eram sensíveis e com a qual todos concordavam: os computadores precisavam chegar até as pessoas, precisam se tornar máquinas domésticas, e precisavam ser descomplicados. Eles eram poderosas máquinas criadas para a guerra, usadas para fins científicos e militares, mas também poderiam e deveriam ser usados para melhorar a vida das pessoas.

Um desses *hackers*, Bob Albrecht, defendia o controle das pessoas sobre os computadores. Bob foi o responsável pela criação de um tabloide para divulgar o movimento defensor da popularização dessas máquinas. A publicação se chamava *People's Computer Company* (PCC), uma homenagem à banda de Janis Joplin, *Big Brother and the Holding Company* (LEVY, 2010). Na capa da primeira edição de 1972, Bob anunciava que era chegada a hora de transformar os computadores em máquinas que libertassem as pessoas, de usá-los a favor delas e não mais contra:

> Os computadores são principalmente
> usados contra as pessoas em vez de para elas
> usados para controlá-las em vez de libertá-las
> é hora de mudar tudo isso – nós precisamos de
> uma...
> PEOPLE'S COMPUTER COMPANY (grifo do autor, tradução nossa).[39]

---

39 No original: "Computers are mostly used against people instead of for people used to control people instead of to free them time to change all that – we need

A tecnoutopia do software livre

O projeto de Bob Albrecht foi desenvolvido sob forte influência do *Whole Earth Catalog*, inclusive funcionou no mesmo escritório que ele. Albrecht era um ex-engenheiro que ensinava informática em escolas públicas desde os anos 1960, ele via os computadores como ferramentas que poderiam auxiliar no processo de aprendizagem. Pouco tempo após criar a PCC, ele também fundou a *People's Computer Center*, para oferecer acesso público a computadores (TURNER, 2006).

Figura 2: Capa do primeiro informativo da *People's Computer Company*[40]

a... PEOPLE'S COMPUTER COMPANY". Disponível em: <http://www.digibarn. com/collections/newsletters/peoples-computer/peoples-1972-oct/1972-10- -PCC-cover-medium.jpg>. Acesso: 04 jun. 2012.

40 *Idem.*

Nessa mesma linha da desmistificação dos computadores, o ano de 1974 viu nascer uma obra importantíssima para a história da computação: o livro *Computer Lib/Dream Machines* de Ted Nelson, que ficou conhecido por antecipar os computadores pessoais e os seus efeitos na vida das pessoas. Nesse livro, que era dividido em duas partes, Ted Nelson defendia que "os computadores são simplesmente uma parte necessária e agradável da vida, como comida e livros" (1974, p. 303, tradução nossa). Ele pretendia mostrar como o computador poderia ser fácil de usar e desconstruir o que ele chamou de *cybercruds*, as mentiras que os poderosos contavam sobre essas máquinas e que lhes conferiam uma imagem ruim. Nelson também foi um grande defensor do computador pessoal como uma máquina de luta contra a coerção e a restrição:

> ... eu quero ver os computadores úteis aos indivíduos, e quanto mais cedo melhor, sem complicação necessária ou subserviência humana a ser exigida. Qualquer um que concorda com esses princípios está do meu lado. E quem não concorda, não está. ESSE LIVRO É PARA A LIBERDADE PESSOAL. E CONTRA A RESTRIÇÃO E COERÇÃO... Um canto que você pode levar para as ruas: O PODER DO COMPUTADOR PARA AS PESSOAS! ABAIXO O CYBERCRUD! (Apud LEVY, 2010, p. 173, grifo do autor, tradução nossa).[41]

---

41   No original: "...I want to see computers useful to individuals, and the sooner the better, without necessary complication or human servility being required. Anyone who agrees with these principles is on my side. And anyone who does not, is not. THIS BOOK IS FOR PERSONAL FREEDOM. AND AGAINST RESTRICTION AND COERCION... A chant you can take to the streets: COMPUTER POWER TO THE PEOPLE! DOWN WITH CYBERCRUD!".

Figura 3: Capa do *Computer Lib/Dream Machine*[42]

Descomplicar os computadores, essa era a proposta do *Computer Lib*. Na capa do livro, Ted Nelson anunciava "Você pode e deve entender de computadores agora". Ted Nelson é também reconhecido como sendo o primeiro a empregar os termos hipermídia e hipertexto. Foi o trabalho dele que inspirou Tim Berners-Lee a criar a interface gráfica *Web* para a internet nos anos 1990, que a revolucionou pelo uso de *hiperlinks*. Essa interface gráfica deu à internet um caráter de hipertexto gigante. Nelson esperava que as hipermídias facilitassem o acesso às informações nos computadores, "Novas liberdades através das telas dos computadores", dizia ele na legenda da capa de *Dream Machines*.

Philippe Breton (1991), em seu livro "História da Informática", apresenta o processo de transformação pelo qual os computadores passaram até chegar à sua fase doméstica. Na primeira fase da informática, é o momento em que os computadores ainda eram muito caros e difíceis de serem manipulados. É a fase militar, onde eles eram utilizados essen-

---

42 Disponível em: <http://www.molleindustria.org/blog/wp-content/uploads/2012/08/computerlib_cover.png>. Acesso: 04 jun. 2012.

cialmente como armas de guerra. Quando os primeiros computadores surgiram, as máquinas eram enormes e seu funcionamento hermético, elas exigiam conhecimento técnico extremamente especializado para serem manipuladas.

O acesso a essas máquinas também era muito restrito, fossem por seus altos custos de produção ou porque ainda não se vislumbrava uso para elas, além daqueles dados pelos militares ou pelas grandes corporações. Essa fase é a que Philippe Breton (idem) classifica como sendo a da "primeira informática", que se estende do nascimento dos primeiros computadores, em 1945, até meados dos anos 1960. Durante essa fase, a informática foi se consolidando nos grandes laboratórios universitários, através de verbas militares, e as máquinas eram vendidas apenas para um mercado estatal.

A segunda fase será caracterizada pela diminuição do financiamento militar e pelo aumento progressivo da presença dos computadores em escritórios das grandes corporações. É nessa fase, que compreende os anos de 1965-1970, que a informática vai começar a pensar em termos de gestão e processamento da informação, diferenciado-se dos informatas da primeira fase, que se destacavam pelos debates interdisciplinares em torno da cibernética e da inteligência artificial. Como explica Breton: "o matemático-programador cede de modo progressivo o lugar ao informaticista gestionário" (*Ibidem*, p. 148-49). Em suma, a "segunda informática" foi o momento onde os computadores foram abraçados pelas empresas e administradores como sendo a solução para a gestão dos negócios, uma "informática dos especialistas" (*Ibidem*, p. 237).

Já a terceira fase, datada do começo dos anos 1970, marca uma grande revolução na história dos computadores, representa um ponto de inflexão no uso e no sentido que eles possuíam até o momento. Foi nesta fase que se inaugurou o nascimento da microinformática através da invenção do computador pessoal, um divisor de águas na história da informática e também uma mola propulsora do movimento em defesa do conhecimento livre.

Do ponto de vista técnico, o computador pessoal representou também a "revolução da microeletrônica", através da compactação e da miniaturização de componentes, como os transistores, num chip de silício que media meio centímetro quadrado (QUEIROZ, 2007). Essa revolução possibilitou a construção de microprocessadores, que, por sua vez, possibilitaram a construção de computadores muito menores e muito mais potentes que os anteriores.

Essa foi a revolução técnica que tornou possível que os *hackers* californianos produzissem as suas bricolagens eletrônicas e a partir delas os primeiros computadores pessoais. Não foi no ambiente das grandes corporações ou nos grandes laboratórios do governo que essas máquinas foram projetadas. Vale notar que os engenheiros e técnicos que trabalhavam com informática à época não acreditavam na relevância de um computador para o uso pessoal (CERUZZI, 2003). Como Philippe Breton (1991) afirma, empresas como a IBM e a Digital tinham plenas condições técnicas para a construção de um *Personal Computer*, mas um projeto como esse não correspondia às concepções que os informatas tinham de uso do computador, eles não concebiam a existência de uma demanda doméstica para esse tipo de máquina. Mas os *hackers* sim.

A microinformática nasceu nas simples garagens de casas californianas, como produtos de bricolagens eletrônicas, das mãos de estudantes radicais, apaixonados por informática, ativistas antiguerra, esquerdistas marxistas, *hippies*, zen budistas, todos os tipos de grupos de pessoas que viram no computador pessoal a possibilidade de construção de uma nova realidade (LÉVY,1993). Para muitas pessoas o computador encarnou a utopia da democratização das informações. Era preciso se apropriar dessa tecnologia, então vista como uma arma de/para guerra, e transformá-la numa ferramenta libertadora. Era preciso colocar os computadores a serviço do povo: *Computers for the people*. Esse foi o grande lema da microinformática (LÉVY, 1999).

O desenvolvimento da microinformática também pode ser ligado a uma apropriação do computador em favor da democratização das informações, feita por grupos localizados inicialmente na região da Califórnia. O primeiro desafio desses grupos era desarticular a ideia de que computadores eram apenas armas de guerra usadas contra o povo.[43] Um projeto que ficou conhecido como *Resource One*, formado por uma espécie de coletivo de ativistas que desejavam dissipar a aura de elitismo e até de misticismo que havia em torno da tecnologia, surgiu com essa intenção de aproximar o computador das pessoas e usá-lo para disponibilizar informações para a comunidade.

O *Resource One* funcionou nas dependências de um galpão de cinco andares localizado na área industrial de São Francisco, na Califórnia. Suas atividades se desenvolveram em torno de um computador IBM XDS-940, obsoleto para a época, que havia sido emprestado ao grupo. Com esse computador, o grupo ensinava informática, projetos de pesquisa econômica e reunia informações úteis sobre as atividades comunitárias num banco de dados acessível a todos (LEVY, 2010; BRETON, 1991). O projeto defendia o controle dos indivíduos sobre as informações e a construção de um sistema de troca de informação baseada no sistema *peer-to-peer* (par-a-par). Fred Turner (2006) afirma que esses conceitos que orientavam o grupo tinham sido também uma característica do movimento *New Communalist* e da *New Left* (Nova esquerda)[44] por algum

---

43   A IBM ao lançar seu primeiro computador no mercado, em 1952, já se preocupava com o impacto negativo que o nome "computador" pudesse ter sobre suas vendas, já que esse nome estava estreitamente ligado à guerra. Seu primeiro computador comercializado, o IBM 701, foi lançado com o nome de "electronic data processing machine", evitava-se deliberadamente o nome "computador". Além disso, a preocupação da IBM também era desvencilhar sua própria imagem da guerra. Como a empresa havia construído vários projetos para o Departamento de Defesa norte-americano durante a Segunda Guerra, ela não queria que o 701 fosse visto como mais um desses projetos (CERUZZI, 2003).

44   Fred Turner (2006) define a *New Left* como um movimento político que surgiu nos anos 1960 a partir da luta pelos direitos civis e do movimento pela liberdade

A tecnoutopia do software livre

tempo, embora fazer tais coisas usando computadores era uma noção relativamente nova.

Stewart Brand entrevistou a fundadora do projeto, Pam Hart, em seu artigo sobre o *Spacewar*, de 1972. Na entrevista ela explica que tudo começou em 1970, na Universidade de Berkeley, com um anúncio no rádio. Em plena crise do Camboja, estudantes de Berkeley, durante as manifestações antiguerra, se reuniram e começaram a pensar em fazer algo positivo com a tecnologia. Duas semanas depois o grupo já tinha 200 pessoas. Ela relembra:

> Quatro de nós vieram de Berkeley para o Projeto One e nos estabelecemos em um pequeno escritório no segundo andar. (Projeto One está em um depósito de uma fábrica na área sul do Mercado de São Francisco. Ele começou em 1970 com um anúncio de rádio "Se você está interessado em construir um espaço comunitário e barato e compartilhar recursos, venha para o Projeto One." Dentro de duas semanas o prédio estava cheio com 200 artistas, artesãos, técnicos e ex-profissionais, e suas famílias). Nós trabalhamos na concepção de um sistema de recuperação de modo que todas as centrais na Cidade poderiam interagir, usando uma base de dados comum, com todos os cuidados tomados para a privacidade e sabendo quem coloca coisas nelas, então você poderia encaminhar de volta. A expectativa era que você poderia gerar listas que fossem atualizadas e estivessem tão on-line quanto fosse possível (tradução nossa).[45]

---

de expressão. Se destacou pelos protestos contra a Guerra do Vietnã e pela defesa da ação política, inclusive marcando presença em partidos políticos.

45 No original: "Four of us came' from Berkeley to Project One and set up in a little office on the second floor. (Project One is a factory warehouse in the south-of-

Em 1972, outro projeto nasceu dentro do mesmo ambiente do *Resource One*, tratava-se do *Community Memory* (CM). Tinha à frente Efrem Lipkin, Mark Szpakowski e Lee Felsenstein. O projeto nasceu com uma proposta de se tornar uma memória comunitária, não apenas no sentido de que estaria à disposição de todos, mas também de que seria construída por todos. No boletim informativo do *Resource One*, de abril de 1974, havia uma apresentação do CM como uma proposta que pretendia valorizar a memória da comunidade, mas não necessariamente no sentido de combater o esquecimento, o que se pretendia era promover o descobrimento da própria memória. A intenção do grupo, portanto, era tornar pública uma memória pouco conhecida, por isso recorreram à palavra grega *aletheia* para ilustrar o objetivo do seu projeto. *Aletheia* para os antigos gregos significava, simultaneamente, verdade e realidade. Para o CM, as máquinas poderiam ajudar a comunidade a desvelar sua realidade:

> Community memory é uma comunidade de plena consciência, não-esquecimento. No sentido original da palavra grega para verdade, *aletheia* (*a-lethe*, ter saído do ocultamento) é uma recuperação comunitária da realidade, revelação comunitária, que é (deixado) descoberto, por nós, para nós (grifo do autor, tradução nossa).[46]

-Market area of San Francisco. It started in 1970 with a radio announcement'" "If you're interested in building a community and cheap space and sharing resources, come to Project One." Within two weeks the building was filled with 200 artists, craftsmen, technicians and ex-professionals, and their families.] We worked, on designing a retrieval system so all the switchboards in the City could interact, using a common data base, with all the care taken for privacy and knowing who put stuff in so you could refer back. Hopefully you could generate lists that were updated and be as on-line as possible". Cf. Nota 33.

46 No original: "Community memory is community mindfulness, not-forgetfulness. In the root sense of the greek word for truth, *aletheia* (*a-lethe*, having come out of hiddnness) it is comunal retrieve of truth, comunal disclosure, that which

A tecnoutopia do software livre

Além disso, esperava-se que o CM funcionasse como uma rede alternativa de informações, uma espécie de boletim eletrônico, que não possuísse um controle central e ao qual todos pudessem ter acesso. Seria uma arma contra a burocracia, funcionando como um sistema não-burocrático descentralizado construído pelas pessoas da própria comunidade (LEVY, 2010).

O primeiro terminal público do CM foi instalado no segundo andar de uma loja de discos chamada Leopold's Records, em Berkeley. As pessoas foram encorajadas a usá-lo como um boletim eletrônico e também como um banco de dados. Acabou se expandindo para além da Leopold's e se tornando uma rede. Outros terminais foram criados no escritório do CM no Village Design, em Berkeley, e numa biblioteca em São Francisco.

---

is (left) open, by us, to us". Disponível em: < http://www.well.com/~szpak/cm/ cm-4-altinfosys.jpg>. Acesso: 25 mai. 2012.

Figura 4: Terminal do *Community Memory* na Leopold's Records[47]

Figura 5: Terminal do *Community Memory*:
"Leia de graça e escreva por 25 centavos"[48]

---

47 Disponível em: <http://www.computerhistory.org/revolution/the-web/20/377>. Acesso: 11 set. 2012.

48 Disponível em: <http://www.computerhistory.org/revolution/the--web/20/377/2045>. Acesso: 11 set. 2012.

A tecnoutopia do software livre

As informações compartilhadas nesses terminais eram as mais variadas possíveis, incluíam desde anúncios classificados, passando por bandas de rock procurando por baixistas até grupos que ofereciam aconselhamento.[49] Mas logo as pessoas descobriram que também poderiam fazer muito mais do que apenas divulgarem anúncios classificados no terminal. Em fevereiro de 1974, uma mensagem curiosa, assinada com o nome de Benway, fazia menção a sociedade do controle retratada no romance 1984 de George Orwell. "Antes que você perceba, 1984 encontrará você", alertava a mensagem:

> ENCONTRE 1984, VOCÊ DIZ
> HEH, HEH, HEH . . . BASTA FICAR AO REDOR
> DE OUTRO
> DEZ ANOS
> OUÇA ALVIN LEE
> PARTA SEU CABELO DIFERENTE
> LARGUE A ASPIRINA
> FAÇA UM ESFORÇO CONJUNTO
> AFASTE-SE
> MANTENHA UM NARIZ LIMPO
> CASA {EM ALCANCE)}
> SAIA CHUTANDO SEUS CORAÇÕES ME VEJA
> ME SINTA
> U.S. SAIA DE WASHINGTON
> LIBERTE A INDIANÁPOLIS 500
> LEVANTE E FUJA
> CAIA NO ESQUECIMENTO
> ENLOUQUEÇA
> ENDIREITE-SE
> DEIXE UM SORRISO SER SEU GUARDA-CHUVA
> . . .E . . .

---

49 Disponível em: < http://www.well.com/~szpak/cm/index.html>. Acesso: 25 mai. 2012

Aracele Lima Torres

ANTES QUE VOCÊ PERCEBA {}{}{}{}{}{}{}{}{}{}{}
1984
ENCONTRARÁ
VOCÊ!

E ISSO VAI SER CERTO . . .

PALAVRAS-CHAVE: 1894   BENWAY
TLALCLATLAN INTERZONE

2-20-74 (*Ibidem*, p. 152-3, tradução nossa).[50]

Mensagens como essa representavam de modo geral o temor dos que defendiam a popularização dos computadores, o de que essas máquinas fossem usadas para exercer controle sobres os indivíduos, ao invés de libertá-los e serem úteis para eles. O quadrinho *Finite State Fantasies*, desenhado pelo cartunista Rich Didday, em 1976, também simboliza essa preocupação a respeito da dominação que as máquinas poderiam exercer sobre as pessoas. "É apenas outra ferramenta. Use-a. Não deixe que ela use você!", dizia ele na legenda do seu quadrinho:

---

50 No original: "FIND 1984, YOU SAY HEH, HEH, HEH . . . JUST STICK AROUND ANOTHER TEN YEARS LISTEN TO ALVIN LEE PART YOUR HAIR DIFFERENT DROP ASPIRIN MAKE A JOINT EFFORT DRIFT AWAY KEEP A CLEAN NOSE HOME {ON THE RANGE}} QUIT KICKING YORE HEARTS SEE ME FEEL ME U.S. GET OUT OF WASHINGTON FREE THE INDIANAPOLIS 500 GET UP AND GET AWAY FALL BY THE WAYSIDE FLIP OUT STRAIGHTEN UP LET A SMILE BE YOUR UMBRELLA . . . AND . . . BEFORE YOU KNOW IT {}{}{}{}{}{}{}{}{}{}{} 1984 WILL FIND YOU! AND ITS GO' BE RIGHTEOUS . . .KEYWORDS: 1894 BENWAY TLALCLATLAN INTER-ZONE 2-20-74".

A tecnoutopia do software livre

Figura 6: Uma das páginas do quadrinho *Finite State Fantasies*[51]

---

51 Disponível em: <http://www.digibarn.com/collections/comics/finite-state-fantasies/index.html>. Acesso: 07 jun. 2012.

A abordagem de Didday é interessante na medida em que revela a concepção de que o computador é uma ferramenta como outra qualquer e não "A" ferramenta, mas apenas mais uma, tal como a lança, a lâmpada, o lápis; e que pode ser utilizada de diversas maneiras pelo homem. Não há na leitura dele uma sobrevalorização da máquina. O quadrinho de Didday e a mensagem de Benway revelam que, embora os computadores pessoais estivessem se tornando realidade e que muitos acreditassem que eles, diferente dos grandes computadores do complexo científico militar, empoderariam os indivíduos capacitando-os para mudar a sua realidade; muitos não abandonaram a visão de que mesmo, ou principalmente no ambiente doméstico, eles poderiam ser usados para controlar os indivíduos.

Era exatamente no lado oposto dessa visão que grupos como *Community Memory* se localizavam. Isso porque eles acreditavam, assim como Norbert Wiener, na visão do mundo como um sistema de informação buscando a sua estabilidade através do fluxo e refluxo (*feedback*) de informações. Nesse sentido, os computadores como ferramentas facilitadoras da comunicação poderiam ajudar a construir uma ordem social estável e harmoniosa, ao invés de ameaçá-la.

O grupo responsável pelo projeto *Community Memory* se autodenominava *Loving Grace Cybernetics*, inspirado por um poema de Richard Brautigan. O CM, assim como Brautigan, não pensava os computadores como ameaças ao povo. Ele os pensava como máquinas que poderiam ser de adorável graça, que poderiam servir e libertar os homens de seus maiores problemas. Assim desejou Brautigan em 1967, quando publicou seu poema *All Watched Over by Machines of Loving Grace* (Tudo assistido por máquinas de adorável graça), que o mundo pudesse ser um campo cibernético, onde as máquinas e a natureza vivessem em harmonia e os homens, livres do fardo do trabalho, pudessem retornar às suas origens naturais e que tudo isso seria assistido ou contemplado pelas máquinas. Eis o que diz o poema:

A tecnoutopia do software livre

Eu gosto de pensar
(e quanto mais cedo melhor!)
em um campo cibernético
onde mamíferos e computadores
vivem juntos em uma harmonia
mútua programada
como a água pura
tocando o céu limpo

Eu gosto de pensar
(agora mesmo, por favor!)
em uma floresta cibernética
cheia de pinheiros e eletrônicos
onde cervos passam tranquilamente
por computadores
como se eles fossem flores
desabrochando

Eu gosto de pensar
(é preciso ser!)
em uma ecologia cibernética
onde estamos livres de nossos trabalhos
e regressamos à natureza,
retornamos aos nossos irmãos
e irmãs mamíferos,
e tudo assistido
por máquinas de adorável graça
(LEVY, 2010, p. 174, tradução nossa).[52]

---

52 No original: "I like to think (and the sooner the better!) of a cybernetic me-
adow where mammals and computers live together in mutually programming
harmony like pure water touching clear sky I like to think (right now, please!) of
a cybernetic forest filled with pines and electronics where deer stroll peacefully
past computers as if they were flowers with spinning blossoms. I like to think (it
has to be!) of a cybernetic ecology where we are free of our labors and joined

O poema de Brautigan revela como vários desses ativistas do computador pessoal recorreram às ideias ecológicas e cibernéticas, do mundo imaginado como um ecossistema interconectado; onde homens, máquinas e natureza fossem iguais e fizessem parte de um mesmo sistema de comunicação, para construir a sua imagem de mundo ideal ou a sua utopia. Em 2011, o cineasta inglês Adam Curtis produziu um documentário com o mesmo nome do poema de Richard Brautigan.[53] Nele, Curtis mostra como essas teorias ecológicas e cibernéticas, desenvolvidas nos anos 1940 e 1950, foram abraçadas por determinados grupos, a partir da segunda metade do século XX, e contribuíram, entre outras coisas, para a formação das crises econômicas ocorridas nos anos 1990 e na última crise iniciada em 2008. A crença de que os computadores pudessem ajudar a construir um mundo e uma economia estáveis, nos levou a delegar a essas máquinas a função de controlar a economia. Algo que Curtis apresenta no seu documentário como sendo uma grande ilusão.

O documentário também revela como o uso dos conceitos vegetacionais da ecologia, que pensava o mundo como um ecossistema autorregulado em constante equilíbrio, onde tudo tinha sua posição natural, serviram como forma de legitimar o *status quo* e a dominação de certos grupos sociais sobre outros. Ao contrário do que essas teorias sugeriam, o mundo não se tornou um lugar estável, heterárquico e as pessoas não se tornaram mais livres, nem do trabalho e nem da dominação política. Adam Curtis mostra que o mundo sonhado por Richard Brautigan, nos final dos anos 1960, não se materializou e, talvez, não se materializará. A perspectiva do seu documentário é bastante distópica e nega o caráter de "adorável graça" das máquinas.

Gildo Magalhães (1994) também aponta para uma perspectiva contrária a essa do microcomputador como uma máquina que promo-

---

back to nature, returned to our mammal brothers and sisters, and all watched over by machines of loving grace".

53 CURTIS, Adam. *All Watched Over by Machines of Loving Grace*. BBC. 2011.

A tecnoutopia do software livre

veria a liberdade individual. Segundo ele, a informática, mesmo após a difusão dos computadores pessoais, continuou a ignorar o humano e a individualidade. O conceito de informação definido por Norbert Wiener e pelo matemático Claude Shannon, conhecido como o pai da teoria da informação, não se preocupa com o que é transmitido no processo de troca de informação, mas com o próprio processo em si. De acordo com Gildo, esse fato favorecia a ideia de que a informática incentivaria a liberdade. Além disso, as técnicas de marketing dos fabricantes de microcomputadores induziam a contestação da grande informática e a valorização dos computadores pessoais, como se os malefícios estivessem no tamanho das máquinas e não no uso que é dado a elas. Tudo isso teria criado uma ilusão de que a liberdade e a atividade criadora seriam privilegiadas pelo desenvolvimento dessas máquinas.

As máquinas pessoais: do hobismo à indústria

Os projetos e personagens apresentados anteriormente foram muito importantes na construção da visão utópica dos computadores como ferramentas de transformação social. Tinham um caráter mais político e seu interesse na computação extrapolava as questões técnicas, eles a usavam como uma arma para combater aquilo que consideravam como nocivo à sociedade. Como mostraremos, a partir da metade dos anos 1970, muitos dos envolvidos com esses projetos sociais também vão compor um grupo de *hackers* que serão os pioneiros na construção dos computadores pessoais. Nem todos dentro desse grupo compartilhavam dessas visões utópicas, mas, mesmo aqueles que divergiram delas ajudaram a alimentá-las, construindo as máquinas pessoais que se transformariam em um novo suporte para essas utopias.

As primeiras máquinas de uso pessoal foram inventadas no ambiente do *Homebrew Computer Club* (HCC), um clube de entusiastas da computação que nasceu em março de 1975, numa garagem no Vale do Silício. Foi idealizado por Fred Moore (a quem Steven Levy (2010) descreveu como um vagabundo que odiava dinheiro e amava tecnologia) e Gordon French, que estavam interessados em reunir pessoas que desejavam construir computadores e, principalmente, compartilhar seus conhecimentos sobre eletrônica. O *Homebrew* é lembrado na história como o ambiente do qual saíram não só os primeiros computadores pessoais, mas também as duas empresas que mais tarde dominariam o mercado da computação e se tornariam multibilionárias, Microsoft e Apple.

O grupo foi fundado em meio à euforia em torno do recém-lançado microcomputador *Altair* 8800. Um computador construído por Ed Roberts, um engenheiro que tinha uma companhia chamada MITS, especializada na venda de *kits* de eletrônica para entusiastas construírem suas próprias máquinas e ferramentas. O *Altair* 8800 foi vendido também em forma de *kit*, por cerca de quatrocentos dólares você poderia adquirir um e montar seu próprio computador (*Ibidem*, p. 190).

Figura 7: Artigo da revista *Popular Electronics* sobre o *Altair*. O artigo começava anunciando: "A era do computador em toda casa – um tema favorito entre os escritores de ficção cientifica – chegou!".[54]

O lançamento do *Altair* marcou a era dos computadores pessoais, não era ainda a máquina descomplicada que queriam entusiastas como Ted Nelson, mas abriu caminho para que elas fossem construídas. Com o seu lançamento, os *hackers* que formariam o *Homebrew*, viram que o seu sonho do computador doméstico não demoraria a se realizar. Dois meses após o *Altair* ser lançado, Fred Moore e Gordon French, resolveram divulgar alguns cartazes convidando os apaixonados por computadores a se reunirem e trocarem experiências sobre o tema.[55]

---

54 Disponível em: <http://www.computermuseum.20m.com/cgi-bin/i/images/popelec/Page%2033.jpg>. Acesso: 31 mar. 2013.
55 *Homebrew Computer Club Newsletter*. Vol. 1, #1. 15 de março de 1975.

Figura 8: Contracapa da revista *Byte* de 1975, apresentando o *Altair* como um computador de preço acessível. "Criado pelo homem. O computador acessível".[56]

Na primeira reunião, na garagem de Gordon, trinta e duas pessoas apareceram, alguns já se conheciam e outros estavam se vendo pela primeira vez. Depois da primeira reunião eles decidiram começar a publicar um boletim informativo e se reunir novamente em duas semanas, dessa vez a reunião seria no Laboratório de Inteligência Artificial de Stanford.

---

56 Disponível em: <http://www.digibarn.com/collections/mags/byte-sept-oct-1975/one/back.jpg>. Acesso: 28 mar. 2013.

A tecnoutopia do software livre

Apenas dez dias após essa reunião, o grupo publicou seu primeiro boletim informativo, em 15 de março de 1975. A cada novo encontro o número de participantes ia crescendo significativamente. O informativo sobre a segunda reunião, datado de 12 de abril, já falava de um número de 60 participantes, o dobro da primeira reunião.[57]

No informativo de janeiro de 1976 foi publicada uma espécie de carta de propósitos do grupo. É um dos raros textos que não está relacionado à questões puramente técnicas encontrado em seus boletins. Aqui é um dos poucos momentos em que eles anunciam explicitamente um desejo de auxiliar as pessoas fora do ambiente do clube a aprenderem sobre os computadores. Há uma preocupação em educar as pessoas para que elas saibam usar as máquinas, é o desejo de descomplicá-las expresso na obra de Ted Nelson anos antes:

> 1. Promover a disseminação e troca de informações relacionadas ao computador, especialmente de uma natureza educacional, através da organização de reuniões públicas, a manutenção de uma biblioteca e a publicação de um boletim informativo.
>
> 2. Apoiar o desenvolvimento de materiais educativos, especialmente programas de computador, apropriados para serem usados por computadores de uso doméstico.
>
> 3. Manter centros através dos quais membros do público envolvidos com o uso doméstico, educacional ou como passatempo dos computadores possam obter acesso a equipamento informático especializado (tradução nossa).[58]

---

57 *Homebrew Computer Club Newsletter.* Vol. 1, #2. 12 de abril de 1975.

58 No original: "1. To promote the dissemination and exchange of computer related information, especially of an education nature, by the organization of public meetings, the maintenance of a library and the publishing of a newsletter; 2. To

Outro ponto que chama a atenção neste número do informativo é o da produção de *softwares* no ambiente do clube. Como se propunha a ser um espaço de troca de informações, que valorizava a disseminação do conhecimento, os entusiastas do *Homebrew* procuraram garantir que essas informações estivessem disponíveis a todos. Na sua carta de propósitos, o grupo estabeleceu que os *softwares* produzidos através do uso de equipamentos de propriedade do clube deveriam ser disponibilizados em domínio público.[59]

Pierre Lévy (1993) descreve o ambiente do HCC como um lugar de aprendizagem e colaboração, onde não havia segredos e onde os mais ricos dividiam suas máquinas com os menos privilegiados. Pode haver um pouco de exagero na fala de Pierre Lévy acerca da falta de segredos, mas o que se pode afirmar com certeza é que durante as reuniões do clube, os *hackers* apresentavam suas invenções ou suas ideias e recebiam muitos *feedbacks* sobre elas. Foi através dessa dinâmica de colaboração que os primeiros computadores de uso pessoal foram desenvolvidos.

Em 1976, Lee Felsenstein e Bob Marsh construíram um dos primeiros computadores pessoais da história, ao qual deram o nome de Sol. Lee, que havia criado o *Community Memory* e participado também do *Resource One*, acreditava que os computadores poderiam ser um modelo de ativismo e fornecer às pessoas o poder sobre os opressores políticos (LEVY, 2010). O que ele e Marsh tinham em mente ao criarem a máquina, além da ideia de que ela pudesse servir para diversão e para a aprendizagem, era a de que ela também fosse usada como uma ferramenta política. Eles

---

support the development of educational materials, especially computer software, suitable for use by the home computer user.; 3. To maintain centers through which members of the public involved with home, hobby or educational use of computers may obtain access to specialized computer equipment". *Homebrew Computer Club Newsletter*. Vol. 2, #1. 31 de janeiro de 1976.

59 *Idem.*

estavam engajados na criação de algo que fosse acessível a qualquer um, acreditavam que os computadores pudessem ajudar as pessoas.

Em sua página pessoal na internet, Lee publicou um texto no qual relata sua participação na construção desses projetos que culminaram na criação dos computadores pessoais. Segundo ele afirma, todas as suas explorações no universo da tecnologia visaram responder a uma questão específica: "Que tipo de tecnologia possibilitaria e facilitaria para as pessoas reestruturar as instituições sociais e relações de forma a minimizar a influência de instituições hierárquicas e permitir o máximo de diversidade e criatividade?".[60] Sob essa perspectiva de ativismo político, inclusive o *Homebrew Computer Club* deveria, na concepção de Lee, fugir daquilo que poderia transformá-lo em um espaço burocrático (idem).

As preocupações de Lee Felsenstein, no entanto, não representavam as preocupações do grupo. Nem todos estavam interessados em reestruturar as instituições sociais ou usar os computadores para ativismo político. Não foram essas as motivações que levaram, por exemplo, Steve Wozniak e Steve Jobs a construírem o seu computador Apple, em 1976. E, segundo Wozniak, muito pouco foi vender computadores e montar uma empresa de tecnologia. Steve Wozniak era um dos que estavam ali pela experiência do aprendizado e da troca de informações sobre computadores (idem).

O primeiro computador produzido por Wozniak, o Apple I, na verdade não era um computador completo, era apenas uma placa com *chips* e circuitos, mas trazia uma importante inovação em relação aos outros, funcionava usando menos *chips*. A explicação de Wozniak para construir uma placa dessa forma e não de outra, é influenciada por uma

---

60 No original: "what kind of technology would make it possible and easy for people to restructure societal institutions and relationships so as to minimize the influence of large, hierarchical institutions and allow maximum diversity and creativity?"Disponível em: *Social Media Technology*. <http://www.leefelsenstein. com/?page_id=125>. Acesso: 01 abr. 2013.

das características que Peter Samson apontou no dicionário do TMRC como definidora de um *hacker*, a de evitar sempre a solução padrão:

> Eu estou nisso por questões estéticas e eu gosto de me considerar inteligente. Esse é meu quebra-cabeça e eu faço projetos que usam um chip a menos que o último cara. Eu pensava como eu poderia fazer isso mais rápido ou menor ou mais inteligente. Se [eu trabalho em algo] considerado um bom trabalho usando seis instruções, eu tento em cinco ou três, ou duas se eu quiser vencer [grande]. Eu faço coisas complicadas que não são normais. Todo problema tem uma solução melhor quando você começa a pensar sobre isso de forma diferente da normal. E eu os vejo—todo dia eu vejo vários problemas, eu pergunto se é um problema de hardware, eu começo procurando em muitas tecnologias que eu fiz antes, contadores e feedback ou registros do chip . . . uma abordagem bottom-line, procurando por pequenos pontos finais específicos de uma hierarquia . . . isso cria basicamente um tipo diferente de matemática. As descobertas aumentaram minha motivação porque eu teria algo para mostrar e esperava que outras pessoas as vissem e dissessem, "Graças a Deus, isso é como eu quero fazer," e isso é o que eu consegui do Homebrew Club (*Ibidem*, p. 257, tradução nossa).[61]

---

61   No original: "I'm into it for esthetic purposes and I like to consider myself clever. That's my puzzle, and I do designs that use one less chip than the last guy. I would think how could I do this faster or smaller or more cleverly. If [I work on something] considered a good job using six instructions, I try it in five or three, or two if I want to win [big]. I do tricky things that aren't normal. Every problem has a better solution when you start thinking about it differently than the normal way. And I see them—every single day I see several problems, I ask if it's a hardware problem, I start looking at a lot of techniques I've done before, counters and feedback or chip

Resolver os problemas procurando soluções não convencionais e conseguir fazer "coisas complicadas que não são normais" são as marcas de um *hacker*. Ser bem sucedido nisso é, como o depoimento de Steve Wozniak indica, uma forma de atestar a inteligência e a capacidade de um *hacker*, e de buscar reconhecimento enquanto *hacker* diante do seu grupo.

Figura 9: Apple I, na época era apenas uma placa com *chips* e circuitos[62]

Em parceria com seu amigo Steve Jobs (que segundo Steven Levy era medíocre como engenheiro mas excelente como planejador), Wozniak criaria uma das empresas mais promissoras e valiosas da história da computação, e que começou com duas pessoas em uma gara-

---

registers . . . a bottom-line approach, looking for little specific end points from a hierarchy . . . it creates basically a sort of different mathematics. The discoveries did increase my motivation because I would have something to show off and I hoped that other people would see them and say, 'Thank God, that's how I want to do it,' and that's what I got from the Homebrew Club".

62   Disponível em: <http://s7.computerhistory.org/is/image/CHM/x210.83p-03--01?$re-story-hero$ >. Acesso: 02 abr. 2013.

gem. Embora, como ele sempre fez questão de lembrar, não tivesse criado um computador para fazer dinheiro ou fama, sua motivação por trás da Apple era o *hacking*, ela era sua arte e não seu negócio: "Eu projetei um computador porque eu gosto de projetar, para mostrar no clube. Minha motivação não foi ter uma empresa e fazer dinheiro" (*Ibidem*, p. 264), dizia ele a Steven Levy em 1984. Mas a revolução provocada pelo computador Apple de Wozniak estava ligada exatamente a uma das grandes reivindicações dos *hackers* do HCC e de muitos outros: a de que os computadores pudessem ser mais amigáveis e descomplicados, o design do Apple promoveu isso (CERUZZI, 2003).

O ano de 1977 parece ter sido o do auge de participantes do HCC, um boletim de fevereiro deste ano mostra o crescimento que o clube teve ao longo dos dois anos de atuação: um número de 240 pessoas participaram de sua última reunião, em janeiro. E ao todo 1500 pessoas recebiam o jornal do grupo. Também havia 182 máquinas em funcionamento no clube, em comparação a 38 máquinas em outubro de 1975.[63] Mas esse período também parece ter sido o começo do fim da agitação que teria tomado conta do clube nesses dois anos. Steven Levy lembra que esse foi também o ano que as grandes empresas começaram a introduzir no mercado computadores montados e vendê-los como eletrodoméstico. Também foi o ano que a Apple explodiu no mercado com o seu Apple II.

Muitos *hackers* agora faziam parte de um mercado de tecnologia que eles ajudaram a criar, e diferente do ambiente de cooperação do HCC, nesse mercado a "ética hacker" de livre partilha das informações não estava entre os valores fundamentais. Eles tinham que manter segredos sobre suas tecnologias para resguardar as empresas para as quais trabalhavam ou eram donos (LEVY, 2010). O HCC foi então se esvaziando, para muitos *hackers* que frequentavam-no, a computação já não era

---

63 *Homebrew Computer Club Newsletter* . Vol. 2, #14, 16 de fevereiro de 1977.

A tecnoutopia do software livre

mais apenas uma questão de diversão ou ativismo, havia se tornado um negócio, e dos mais promissores.

Boa parte dos *hackers* do HCC trabalhava em empresas (Wozniak, por exemplo, era funcionário da HP) e os segredos dessas empresas eram muitas vezes revelados dentro do ambiente do clube, sem que houvesse a preocupação com a concorrência ou cópia de ideias entre elas, mas alguma coisa havia mudado (*Ibidem*, p. 227). Não importava mais às empresas as melhorias advindas da produção de um *software* compartilhado tanto quanto agora importava o lucro que elas poderiam ter se dominassem exclusivamente o ciclo de produção e distribuição dos *softwares*.

Algumas pessoas no *Homebrew Computer Club* até tentaram amenizar a entrada nessa nova era comercial da computação, sem que fosse preciso abrir mão de seus ideais *hackers*. Fizeram isso, sobretudo, através da resistência à nova forma de distribuição dos *softwares*. Muitos dos *hackers* escreviam os seus programas com o objetivo de torná-los acessíveis a todos, distribuindo-os de forma livre para que eles continuassem a receber melhorias e respeitassem o ciclo de melhorias constantes de um *software* compartilhado.

Fred Turner (2006) afirma que tanto dentro do *Homebrew*, quanto no ambiente do *People's Computer Company* e *Resource One*, havia um *ethos* de compartilhamento das informações e colaboração *peer-to-peer*, que orientava a construção de uma comunidade em torno dele. E que esse *ethos* não era exclusivo do ambiente do HCC, mas teria ajudado a conduzir a criação da Apple Computer e de outras empresas. Inclusive o Apple I fez muito sucesso entre os *hackers*, entre outras coisas, por possuir uma arquitetura aberta que permitia as pessoas estudarem a máquina e melhorá-la (FLORIN, 1986; LEVY, 2010).

Embora possamos apontar esse *ethos*, nem todos os *hackers* estavam ou estiveram interessados em preservar esse costume de compartilhamento das informações. Os conflitos em torno do *Altair BASIC* mostraram isso. O *Altair BASIC* foi um interpretador para a linguagem de programação BASIC, criado em 1975 para o *Altair* pelos programadores Paul Allen e Bill Gates, então fundadores da Microsoft (na época conhecida como Micro-Soft) e frequentadores do *Homebrew*. A empresa MITS, responsável pela venda do *Altair*, havia feito um acordo com Allen e Gates no qual eles ganhariam uma parcela por cada cópia do *Altair BASIC* que fosse vendida.

Antes do lançamento oficial do *software*, no entanto, a MITS fez uma demonstração dele para alguns *hackers*, como costumava fazer com todos os seus produtos. Um dos *hackers* do HCC, Dan Sokol, fez uma cópia do *software* na intenção de distribuí-lo na reunião do *Homebrew Computer Club*. O que motivou Sokol a copiar o programa, além do princípio da "ética hacker" de que os *softwares* deveriam ser compartilhados, foi a ideia de que todos teriam direito sobre ele, já que ele teria sido desenvolvido em um sistema de computador de uma instituição que era financiada pelo governo, a Universidade Harvard (LEVY, 2010, p. 231). Na reunião seguinte do HCC, Sokol distribuiu as cópias do *software* de graça e com a condição de que cada *hacker* deveria fazer mais cópias e redistribuí-las entre seus colegas, como lembra Steven Levy:

> Armado com esse raciocínio filosófico, Sokol levou a fita ao seu trabalho, sentou-se em um PDP-11, e se ocupou com ela. Ele a executou a noite toda, produzindo mais fitas, e na próxima reunião do Homebrew Computer Club ele chegou com uma caixa cheia delas. Sokol cobrou o que em termos hackers era o preço apropriado para o software: nada. A única condição era que se você pegasse uma fita, você deveria fazer cópias e vir para a próxima reunião com duas fitas. E distribuí-las. As pessoas agarraram as fitas e não só trouxeram cópias para a próxima reunião mas enviaram para outros clubes de computadores também. Assim essa primeira versão do Altair BASIC estava circulando em fluxo livre

A tecnoutopia do software livre

mesmo antes do seu lançamento oficial (*Ibidem*, p. 232, tradução nossa).[64]

A ideia de Sokol, no entanto, por mais que estivesse em consonância com os costumes do clube, não agradou a todo mundo. O episódio ficou marcado na história da computação pela reação que suscitou da parte de Paul Allen e Bill Gates. Gates escreveu em 1976 a famosa *Open Letter to Hobbyists* (Carta aberta aos hobistas), onde criticava a atitude dos colegas e a classificava como um "roubo", como uma injustiça praticada contra programadores que deveriam ser pagos pelo trabalho que fizeram. Transcrevo aqui um trecho da carta de Gates:

> Como a maioria dos hobistas deve saber, muitos de vocês roubam seu software. Hardware deve ser pago, mas software é algo para ser compartilhado. Quem se importa se as pessoas que trabalharam nele são pagas? Isso é justo? Uma coisa que você não faz por ter roubado o software é retornar a MITS por algum problema que você possa ter tido. A MITS não ganha dinheiro vendendo software. Os royalties nos pagam, o manual, a fita, e a sobrecarga de tornar isso uma operação equilibrada. Uma coisa que você faz é impedir que bom software seja escrito. Quem pode fazer um trabalho profissional por nada? Que hobista pode colocar 3 homens durante o ano para

---

64 No original: "Armed with this philosophical rationale, Sokol took the tape to his employer's, sat down at a PDP-11, and threaded in the tape. He ran it all night, churning out tapes, and at the next Homebrew Computer Club meeting he came with a box of tapes. Sokol charged what in hacker terms was the proper price for software: nothing. The only stipulation was that if you took a tape, you should make copies and come to the next meeting with two tapes. And give them away. People snapped up the tapes, and not only brought copies to the next meeting but sent them to other computer clubs as well. So that first version of Altair BASIC was in free-flowing circulation even before its official release".

programar, encontrar todos os bugs, documentar seu produto e distribuí-lo de graça? O fato é, ninguém além de nós tem investido tanto dinheiro em hobby software. Nós escrevemos 6800 BASIC, e estamos escrevendo 8080 APL e 6800 APL, mas há muito pouco incentivo para tornar esse software disponível aos hobistas. De forma mais direta, o que vocês fazem é roubo (tradução nossa).[65]

A carta de Bill Gates representava a nova era comercial na qual os *softwares* estavam entrando e, é claro, atestava para a comunidade *hacker* de que lado Gates estava. Como dono de uma empresa fabricante de *software*, não era estranho que Bill Gates agora priorizasse o ganho sobre os códigos que escrevesse. O fato dele se preocupar com cifras e valores em sua carta e dar a entender que a cópia não paga de seu *software* era uma espécie de prejuízo a ele, o desconecta automaticamente de uma "ética hacker".

Diferente de Sokol, ele não considerava que o direito de acesso de todos ao *software* estava acima do seu direito, enquanto autor, de limitar este acesso a quem pudesse pagar por ele. Sua concepção de justiça, no que se refere a isso, é completamente oposta à de Sokol e, consequente-

---

65 No original: "As the majority of hobbyists must be aware, most of you steal your software. Hardware must be paid for, but software is something to share. Who cares if the people who worked on it get paid? Is this fair? One thing you don't do by stealing software is get back at MITS for some problem you may have had. MITS doesn't make money selling software. The royalty paid to us, the manual, the tape, and the overhead make it a break-even operation. One thing you do do is prevent good software from being written. Who can afford to do professional work for nothing? What hobbyist can put 3-man years into programming, finding all bugs, documenting his product and distribute for free? The fact is, no one besides us has invested a lot of money in hobby software. We have written 6800 BASIC, and are writing 8080 APL and 6800 APL, but there is very little incentive to make this software available to hobbyists. Most directly, the thing you do is theft". *Homebrew Computer Club Newsletter*. Vol. 2, #1, 31 de janeiro de 1976.

A tecnoutopia do software livre

mente, à da filosofia *hacker* que defendia o *software* compartilhado. Para muitos essa carta poderia ser a primeira grande investida da Microsoft contra o *software* livre. Como Paul Cerruzi (2003) lembra, a Microsoft, ao longo dos anos, tem desempenhado esse papel de inimiga do movimento:

> Assim como o espírito do Homebrew foi contestado por Bill Gates em sua "Open Letter to Hobbyists", a Microsoft também desempenhou o papel de inimiga para esse movimento. Em alguns discursos públicos, os executivos da Microsoft protestaram contra a filosofia de tornar o código-fonte disponível, argumentando como Gates fez em 1976 que "free" software não recompensaria devidamente os programadores talentosos por seu trabalho duro (p. 337, tradução nossa).[66]

Ironicamente a pirataria feita do *Altair BASIC* não prejudicou Bill Gates, Paul Allen e seus negócios, como sugeria Gates na carta. Um dos membros do *Homebrew Computer Club* afirmou a Steven Levy que o fato do programa ter sido disponibilizado a muitos *hackers* possibilitou que ele recebesse melhorias e se tornou também uma espécie de *marketing* para a empresa de Gates e Allen:

> Steve Dompier pensou que Bill Gates estava apenas choramingando. "Ironicamente, a reclamação de Bill sobre pirataria não impediu nada. (...) O BASIC tinha se espalhado por todo país, por todo mundo. E isso ajudou Gates—o fato de que todo mundo tinha

---

66 No original: "Just as the Homebrew spirit was opposed by Bill Gates in his "Open Letter to Hobbyists", so too did Microsoft again play the role of the enemy to this movement. In a few public speeches, Microsoft executives railed against the philosophy of making source code available, arguing as Gates did in 1976 that "free" software would not properly reward talented programmers for their hard work".

> o Altair BASIC e sabia como ele funcionava e como
> consertá-lo significava que quando outras empresas
> de computadores precisaram de um BASIC, elas fo-
> ram à empresa de Gates. Ele se tornou um padrão de
> fato." (2010, p. 234, tradução nossa).[67]

Bill Gates recebeu cerca de 400 cartas em reposta à seu manifesto. Muitas delas vinham de *hackers* que se sentiram muito ofendidos com o fato dele os ter chamado de ladrões. A *Southern California Computer Society* até ameaçou processá-lo por isso. Entre essas cartas também estavam algumas de apoio à atitude dele, escritas também por *hackers* descontentes com o acontecido e por pequenas empresas de *software* que condenavam esse tipo de prática.

Na tentativa de esclarecer alguns mal entendidos e reforçar aquilo que já havia sido defendido, Bill Gates então escreveu uma segunda carta, *A second and final letter* (Uma segunda e última carta), em abril de 1976, onde afirmava que estava apenas tentando expressar a sua preocupação em relação ao futuro do *software*. Ele dizia:

> Talvez o dilema atual tenha resultado de uma falha
> de muitos em perceber que nem a Micro-Soft nem
> ninguém mais pode desenvolver software de forma
> ampla sem um retorno razoável sobre o grande in-
> vestimento em tempo que é necessário. As razões
> para escrever minha primeira carta foram abrir a
> questão para discussão, deixar as pessoas saberem
> que alguém estava chateado com o roubo que estava

---

67 No original: "Steve Dompier thought that Bill Gates was merely whining. "Ironically, Bill complaining about piracy didn't stop anything. (...) BASIC had spread all over the country, all over the world. And it helped Gates—the fact that everybody had Altair BASIC and knew how it worked and how to fix it meant that when other computer companies came on line and needed a BASIC, they went to Gates' company. It became a de facto standard".

A tecnoutopia do software livre

acontecendo, e expressar preocupação sobre o efeito que tais atividades teriam sobre o futuro do desenvolvimento de software (tradução nossa).[68]

Ainda em resposta à primeira carta de Bill Gates, o *Homebrew Newsletter* publicou uma carta de um hobista chamado Mike Hayes, que discordava da posição de Gates. O mais interessante é que ao anunciar a carta, o *Homebrew* afirmava que esta era apenas uma opinião, mas que poderia representar o pensamento predominante dos hobistas sobre o assunto.[69] Na carta, Mike Hayes afirma a culpa do acontecido como sendo do próprio Bill Gates, por utilizar um "marketing inadequado" e "subvalorizar" o seu produto. Os hobistas não pagaram pelo produto porque talvez não reconhecessem nele o valor pedido. As palavras foram destacadas com sublinhado pelo próprio autor:

> Caro Sr. Gates:
>
> Seu software tem ajudado muitos hobistas, e você deve ser agradecido por isso! No entanto, você não deveria culpar os hobistas por seu próprio marketing inadequado dele. Você deu ele; ninguém o roubou de você. Agora você está pedindo pelo bem estar do software então você pode dar mais. Se $2/hr é tudo que você conseguiu com seus esforços, então $2/hr é o que eles estão valendo no livre merca-

---

68 No original: "Perhaps the present dilemma has resulted from a failure by many to realize that neither Micro-Soft nor anyone else can develop extensive software without a reasonable return on the huge investment in time that is necessary. The reasons for writing my first letter were to open the issue for discussion, let people know that someone was upset about the stealing that was going on, and to express concern about the effect such activities will have on future software development". Disponível em: <http://startup.nmnaturalhistory.org/gallery/notesViewer.php?ii=76_4&p=5>. Acesso: 14 set. 2012.

69 *Homebrew Computer Club Newsletter*. Vol. 2, #2, 31 de janeiro de 1976.

do. Você deveria mudar seu produto ou mudar sua forma de vendê-lo, se você sente que ele trará mais dinheiro. Estou certo de que se eu fosse a MITS, eu estaria rindo até o caminho ao banco do negócio que eu consegui de você. Afinal, seu maravilhoso software tem permitido a eles vender um computador que, sem ele, ninguém teria tocado, exceto como uma novidade frustrante.

Eu parabenizo você e a MITS por serem grandes influências na fundação do mercado de computação. É muito ruim você não conseguir lucro de seus esforços e eles conseguirem dos seus, mas isso é sua culpa, não deles ou dos hobistas. Você subvalorizou seu produto.

Se você quer recompensa monetária para as suas criações de software, é melhor você parar de escrever código por um minuto e pensar um pouco mais sobre seu mercado e como você vai vender para ele. E, a propósito, chamar todos os seus futuros potenciais clientes de ladrões talvez não seja uma estratégia de marketing "legal"! (tradução nossa).[70]

Em março de 1976, o *Homebrew* também publicou outra carta em resposta à Bill Gates, mas dessa vez era uma carta de apoio. A carta reafirmava o ponto de vista de Gates sobre os que teriam "roubado" o seu *software*. Os grifos também são do autor:

Caro Sr. Gates,
Fiquei satisfeito de ver sua carta publicada no HOMEBREW COMPUTER CLUB NEWSLETTER. Eu sou um de uma minoria de 10% que pagou pelo Altair 8K BASIC. Uma das razões que eu investi

---

70   *Idem*. A carta completa, no idioma original, está disponível na seção de anexos no final do trabalho.

uma quantia substancial de dinheiro em um Altair com 8K de memória RAM dinâmica e I/O board, foi que eu poderia ter 8K BASIC, o qual eu planejo usar para contabilidade e outras aplicações.

Como um analista/programador profissional com quase 10 anos em aplicações de contabilidade, fabricação e pesquisa usando COBOL, PL/1 e linguagem assembler, eu lamento o abuso flagrante de software protegido por copyright aparentemente praticado por muitos hobistas e alguns profissionais também. Qual é a diferença entre roubar software e o equipamento de som de alguém? Em ambos os casos o culpado é um ladrão comum.

Parece haver uma dúvida na mente de algumas pessoas se as acusações por infração de copyrights de software seriam levadas ao tribunal. Infelizmente, programas de computador são muito fáceis de copiar e roubar. Eu não sou um advogado, mas eu li na Computerwolrd e em outras publicações da indústria sobre casos que foram levados.

Eu não tenho objeção legítima ao pagamento de $75 pelo 8K BASIC, ou por ser exigido comprar hardware adequado para se qualificar a este preço. Entretanto, eu lamento o fato de que pessoas estão conseguindo cópias gratuitas ilícitas.

Gostaria de desenvolver algum bom software para negócios e aplicações de contabilidade usando microprocessadores. Se eu fosse gastar centenas de horas do meu tempo – sem mencionar algum dinheiro também – em um pacote de contabilidade geral, porque eu deveria dá-lo para outra pessoa para vender serviços? Nós programadores temos que comer também! Então porque o BASIC ou APL deveriam ser dados? (tradução nossa).[71]

O autor da carta, Charles Pack, toca num ponto muito importante da discussão sobre os direitos de uso do *software*: a comparação entre o *software*, ou seu código-fonte, e objetos materiais. Embora a discussão nesse momento ainda fosse muito centrada no aspecto financeiro, diferente do que acontece hoje com o *software* livre, as justificativas usadas hoje para defender o *copyright* ainda são muito semelhantes à essas usadas por Bill Gates e aqueles que concordavam com ele. Como veremos adiante, Richard Stallman e muitos defensores do compartilhamento das informações, rebatem e criticam essa comparação, entre outras coisas, porque consideram-na descabida, já que os objetos materiais não podem ser copiados como as informações.

Apesar do alvoroço em torno das cartas de Gates, muitos *hackers* àquela altura já estavam cientes de que o *software* estava se tornando um produto através do qual se poderia fazer muito dinheiro. Steven Levy (2010) lembra que os *hackers* não se opunham à ideia de que o autor do *software* recebesse algo por seu trabalho, mas ao mesmo tempo não queriam abandonar a ideia, cara à "cultura hacker" desde os anos 1950, de que os *softwares* pertenciam a todos. Havia aí, portanto, uma séria tensão que poderia ser traduzida na questão: como preservar o direito do autor do *software* de receber pelo seu trabalho e, ao mesmo tempo, garantir que esse *software* seja acessível a todos, sem restrição? Questão essa que Richard Stallman mais tarde tentaria resolver com a criação de seu projeto social do *software* livre.

Paul Ceruzzi (2003) afirma que Bill Gates apenas reconheceu o que muitos não haviam conseguido reconhecer, que o *software* deveria ser o principal agente no desenvolvimento da computação e que isso não

---

71 *Homebrew Computer Club Newsletter*. Vol. 2, #3, 31 de março de 1976. Uma cópia desta carta na versão original também se encontra disponível nos anexos.

A tecnoutopia do software livre

ocorreria se ele continuasse sendo compartilhado gratuitamente. Para ele, os computadores chegaram ao povo, mas não por conta da força da utopia do conhecimento livre, mas pela força do mercado. Dessa forma, Ceruzzi afirma:

> Bill Gates tinha reconhecido o que Roberts e todos os outros não: que com o advento dos baratos computadores pessoais, o software poderia e deveria vir à tona como o principal agente condutor na computação. E somente através da cobrança de dinheiro por ele—mesmo que ele tenha sido originalmente livre—isso poderia acontecer. Em 1978 sua empresa, agora chamada "Microsoft," tinha rompido relações com a MITS e estava se mudando de Albuquerque para o subúrbio de Seattle de Bellevue. (A própria MITS tinha perdido sua identidade, estava sendo comprada por Pertec em 1977.) Computadores estavam de fato chegando para "as pessoas," como Stewart Brand tinha previsto em 1972. Mas a força propulsora não foi a visão contracultural de uma Utopia da informação livre e compartilhada; foi a força do mercado. Gates fez bem em prometer "contratar dez programadores e inundar o... mercado" (p. 236, tradução nossa).[72]

---

72 No original: "Bill Gates had recognized what Roberts and all the others had not: that with the advent of cheap, personal computers, software could and should come to the fore as the principal driving agent in computing. And only by charging money for it—even though it had originally been free—could that happen. By 1978 his company, now called "Microsoft," had severed its relationship with MITS and was moving from Albuquerque to the Seattle suburb of Bellevue. (MITS itself had lost its identity, having been bought by Pertec in 1977.) Computers were indeed coming to "the people," as Stewart Brand had predicted in 1972. But the driving force was not the counterculture vision of a

É irônico pensar que o *Homebrew Computer Club* fomentou o debate em torno da liberdade do conhecimento e da informação, desenvolveu projetos sociais para levar os computadores até as pessoas, construiu as primeiras máquinas de uso pessoal que revolucionaram a computação moderna, defendeu com unhas e dentes que o *software* deveria pertencer a todos, mas foi de seu ambiente que saíram as duas maiores empresas de *software* proprietário do mundo, Apple e Microsoft.

A Apple que tanto criticou o império da IBM acabou construindo um império tão poderoso quanto, embora tenha sustentado a ideia de que era uma alternativa a esse cenário de controle exercido pela centenária empresa norte-americana. Em um comercial memorável em 1984,[73] na ocasião de lançamento do seu *Macintosh*, a Apple se colocava como uma heroína que salvaria o mundo do conformismo e do controle sobre a indústria dos computadores, então exercido pela IBM. Para isso, ela recorreu à imagem da distopia apresentada na obra de George Orwell, o livro "1984". No comercial ela anunciava: "Em 24 de janeiro, a Apple Computer lançará o Macintosh, aí você verá porque 1984 não será como '1984.'"

A força do mercado, destacada anteriormente por Paul Ceruzzi (2003), não poupou nem mesmo o ambiente do HCC. A partir dos anos 1970, o mercado de tecnologia começa a crescer vertiginosamente e quando Richard Stallman entra no MIT, em 1971, muitas pessoas haviam deixado sua militância *hacker* para se dedicar ao trabalho nas empresas e agora gastavam seu tempo construindo *softwares* proprietários.

Contornar essa situação de crescente "aprisionamento" dos programas de computador, que, segundo Stallman, sabota o desenvolvimento humano e os benefícios que as pessoas podem ter com o uso do *software*, parece ser o ponto de partida para a criação do movimento

---

Utopia of shared and free information; it was the force of the marketplace. Gates made good on his promise to "hire ten programmers and deluge the . . . market".

73 Disponível em: <http://en.wikipedia.org/wiki/1984_(advertisement)>. Acesso: 04 abr. 2013.

software livre. É principalmente um retorno à uma "cultura hacker" da livre partilha e cooperação, considerada por ele como morta, que o seu projeto propõe. Por isso, acreditamos ser necessário ter apresentado nessa primeira parte do trabalho um pouco do que foi essa cultura, como forma de localizarmos as referências de Stallman e, também, apresentar o pano de fundo no qual a história que pretendemos contar se desenrolou.

CAPÍTULO 2

A FILOSOFIA GNU

O nascimento da indústria do *software*

Até meados dos anos 1960 a ideia de que se podia ganhar dinheiro vendendo *software* não era um consenso, embora algumas empresas já tentassem colocá-la em prática. O mais comum era vender (ou dar de graça) o *software* como um serviço, ao invés de um produto. As empresas fabricantes de computadores vendiam seus *hardwares* e forneciam os *softwares* aos clientes sem nenhum custo ou com os custos inclusos no preço do *hardware*. Luanne Johnson (1998), no seu artigo *A View From the 1960s: How the Software Industry Began* (Uma visão dos anos 1960: como a indústria do *software* começou), afirma que a maioria dos executivos à época nem mesmo acreditava que haveria um mercado significativo para os produtos de *software*:

> Ninguém pode fazer nenhum dinheiro vendendo software. Essa era a ideia comum nos anos 1960, quando o software ou era dado de graça pelos fabricantes de computadores ou escrito exclusiva e especificamente para cada instalação de computador. A maioria dos executivos na indústria de computadores não acreditavam que haveria um mercado significativo para os produtos de software (p. 36, tradução nossa).[1]

---

1 No original: "One cannot make any money selling software. That was the conventional wisdom in the 1960s, when software was either given away free by the

Uma das possíveis explicações para essa descrença está no ainda precário desenvolvimento de *softwares* e na lenta evolução das linguagens de programação (CERUZZI, 2003). Os componentes de *hardware* evoluíam de forma muito mais rápida do que os *softwares*. Vale lembrar que as primeiras linguagens de programação reais começaram a surgir no final dos anos 1950 (BRETON, 1991). São as chamadas linguagens de "alto nível", mais próximas da linguagem humana e do entendimento do programador do que da máquina. A escrita e a leitura de códigos-fonte e de linguagens de programação só começaram a se tornar difundidas em meados dos anos 1970. Antes as máquinas eram programadas de forma física e mecânica através do uso de interruptores e válvulas (KELTY, 2008).

Outra possível explicação pode estar no fato de que a computação nesse momento ainda era muito centralizada na máquina. Se lembrarmos da divisão cronológica da história da informática feita por Philippe Breton (1991), veremos que até a primeira metade dos anos 1960 a informática era caracterizada pelo seu desenvolvimento nos grandes laboratórios universitários, com verbas militares. Ela era muito técnica, centralizada na máquina, voltada para a guerra e para um mercado estatal. Depois disso ela começou a se abrir para o mercado civil, mas um mercado ainda restrito, onde as máquinas eram vendidas apenas para o ambiente empresarial.

---

computer manufacturers or written specifically and uniquely for each computer installation. Most executives in the computer industry did not believe that there would ever be a significant market for software products".

Figura 10: Brochura de 1966 da empresa Burroughs[2]

Essa abertura deu início a "segunda informática", período que foi dos anos 1965 aos anos 1975. Os anos 1960, portanto, representaram um momento de transição de uma informática militar para uma "informática dos especialistas", como o próprio Breton afirma. É o momento em que as máquinas, e os *softwares* que as acompanhavam, passaram a ser pensadas como ferramentas para produzir um novo estilo de gestão e de organização empresarial, ou seja, ferramentas para processamento da informação. Não por acaso, grande parte das brochuras de propagandas produzidas pelas empresas de computadores nessa época, procuravam retratar as suas máquinas no ambiente empresarial, como é possível ver na imagem acima.

---

2 Disponível em: <http://archive.computerhistory.org/resources/text/Burroughs/Burroughs.B2500B3500.1966.102646229.pdf>. Acesso: 01 mar. 2013.

Durante esse período, então, a informática se tornou um lance estratégico, se constituindo como utilitária e ganhando uma conotação de ordenadora da sociedade. Ao venderem as máquinas, as empresas também vendiam a nova ideia relacionada a importância da informação e uma organização social nova. A imagem de máquina de calcular que o computador tinha, foi, passo a passo, sendo substituída por uma imagem de máquina de processar e ordenar a informação (e porque não o mundo?). Os franceses marcam essa mudança de *status* dos computadores através da preferência do uso da palavra *ordinateur* ao invés de *calculateur*. Como Philippe Breton explica:

> Os computadores, desde então, não são mais encarados como simples máquinas de calcular ou para a confecção de folhas de pagamento, mas como máquinas de processar a informação. Os franceses, tão preocupados com o peso das palavras, começavam a adotar o termo "ordinateur" (proposto pelo professor Jacques Perret em 1955 a pedido da IBM francesa para substituir o inadequado "calculateur", do mesmo modo que computer substituirá calculator), que transformava essa máquina – sobretudo na expressão "ordinateur universel" - numa verdadeira máquina de colocar ordem, de organizar. A partir daí, a questão não era mais a máquina enquanto tal, mas o que ela permitia que fosse processado, a informação (*Ibidem*, p. 220).

A brochura de *marketing* de 1966 da empresa EAI, apresentada logo abaixo, mostra as suas máquinas em um ambiente que nada se parece com um escritório fechado, embora a disposição das máquinas e móveis lembre um, mas que diz muito sobre a intenção da propaganda. Podemos entender essa brochura a partir da imagem das máquinas possibilitando o desafogamento dos indivíduos do trabalho e permitindo a eles momentos de descanso e contemplação. A mulher na foto parece representar certa despreocupação, que seria advinda da sensação de que as máquinas agora farão, senão todo, mas pelo menos boa parte do seu trabalho. E de que elas tornarão o trabalho menos complicado e mais eficiente.

Figura 11: Brochura da empresa norte-americana EAI (1966)[3]

Com a abertura da informática para o mercado civil, o que possivelmente deve ter gerado uma certa demanda por novos programadores e por novos *softwares*; e com a criação dos primeiros cursos de Ciência da Computação,[4] e a consequente geração de uma mão de obra civil qualifi-

---

3   Disponível em: <http://archive.computerhistory.org/resources/text/EAI/ElectronicAssoc.EAI640.1966.102646101.pdf>. Acesso: 01 mar. 2013.

4   Os primeiros cursos de Ciência da Computação datam do início dos anos 1960. Embora já houvessem disciplinas de computação nas universidades norte-americanas desde os anos 1950, em departamentos de Matemática ou Engenharia

cada, lembremos que os primeiros programadores foram formados pelo exército para operar as máquinas no âmbito militar (idem); um novo quadro para o desenvolvimento da indústria de *software* começou a se estruturar. Junte-se a isso dois outros fatos importantes que ocorrem no final dos anos 1960 e que foram impulsionadores desse desenvolvimento: o registro da primeira patente de *software* e o processo antitruste contra a IBM, que culminou na mudança de seu modelo de negócios, baseado no *software* compartilhado e/ou gratuito, e teve grande influência sobre a elaboração de um modelo de negócios baseado no *software* de código fechado. Falaremos um pouco mais sobre esses fatos a seguir.

Como dito, até a metade dos anos 1960 não havia uma indústria estabelecida de venda de *software* separada do *hardware* e, talvez por causa disso, não havia a preocupação de restringir o acesso aos programas e/ou aos seus códigos-fonte. Como o *software* não representava ainda uma grande fonte de lucro para as empresas de tecnologia, não havia tanta preocupação ou necessidade em proteger sua propriedade. Nessa época, por exemplo, era comum que empresas como a IBM distribuíssem gratuitamente seus *softwares*, com seus respectivos códigos-fonte, e os colocasse em domínio público (GOETZ, 2002). Ou que ela agregasse ao conjunto de *softwares* produzidos pela empresa, outros *softwares* produzidos por clientes e compartilhados livremente. É possível também que essa prática de compartilhar os *softwares* estivesse relacionada a escassez de desenvolvedores disponíveis no mercado. Dessa forma, quanto mais gente tivesse acesso ao seu código, maiores seriam suas chances de aperfeiçoamento.

Elétrica, o curso de Ciência da Computação surgiu apenas no início dos anos 1960: em 1961 o departamento de Matemática da Universidade de Stanford abriu uma divisão de Ciência da Computação; e em 1965 ela estabeleceu um departamento separado para o curso (CERUZZI, 2003).

A tecnoutopia do software livre

Em 1959, em uma de suas brochuras de *marketing*,[5] a IBM anunciou que um dos serviços disponíveis aos seus clientes que usavam o computador IBM 1401, era um conjunto de programas dentre os quais havia alguns escritos pelos próprios clientes. E em 1962, em outra brochura,[6] ela informava que os clientes eram livres para modificar seus programas para que estes pudessem atender às suas necessidades de trabalho. Da mesma forma, os *softwares* para o seu computador IBM 1440 seriam fornecidos aos clientes sem nenhum custo.

Não é o que se poderia chamar de *software* livre, claro, porque esse conceito só seria criado mais tarde para se contrapor ao estabelecimento dos *softwares* proprietários, e também porque esse modelo de produção de *software* não se encaixa perfeitamente no que é considerado hoje como sendo "livre". Mas o fato é que havia uma cultura do compartilhamento desses *softwares*, inclusive, como falado acima, no ambiente das grandes empresas. O que mostra que essa cultura não era restrita aos ambientes de clubes *hackers* e/ou de hobistas de tecnologia.

A liberdade de acessar os códigos dos programas e modificá-los era muitas vezes explícita, não necessitando, portanto, de algo que a reafirmasse, como acontece hoje com o *software* livre. Em entrevista concedida a Luanne Johnson em 1985,[7] Hugh Williams, um dos funcionários da IBM nos anos 1960, afirmava que era comum os clientes disponibilizarem seus programas nos catálogos da empresa, e que os clientes compartilhavam os *softwares* entre si, a IBM mediava essas trocas: "naquela época era tudo livre", afirmava ele.

---

5   Disponível em: < http://archive.computerhistory.org/resources/text/IBM/
    IBM.1401.1959.102646282.pdf>. Acesso: 13 fev. 2013.

6   Disponível em: < http://archive.computerhistory.org/resources/text/IBM/
    IBM.1440.1962.102646250.pdf>. Acesso: 13 fev. 2013.

7   Disponível em: <http://archive.computerhistory.org/resources/access/text/
    Oral_History/102658225.05.01.acc.pdf>. Acesso: 13 fev. 2013.

Mas, apesar de haver uma cultura do compartilhamento, essa também não era uma regra que valia para todos os ambientes de tecnologia, e a pressão feita sobre a IBM durante todo o final dos anos 1960, por algumas empresas interessadas em acabar com esse modelo de negócios, foi um sinal claro disso. À medida em que a indústria voltada para a produção e venda de *softwares* foi se desenvolvendo, o modelo de *software* proprietário, predominante nos dias de hoje (onde seu código-fonte é protegido por *copyright* e são impostas algumas restrições ao seu uso), foi se estabelecendo como um padrão. E mesmo a própria IBM teve que se adaptar a isso, reestruturando a forma como produzia e distribuía seus *softwares*.

Há, particularmente, dois eventos que são dignos de nota e que foram importantes no desenvolvimento de uma indústria e de um modelo de negócios voltado para o *software* proprietário. O primeiro está relacionado à primeira patente de *software* registrada em 1968; e o segundo com a decisão da IBM de separar a venda do *hardware* dos serviços de *software*, também no mesmo ano. A IBM, que já era uma das principais empresas de computadores na época,[8] obteve muito sucesso no mercado fornecendo esse tipo de suporte, baseado em *softwares* gratuitos e compartilháveis, aos seus clientes. Seus serviços incluíam, entre outras coisas, auxiliar os clientes no processo de compartilhar os programas de graça entre eles e também entre todos os seus usuários. Esse tipo de prática era um obstáculo para as outras empresas se aventurarem no mercado

---

8 Philipe Breton (1991) comenta que nos anos 1970 a indústria norte-americana dominava o mercado mundial de computadores tendo à frente, como companhia que a controlava, a IBM. Recebeu por isso o apelido de "Big Blue", possivelmente por causa da sua cor oficial, que é o azul; ou "Branca de Neve", apelido que se referia aos "sete anões", as setes grandes outras principais empresas de informática: Burroughs, UNIVAC, NCR, Control Data, Honeywell, General Electric e RCA. No final dos anos 1960, essas empresas juntas tinham pouco mais de 36% do mercado mundial, enquanto a IBM tinha, sozinha, 50%. Essa situação ainda piorou no final dos anos 1970 e começo dos 1980, quando o percentual dessas empresas caiu para 11%.

A tecnoutopia do software livre

de produtos de *software*, uma vez que a IBM dominava o mercado e por vezes ditava tendências, não era fácil competir com ela.

A ADR foi uma empresa fundada em Princeton em 1959, com o intuito de vender serviços de *software* para fabricantes de computadores. Em 1964, a ADR desenvolveu um programa chamado *Autoflow*, para ser vendido à fabricante de computadores RCA. Mas, como afirma um dos fundadores da ADR, Martin Goetz, a RCA demonstrou pouco interesse no programa e, apesar de não ter a intenção de licenciá-lo como produto, a ADR tentou vendê-lo para os usuários de computadores da RCA, sob pena de não recuperar o investimento feito nele de cerca de 10 mil dólares.

Mas as vendas não foram boas, na verdade, a expectativa era vender o programa para 100 usuários, mas só apenas dois o compraram, talvez porque a maioria das pessoas não esperasse ter que pagar por um *software*. Martin Goetz, então, decidiu vender o programa para os usuários de computadores da IBM, que representavam um mercado muito maior do que o de usuários da RCA (GOETZ, 2002). O *Autoflow* vendeu muito bem, mas poderia ter vendido mais, considerando que o mercado de usuários da IBM era muito grande. Mas nem todas as pessoas queriam pagar pelo programa; muitas delas esperavam que ele fosse fornecido de graça como todos os outros *softwares* da IBM.

A IBM tinha um programa similar ao *Autoflow* chamado *Flowcharter*, mas que não funcionava de forma automática como o programa da ADR. Os usuários de computadores da IBM esperavam que a empresa fornecesse o *Autoflow* gratuitamente ou implementasse as mesmas funcionalidades dele no *Flowcharter*, que era fornecido de graça; assim as pessoas não teriam que pagar de forma alguma pelo programa. Martin Goetz, temendo que a IBM produzisse um programa igual ao seu e o fornecesse de graça e assim colocasse a ADR fora do mercado, registrou a primeira patente sobre *software* da história. A patente sobre o *Autoflow* foi solicitada em 1965 e foi confirmada em 1968. A IBM assim ficaria impedida de produzir um programa igual ao da ADR, pois violaria a patente registrada por Goetz.

Em texto autobiográfico intitulado *Memoirs of a software pioneer* (Memórias de um pioneiro do *software*), Martin Goetz (2002), ao falar da batalha entre a ADR e a IBM, colocou esta na contramão da tendência de transformação do *software* em produto e destacou a importância dessa disputa para forçar a IBM a abandonar seu modelo de negócios, baseado no *software* compartilhado e gratuito. Ele relembra o fato:

> Nossa primeira grande batalha foi com a IBM e seu produto livre, IBM Flowcharter, que competia com o Autoflow. Essa batalha entre a ADR e a IBM evoluiu para uma batalha da indústria para forçar a IBM a desassociar [a venda do hardware da venda do software]. A ADR tinha que proteger seu investimento em novos produtos que foram construídos ou planejados. *Simultaneamente com essas batalhas, nós começamos a reconhecer a necessidade de proteger nossa propriedade intelectual, e nós lutamos para patentear e usar copyright no software.* Curiosamente, a IBM, uma grande proponente do sistema de patente em geral e de patente de hardware em particular, foi contra o patenteamento de software (p. 49, grifo e tradução nossa).[9]

Digno de nota o trecho em que Goetz fala que a ADR começava a reconhecer a necessidade de proteger a propriedade intelectual dos seus

---

9   No original: "Our first major battle was with IBM and its free product, IBM Flowcharter, which competed with Autoflow. That battle between ADR and IBM evolved into an industry battle to force IBM to unbundle. ADR had to protect its investment in the new products it was build ing or planned to build. Concurrently with those battles, we began to recognize the need to protect our intellectual property, and we battled for the patenting and copyrighting of software. Interestingly, IBM, a big proponent of the patent system in general and patenting computer hardware in particular, was against the patenting of software".

A tecnoutopia do software livre

produtos. Reafirma a ideia de que isso não era considerado importante ou necessário por todos na época. A sua fala também é interessante porque chama a atenção para o fato de que mesmo a IBM, uma grande proponente de patentes hoje (talvez uma das maiores),[10] não vislumbrava naquele momento a necessidade do uso de *software* com *copyright* ou patente para os seus negócios, não necessariamente porque fosse reacionária, como a fala de Goetz talvez possa sugerir, mas provavelmente por não enxergar um mercado rentável na ainda embrionária indústria do *software*.

Goetz deixa claro que a ADR fez uso dos mecanismos de patentes e de *copyright* para resguardar a integridade financeira da empresa. Como ele próprio também comenta em suas memórias, a ADR não tinha a intenção de comercializar produtos de *software* porque não havia mercado para isso, pois a prática das empresas nos anos 1960 era a de fornecer o *software* de graça:

> Originalmente, a ADR não tinha a intenção de comercializar produtos de software em um ambiente agrupado [software junto com hardware]. Todo software no começo do anos 1960 era dado de graça pelas fabricantes de computadores, e os usuários trocavam livremente os programas através do SHARE, GUIDE, e outros grupos de usuários. Os usuários certamente não demandavam software pago (idem, tradução nossa).[11]

---

10 Segundo informações no site da própria IBM, a empresa há 17 anos é a que mais gera patentes nos EUA. Disponível em: <http://web.archive.org/web/20110629122453/http://www.research.ibm.com/resources/awards.shtml>. Acesso: 28 fev. 2013.

11 No original: "Originally, ADR had no intention of marketing software products in a bundled environment. All software in the early 1960s was given away free by the hardware manufacturers, and users freely exchanged programs through SHARE, GUIDE, and other user groups. Users were certainly not demanding priced software".

A política de preços da IBM, baseada no fornecimento gratuito dos *softwares* e de todo tipo de serviços que o cliente precisava, sem que lhe fosse cobrado diretamente por isso, era vista pelos seus concorrentes como uma política desleal e anticompetitiva. O domínio da empresa no mercado era contestado como resultado de truste e não como decorrência de melhores produtos ou serviços. Embora à época, em 1967, o mercado já tivesse assistido ao sucesso do Mark IV, o primeiro *software* a vender 1 milhão de dólares (JOHNSON, 1998), as coisas ainda funcionavam, em grande medida, seguindo o esquema do *software* compartilhado e gratuito da IBM. Ela era vista como uma grande propagadora desse modelo de negócios. Seus concorrentes queriam acabar com isso. Esse era o cenário:

> Com a Control Data Corporation (CDC) na liderança durante 1967–1968, os concorrentes incitaram o Departamento de Justiça dos EUA (DOJ) a apresentar uma ação antitruste contra a IBM. Suas denúncias indicavam que a IBM tinha alcançado e mantido sua posição dominante no mercado não por causa de melhores produtos, propaganda eficiente, práticas sólidas de vendas ou suporte de qualidade, mas principalmente através da disposição da IBM de fornecer qualquer nível de suporte e serviços que o cliente desejasse, sem cobrar diretamente por esses serviços. O processo alegava que isso era, com efeito, venda casada e que a IBM não dava o mesmo valor (por exemplo, cobrando o mesmo preço pela mesma quantidade de trabalho) para cada cliente. Os concorrentes alegavam que a IBM usava seletivamente esses serviços extras e programas para conseguir novos negócios e persuadir os clientes atuais a não mudarem para outros fornecedores. Eles acusaram a IBM de manter seu monopólio através dessas práticas anticompetitivas. Os concorrentes também argumentaram que as práticas de negócios da IBM

A tecnoutopia do software livre

dificultavam para as outras empresas fazerem a interface de seus produtos com os softwares e equipamentos da IBM. Eles reclamavam, ainda, que a IBM baixava os preços seletivamente e preanunciava novos sistemas para inibir ou eliminar competição (GRAD, 2002, p. 64, tradução nossa).[12]

A denúncia feita por essas empresas também alegava que as práticas da IBM dificultavam o crescimento da indústria do *software* (GOETZ, 2002). O resultado dessa ação foi o histórico anúncio feito em dezembro de 1968: a IBM desmembraria os serviços de *software* incluídos nos produtos de *hardware* e passaria a vendê-los separadamente. Ela se comprometeu a implementar as mudanças em julho de 1969 (GRAD, 2002). Essa não seria uma tarefa fácil, ela teria que abandonar as velhas práticas de desenvolver *softwares* customizados para os seus clientes e as de escrever um *software* do zero cada vez que fosse necessário fazer uma instalação em um novo modelo de computador. Teria que vencer basica-

---

12 No original: "With Control Data Corporation (CDC) in the lead during 1967–1968, the competitors urged the US Department of Justice (DOJ) to file an antitrust suit against IBM. Their complaints stated that IBM had achieved and maintained its dominant market position not because of better products, good marketing, solid sales practices, or quality support, but principally through IBM's willingness to provide whatever level of support and services the client wanted, without charging directly for these services. The suit claimed that these were, in effect, bundled sales and that IBM did not give the same value (by, for example, charging the same price for the same amount of work) to each customer. The competitors claimed that IBM selectively used these extra services and programs to win new business and persuade current customers not to switch to other vendors. They charged that IBM maintained its monopolistic power by these anticompetitive practices. The competitors also argued that IBM business practices made it very difficult for other companies to interface their products with IBM equipment and systems software. They charged, further, that IBM selectively lowered prices and pre-announced new systems to inhibit or eliminate competition".

mente dois grandes desafios, produzir um programa padrão que pudesse ser usado por todos os tipos de clientes e convencê-los a pagar por ele, como destaca Luanne Johnson:

> Eles tinham alguns obstáculos temíveis para superar. Havia o desafio técnico de descobrir como escrever programas de computador que fossem robustos e flexíveis o suficiente para serem usados por muitos clientes diferentes – uma tarefa difícil dadas as limitadas memórias dos computadores nos anos 1960. Mas um desafio ainda maior era convencer os clientes que esses programas eram dignos de pagamento quando eles estavam acostumados a conseguir o software de graça dos fabricantes de computadores (1998, p. 36, tradução nossa).[13]

Esse episódio de separação da venda do *hardware* dos serviços de *software* conhecido como *IBM's Unbundling* (Separação da IBM), foi significativo na história da indústria do *software*, entre outras coisas, porque impulsionou a ideia da portabilidade dos programas. Como Luanne Johnson destacou, a partir desse episódio a criação de *softwares* padrões que poderiam ser executados em máquinas de diferentes arquiteturas, tornou-se uma prática necessária, embora se transformasse também num problema técnico e político-econômico a ser resolvido. Algumas empresas como a IBM não viam muitas vantagens em padronizar o código-fonte, os desafios de criar linguagens de alto nível e produtos proprietários distintos poderiam fornecer uma vantagem a seus concorrentes (KELTY, 2008).

---

13 No original: "They had some formidable obstacles to overcome. There was the technical challenge of figuring out how to write computer programs that were robust enough and flexible enough to be used by many different costumers – a difficult task given the limited memories of computers in the 1960s. But a even greater challenge was convincing customers that these programs were worth paying for when they were used to getting software for free from the computer manufacturers".

A tecnoutopia do software livre

O *IBM's Unbundling* também foi importantíssimo para o desenvolvimento do padrão de *software* proprietário que temos hoje, principalmente porque teve como uma de suas principais implicações, a necessidade de proteger os *softwares* de usos "indesejáveis", que pudessem causar prejuízos financeiros às empresas. Isso envolvia limitar o acesso que as pessoas poderiam ter a ele ou mesmo ao seu modo de funcionamento, através do estudo do seu código-fonte. Por conta disso, em adição ao seu anúncio da oferta de *softwares*, feito em junho de 1969, a IBM trazia também uma importante novidade: cada programa seu agora seria protegido através de *copyright*. E cada usuário possuiria uma licença de uso individual que o impediria de compartilhar o *software* com qualquer outra pessoa (GRAD, 2002).

Figura 12: Charge publicada em 1969 na revista *Computerworld* sobre o golpe que a supremacia da IBM havia sofrido com o processo antitruste (GOETZ, 2002, p. 45)

A charge acima representa a IBM como um castelo de areia, questionando (*Fortress IBM?*) a sua suposta supremacia ao ser abalada pelas empresas menores, representadas pelas ondas. Mais do que significar o abalo na supremacia ou nas estruturas dos negócios da empresa, essa charge representa o avanço da força do mercado de *softwares* na época.

Para Martin Goetz, que protagonizou o episódio do registro da primeira patente de *software* da história; e que à frente da ADR também esteve envolvido no episódio do processo que culminou no *IBM's Unbundling*, o processo contra a IBM é o marco principal na história do nascimento da indústria do *software*. Assim como a fundação da ADR marcou o começo dos produtos de *software* como negócio:

> Eu acredito que os produtos de software, como um negócio, começaram por volta de 1964, quando Applied Data Research (ADR), uma empresa que eu ajudei a fundar, começou vendendo um software chamado Autoflow. De 1964 a 1970, muitas outras empresas também começaram a vender software como produto, mas nem pelo esforço da imaginação poderíamos ainda ser chamados de indústria. Em minha opinião, o anúncio de separação dos produtos da IBM em 1969 foi o que transformou um nascente negócio em uma indústria do software (2002, p. 43, tradução nossa).[14]

Ao se colocar como um "pioneiro do *software*", Goetz, é claro, intenciona construir uma memória histórica sobre os fatos relacionados ao desenvolvimento dessa indústria, na qual ele apareça como desempenhando um papel importante. Não é de forma inocente que ele marca esses dois episódios como sendo determinantes para o nascimento dessa

---

14   No original: "I believe that software products, as a business, began about 1964, when Applied Data Research (ADR), a company I helped found, began selling a software program called Autoflow. From 1964 through 1970, many other companies also began selling software products, but by no stretch of the imagination could it yet be called an industry. In my opinion, IBM's unbundling announcement in 1969 was what turned a nascent business into the software industry".

A tecnoutopia do software livre

indústria. Não se pode negar a importância desse episódios na história do *software*, mas também não se pode atribuir apenas a eles a responsabilidade pelo que viria se transformar numa indústria. Não há dúvida de que a contestação desse modelo de negócios, baseado no *software* compartilhado e gratuito, que culminou na *IBM's Unbundling* e na produção de *softwares* sob *copyright*; e o registro da primeira patente de *software*, foram impulsionadores do desenvolvimento do modelo de *software* proprietário que temos hoje.

Esses acontecimentos ajudaram a transformar o mercado do *software* em algo rentável e digno de grandes investimentos, mas, além deles, um forte impulso por parte da legislação norte-americana também concorreu para isso. Gabriella Coleman (2013) aponta para a contribuição que mudanças feitas na lei de propriedade intelectual, na segunda metade dos anos 1970, nos Estados Unidos, deram à nascente indústria do *software*:

> Mudanças na lei de propriedade intelectual impulsionaram a nascente indústria do software a um estado de alta rentabilidade. Dada a facilidade de replicação do software e seu extremo baixo custo, mudanças na lei de propriedade intelectual foram cruciais para proteger o código-fonte, as "joias da coroa" da indústria do software. Em 1974, a Commission on New Technological Uses of Copyrighted Works (CONTU) considerou os "programas de computadores, na medida em que eles representam a criação original de um autor (...) [o] próprio objeto de copyright." Legisladores aceitaram as recomendações do CONTU e modificaram o estatuto do copyright em 1976 para incluir provisões para novas tecnologias, levando empresas

de computação a reivindicar rotineiramente copyrights sobre o software (p. 66-7, tradução nossa).[15]

O processo de desenvolvimento dessa indústria implicou, também, no desenvolvimento de um sistema de propriedade intelectual, que suprisse as demandas desse novo mercado. Tais demandas poderiam ser representadas pelo desejo de que os produtos de *software*, informações e conhecimento em formato digital, se tornassem também uma propriedade ou, como afirma Gildo Magalhães, também uma "expressão privilegiada da acumulação de capital" (1994, p. 54). Ao longo desse processo, à medida em que o lucro potencial do mercado de *software* aumentava, a necessidade de proteger a propriedade intelectual dessa ferramenta tecnológica também crescia. Esse sistema de proteção foi se estabelecendo com a ajuda do Estado, como vimos, através das aprovações de leis gerais que garantissem essa propriedade.

Não há muita novidade nesse processo de transformação do conhecimento ou da informação em mercadoria. Como lembra Peter Burke (2003), a ideia do conhecimento como propriedade remonta à Roma antiga, foi formulada por Cícero e foi se desenvolvendo através de um sistema de propriedade intelectual. A partir do final da Idade Média, é possível observar o nascimento da primeira lei de patentes, aprovada em Veneza em 1474; e ao primeiro direito autoral registrado de um livro,

---

15 No original: "Changes in intellectual property law boosted the nascent software industry into a state of high profitability. Given the ease and extremely low cost of software replication, changes in intellectual property law proved crucial to protect source code, the "crown jewels" of the software industry. In 1974, the Commission on New Technological Uses of Copyrighted Works (CONTU) deemed "computer programs, to the extent that they embody an author's original creation [...] [the] proper subject matter of copyright." Legislators took CONTUs recommendations and modified the copyright statute in 1976 to include provisions for new technologies, prompting computer-related companies to routinely assert copyrights over software".

A tecnoutopia do software livre

concedido em 1486. O que há de novo neste fato, é o formato desse conhecimento ou dessas informações, um formato muito mais fluído que o texto impresso, e facilmente modificável e copiável. Daí a necessidade de leis mais severas ou mais abrangentes e específicas que impeçam a cópia ou os usos indevidos desse conhecimento. De toda forma, como veremos a seguir, não é contra o *copyright* ou contra a existência dessas leis, que o *software* livre do Projeto GNU se coloca, mas contra o modo como elas funcionam hoje.

A gênese do Projeto GNU

Um esclarecimento feito incontáveis vezes por Richard Stallman e muitos ativistas do *software* livre, é o de que a definição desse tipo de *software* não está relacionada ao preço, mas à liberdade oferecida aos usuários. Esse é um esclarecimento imprescindível em todas as discussões sobre o tema, já que o uso da palavra livre ou *free*, em inglês, gera uma confusão quase sempre inevitável. A palavra "free", na língua inglesa, pode tanto significar "gratuito" quanto "livre". Mas em seus textos, palestras ou em qualquer outra oportunidade de falar sobre isso, Stallman sempre faz questão de desfazer esse tipo de confusão. Há uma frase sua que ficou bastante famosa e à qual muitas pessoas se remetem quando precisam traduzir o significado principal do *software* livre: "Para entender o conceito, você deve pensar em 'livre' como em 'liberdade de expressão', não como em 'cerveja grátis'" (2002, p. 41, tradução nossa).[16] É através dessa metáfora que ele sempre tenta esclarecer que *free software* não significa, necessariamente, *software* não comercial.

No entanto, essa distinção nem sempre foi assim tão claramente estabelecida, nem mesmo para o próprio idealizador do *software* livre, Richard Stallman. Em 1983, ao falar sobre o seu projeto de criação de um sistema operacional livre pela primeira vez, ele ainda não havia estabele-

---

16 No original: "You should think of 'free' as in 'free speech,' not as in 'free beer'".

cido essa diferença, tão fundamental hoje, entre "livre" e "gratuito". Talvez porque viesse de um ambiente onde se costumava compartilhar o *software* gratuitamente, e isso fosse sinônimo de *software* "livre", como mencionou anteriormente Hugh Williams, funcionário da IBM nos anos 1960. Mas o fato é que no histórico *e-mail* em que ele anunciou ao mundo sua ideia de criar o GNU, Stallman afirmou que forneceria o sistema de forma gratuita. Ele não mencionou essa distinção e muito menos a intenção de estabelecer licenças que garantissem essa tal "liberdade" do *software*. Ele noticiou sua ideia em uma lista de *e-mail* da seguinte forma: "Unix Livre! Começando nesse dia de Ação de Graças, eu vou escrever um sistema de software compatível com o Unix chamado GNU (Gnu's Not Unix), e fornecê-lo gratuitamente para todos que puderem usá-lo."[17]

Como Christopher Kelty (2008) nota, não havia ainda nesse ponto uma concepção articulada sobre as licenças de *software* que Stallman criaria mais tarde para garantir as liberdades ao usuário. Mesmo no famoso Manifesto GNU (*The GNU Manifesto*), publicado em 1984, mas escrito um ano e meio antes, ele ainda não havia reconhecido a necessidade de um sistema legal que seria fundamental para a sobrevivência do seu projeto. Como veremos logo à frente, o estabelecimento desse sistema se dará em função de uma controvérsia, que obrigará Stallman a criar mecanismos que protegessem as liberdades que ele desejava atribuir aos seus programas.

No Manifesto GNU, tão importante para a fundação do movimento *software* livre, Stallman apresentou as ideias relacionadas ao seu projeto, convidou os programadores a ajudá-lo na sua construção e justificou a importância dele para os usuários de computadores; mas não abordou as questões legais que seriam um grande diferencial do seu sistema. Em um tópico intitulado *Why I must write GNU* (Porque eu devo escrever o GNU), ele afirmou que não poderia aceitar as novas ten-

---

17 Disponível em: *Initial Announcement* . <http://gnu.ist.utl.pt/gnu/initial-announcement.html>. Acesso: 10 abr. 2013.

A tecnoutopia do software livre

dências de restrição que o mercado de *software* estava impondo, porque considerava a prática do compartilhamento uma regra de ouro (*golden rule*) a ser respeitada:

> Eu considero que a regra de ouro exige que se eu gosto de um programa eu devo compartilhá-lo com outras pessoas que gostam dele. Os vendedores de software querem dividir os usuários e conquistá--los, fazendo com que cada usuário concorde em não compartilhar com os outros. Eu me recuso a quebrar a solidariedade com outros usuários dessa forma. Eu não posso em sã consciência assinar um acordo de confidencialidade ou um contrato de licença de software (2002, p. 32, tradução nossa).[18]

Richard Matthew Stallman (ou RMS, como ele também gosta de ser chamado) havia ingressado em Harvard em 1970 para cursar Física. Em 1971, ele descobriu o Laboratório de Inteligência Artificial (AI Lab) do MIT e se apaixonou pelo ambiente, no qual trabalharia pelos próximos treze anos. Foi nele que Stallman entrou em contato com a "ética" do compartilhamento de programas da qual falamos no capítulo anterior. Durante sua estadia no AI Lab, RMS foi construindo um sentimento de pertencimento à uma comunidade *hacker*, como ele próprio afirma:

> Quando eu comecei a trabalhar no Laboratório de Inteligência Artificial do MIT em 1971, eu me tornei parte de uma comunidade de compartilhamento de software que tinha existido por muitos anos.

---

18   No original: "I consider that the golden rule requires that if I like a program I must share it with other people who like it. Software sellers want to divide the users and conquer them, making each user agree not to share with others. I refuse to break solidarity with other users in this way. I cannot in good conscience sign a nondisclosure agreement or a software license agreement".

> O compartilhamento de software não se limitava à nossa comunidade particular; é tão antigo quanto os computadores, assim como compartilhamento de receitas é tão antigo quanto cozinhar. Mas nós fazíamos mais do que a maioria (*Ibidem*, p. 15, tradução nossa).[19]

Inspirado por essa ética do compartilhamento, ele produziu um de seus trabalhos mais conhecidos, um *software* editor de texto chamado *Emacs* (abreviação para "edição de macros"); e que seria o pontapé inicial para o seu projeto maior de um sistema operacional. O esquema de produção do *Emacs* já representava uma amostra do que RMS faria mais tarde com o Projeto GNU. A arquitetura aberta do programa permitia aos seus usuários que o modificassem e o melhorassem infinitas vezes. O *Emacs* foi livremente compartilhado com quem aceitasse uma única condição imposta por RMS: todas as modificações e melhorias feitas pelos usuários no *software* deveriam ser também compartilhadas. Stallman chamou esse acordo, que àquela altura ainda era apenas informal, de *the Emacs commune* (a comuna Emacs) (LEVY, 2010).

Segundo RMS, esse ambiente de colaboração que ele encontrou no MIT durante os anos 1970, no entanto, não se manteve mais assim com a chegada dos anos 1980, que marcam a popularização dos computadores pessoais (vale lembrar da chegada no mercado em 1981 do revolucionário IBM *Personal Computer* com o sistema operacional da Microsoft, o MS-DOS; e em 1984 do inovador *Macintosh* da Apple).

Como vimos, ele afirma que a comunidade *hacker* que havia se desenvolvido no MIT desde os anos 1950, entrou em decadência com o desenvolvimento da indústria da computação. Isso pôde ser sentido em

---

19   No original: "When I started working at the MIT Artificial Intelligence Lab in 1971, I became part of a software-sharing community that had existed for many years. Sharing of software was not limited to our particular community; it is as old as computers, just as sharing of recipes is as old as cooking. But we did it more than most".

A tecnoutopia do software livre

pequena escala dentro do laboratório do qual RMS fazia parte. Para ele, um dos sintomas dessa decadência foi a evasão de muitos *hackers* do AI Lab, que após serem contratados por empresas abandonaram o trabalho que faziam no laboratório. Além disso, RMS conta que a situação no AI Lab começou a mudar drasticamente também por conta da introdução de *softwares* não livres em seu ambiente. No trecho abaixo ele relembra:

> A situação mudou drasticamente no início dos anos 1980, com o colapso da comunidade hacker do AI Lab seguido pela descontinuação do computador PDP-10. Em 1981, a empresa Symbolics contratou quase todos os hackers do AI Lab, e a comunidade despovoada foi incapaz de se manter. (...) Quando o AI Lab comprou um novo PDP-10 em 1982, seus administradores decidiram usar um sistema time sharing não-livre da Digital ao invés do ITS [o ITS era um sistema construído pelos próprios programadores do AI Lab] na nova máquina. Pouco tempo depois, a Digital descontinuou as séries PDP-10. Sua arquitetura, elegante e poderosa nos anos 60, não poderia se estender naturalmente aos espaços maiores de endereçamento que estavam se tornando possíveis nos anos 80. Isso significou que praticamente todos os programas que compunham o ITS estavam obsoletos. Isso colocou o último prego no caixão do ITS; 15 anos de trabalho viraram fumaça. Os computadores modernos da era, como o VAX ou o 68020, tinham seu próprio sistema operacional, mas nenhum deles era software livre: você tinha que assinar um acordo de confidencialidade mesmo para ter uma cópia executável (2002, p. 15-6, tradução nossa).[20]

---

20 No original: "The situation changed drastically in the early 1980s, with the collapse of the AI Lab hacker community followed by the discontinuation of the PDP-10

Toda essa situação culminou na saída de RMS do laboratório do MIT em janeiro de 1984. Nesse mesmo ano ele começou a escrever o *software* GNU, baseado no famoso sistema operacional Unix, criado em 1969 pelos programadores Ken Thompson e Dennis Ritchie. O Unix era um produto híbrido acadêmico-comercial, desenvolvido através de uma parceria entre a empresa AT&T e o MIT. Apesar de não ser um *software* de código aberto, já que a AT&T detinha o *copyright* dele, a empresa disponibilizava o código-fonte do Unix e permitia que ele fosse compartilhado apenas no ambiente acadêmico. Talvez isso tenha contribuído bastante para que ele tenha se tornado um paradigma entre os sistemas operacionais. O Unix era um sistema muito estável, provavelmente porque seu código-fonte foi melhorado ao longo dos anos, por diferentes tipos de pessoas, de várias partes do mundo (KELTY, 2008).

A partir do código-fonte disponível do Unix, portanto, RMS pôde construir seu próprio sistema operacional. Como ele mesmo explica, o GNU pretendia dar aos usuários a liberdade que o Unix não dava. Ao mesmo tempo em que ele reconhecia a qualidade técnica do Unix, e por isso se inspirava nele, também reconhecia a sua incompletude, já que ele não permitia a liberdade necessária aos usuários. Assim, Stallman ressalta que o objetivo do GNU era ser compatível tecnicamente com o Unix, mas promover a liberdade que ele não promovia. A própria escolha do

---

computer. In 1981, the spin-off company Symbolics hired away nearly all of the hackers from the AI Lab, and the depopulated community was unable to maintain itself. (...) When the AI Lab bought a new PDP-10 in 1982, its administrators decided to use Digital's non-free timesharing system instead of ITS on the new machine. Not long afterwards, Digital discontinued the PDP-10 series. Its architecture, elegant and powerful in the 60s, could not extend naturally to the larger address spaces that were becoming feasible in the 80s. This meant that nearly all of the programs composing ITS were obsolete. That put the last nail in the coffin of ITS; 15 years of work went up in smoke. The modern computers of the era, such as the VAX or the 68020, had their own operating systems, but none of them were free software: you had to sign a nondisclosure agreement even to get an executable copy".

A tecnoutopia do software livre

nome do projeto pretendia deixar clara essa diferença. No texto em que celebra os 15 anos de aniversário do GNU, Stallman destaca isso:

> Seu primeiro objetivo [do Projeto GNU]: desenvolver um sistema operacional portátil compatível com o Unix que seria 100% software livre. Não 95% livre, não 99.5%, mas 100% — para que os usuários sejam livres para redistribuir todo o sistema, e livres para alterar e contribuir com qualquer parte dele. O nome do sistema, GNU, é um acrônimo recursivo que significa "GNU's Not Unix" — uma forma de homenagear as ideias técnicas do Unix e, ao mesmo tempo dizer que GNU é algo diferente. Tecnicamente, GNU é como o Unix. Mas ao contrário do Unix, o GNU dá aos seus usuários liberdade (tradução nossa).[21]

A saída de Richard Stallman do MIT foi justificada por ele como uma forma de garantir que o Instituto não interferisse no seu trabalho e não pudesse reivindicar direitos sobre ele e o transformar em *software* proprietário. "Eu não tinha nenhuma intenção de fazer uma grande quantidade de trabalho só para vê-lo se tornar inútil para sua finalidade:

---

21 No original: "Its first goal: to develop a Unix-compatible portable operating system that would be 100% free software. Not 95% free, not 99.5%, but 100%—so that users would be free to redistribute the whole system, and free to change and contribute to any part of it. The name of the system, GNU, is a recursive acronym meaning "GNU's Not Unix"—a way of paying tribute to the technical ideas of Unix, while at the same time saying that GNU is something different. Technically, GNU is like Unix. But unlike Unix, GNU gives its users freedom". Disponível em: *15 Years of Free Software*. <http://www.gnu.org/philosophy/15-years-of-free-software.html>. Acesso: 20 abr. 2013.

criar uma nova comunidade de compartilhamento de software", afirmava ele (2002, p. 18-9, tradução nossa).[22]

O ano em que RMS se demitiu do MIT também foi significativo para o desenvolvimento global das leis de propriedade intelectual. Novas associações comerciais foram formadas, procurando endurecer as leis de propriedade intelectual a nível interno e exportá-las para o resto do mundo. Dentre essas associações se destacam a criação do *Intellectual Property Committee, International Intellectual Property Alliance* e *Software Publishers Association*. Sendo que essa segunda desempenhou um papel importantíssimo, pois agregava outras oito associações similares, funcionando como um dos grupos lobistas de *copyright* mais poderosos do mundo (COLEMAN, 2013).

Nos Estados Unidos, essas leis passaram pelo maior processo de mudança já ocorrido nos últimos setenta anos. Até os anos 1970, predominava o uso de patentes e segredo comercial para a proteção dos *softwares*, e o *copyright* era usado muito raramente. Essa situação foi se modificando para um contexto de uso mais alargado do *copyright*, facilitada em grande medida por alterações na lei ocorridas em 1976 e 1980. Os efeitos dessas mudanças apenas foram sentidos a longo prazo. Por causa de algumas incertezas nessas leis, essas modificações levaram cerca de uma década para funcionarem de fato. Questões importantes como a definição de *software*, a sua "copyrightiabilidade", o que seria infringir o *copyright* de um *software* etc., passaram despercebidas até a virada do milênio (KELTY, 2008).

Em setembro de 1984, Stallman começou a desenvolver a versão do *Emacs* para o GNU, que foi lançada no começo de 1985. Era o primeiro código materializando a ideia do Projeto GNU que ele tinha anunciado há cerca de dois anos. Depois do lançamento do GNU *Emacs*, o interesse das pessoas pelo Projeto GNU foi crescendo a ponto de susci-

---

22 No original: "I had no intention of doing a large amount of work only to see it become useless for its intended purpose: creating a new software-sharing community".

A tecnoutopia do software livre

tar a necessidade da criação de uma instituição para gerenciar o projeto. Essa instituição era responsável por gerenciar a venda e distribuição das fitas magnéticas com o *software Emacs* e também captar recursos para o projeto como um todo. Foi nesse contexto que nasceu, em 1985, a Free Software Foundation (FSF), uma fundação sem fins lucrativos que até hoje é responsável pelo Projeto GNU e da qual Richard Stallman é fundador e presidente.

Mas a criação da FSF não serviria apenas para resolver as questões administrativas, ela seria muito útil também para cuidar das questões jurídicas, que envolveriam um projeto desse porte, e que Stallman àquela altura desconhecia. Depois do lançamento do *Emacs*, RMS seria obrigado pelas circunstâncias a escolher um sistema legal que garantisse as liberdades que ele desejava para o seu *software*. Como Christopher Kelty (idem) aponta, o desenvolvimento do sistema legal criado para o Projeto GNU não se deu necessariamente de forma planejada, ou não nasceu junto com sua ideia de um sistema operacional livre. Na verdade, essa ideia surgiu como uma saída enxergada por Stallman para resolver um conflito em torno dos direitos de uso do código do *Emacs*.

Richard Stallman ao desenvolver o *Emacs* para o GNU havia copiado parte da estrutura de uma outra versão do *Emacs*, construída por um estudante de graduação chamado James Gosling. James havia colocado a sua versão sob *copyright* e vendido os direitos para uma empresa chamada UniPress, que mais tarde ameaçou Stallman por infringir o *copyright* do GOSMACS (*Gosling Emacs*) ao lançar o seu GNU *Emacs*.[23] Stallman então teve que refazer o seu *Emacs*, suprimindo a parte copiada (WILLIAM, 2002). Esse episódio foi fundamental para que ele percebesse que o contrato informal da "Comuna Emacs" não garantiria que os *softwares* do Projeto GNU pudessem ser livremente distribuídos, copiados,

---

23 A maior ironia dessa história, como aponta Christopher Kelty (2008), é que Richard Stallman foi acusado de infringir o *copyright* de um *software* criado e desenvolvido, em sua maior parte, por ele.

modificados e redistribuídos com essas modificações. Era preciso algum aparato legal que garantisse esses direitos ao usuário. Esse aparato evoluiu a partir do contrato da Comuna. Stallman decidiu que era preciso uma licença genérica que cobrisse todos os códigos do Projeto GNU e não apenas o *Emacs*. Nascia então a GPL (*General Public License*). A primeira versão dessa licença foi publicada em 1989 e apresentava duas importantes diferenças em relação ao contrato da Comuna: os programadores só eram obrigados a publicarem todas as modificações que realizassem nos *softwares* apenas se fossem redistribuí--los; e essas modificações não precisavam mais ser enviadas a um desenvolvedor com privilégios sobre o código. RMS havia repensado esse compromisso e o avaliado como sendo muito vigilantista ou, como ele próprio classifica, *Big Brother* (uma referência à obra 1984 de George Owerll). Esse caráter vigilantista, segundo ele, contradizia a ideia de direitos iguais defendida pelo seu projeto. Assim, ele assumia que fazer esse tipo de exigência foi um erro:

> Foi um erro exigir que as pessoas publicassem todas as mudanças (...) Foi errado exigir que elas as enviassem para um desenvolvedor privilegiado. Esse tipo de centralização e privilégio não era consistente com uma sociedade na qual todos tinham direitos iguais (*Ibidem*, p. 154, tradução nossa).[24]

Esse aparato legal das licenças GPL que Stallman desenvolveu, provaria, nos anos que se seguiram, que a ideia que está por trás dessas licenças era possível de ser posta em prática não apenas no universo da computação, mas também em outras áreas do conhecimento e da cultu-

---

24 No original: "It was wrong to require people to publish all changes (...) It was wrong to require them to be sent to one privileged developer. That kind of centralization and privilege for one was not consistent with a society in which all had equal rights".

A tecnoutopia do software livre

ra. Como veremos a seguir, essa metodologia que o GNU lançou, começou a ser transportada e aplicada também por outros grupos sociais, que não os programadores de computador, em áreas como a da produção de obras literárias, por exemplo. Essa metodologia foi aglutinando vários outros grupos em torno do sonho antigo da sociedade de democratização dos bens culturais.

A cultura do *copyleft*

A GNU GPL funcionou com um *hack* no sistema do *copyright*. Como Christopher Kelty (2008) destaca, a existência dessa licença só foi possível em função da própria existência do sistema de *copyright*, porque ela se apoia na estrutura deste para que possa subvertê-lo. Enquanto o *copyright* funciona garantindo direitos de restrição de cópia e uso, as licenças do *software* livre anulam esses direitos em favor do direito que Stallman considera maior, o direito ao compartilhamento.

A GPL, portanto, estabelece liberdades de uso que o *copyright* restringe. Mas foi exatamente por causa do uso do mecanismo restritivo do *copyright* que foi possível garantir essas liberdades. Stallman precisava garantir aos usuários do GNU os direitos básicos de acesso, cópia, modificação e redistribuição dos programas e para isso era preciso restringir as restrições a esses direitos. Ele estabeleceu, com a ajuda do *copyright*, um sistema que permitia a todos o direito de acessarem os seus programas e a ninguém o direito de restringir esse acesso. Na primeira versão publicada da GNU GPL, ficou estabelecido que ela funcionaria da seguinte forma:

> A General Public License se aplica ao software da Free Software Foundation e a qualquer outro programa ao qual os autores se comprometem a usá-la. Você pode usá-la para os seus programas também. Quando nós falamos de software livre, estamos nos referindo a liberdade, não a preço. Especificamente, a General Public License é desenvolvida para garantir que você

tenha a liberdade de dar ou vender cópias de software livre, que você receba o código-fonte ou possa consegui-lo se você quiser, que você possa modificar o software ou usar peças dele em novos programas livres; e que você saiba que você pode fazer essas coisas. Para proteger os seus direitos, nós precisamos fazer restrições que proíbem a qualquer um de negar a você esses direitos ou pedir a você que abdique deles. Essas restrições traduzem-se em certas responsabilidades para você se você distribuir cópias do software, ou se você modificá-lo. Por exemplo, se você distribui cópias de um programa, grátis ou por uma taxa, você deve dar aos recebedores todos os direitos que você tem. Você deve garantir que eles, também, recebam ou possam conseguir o código-fonte. E você deve dizer a eles seus direitos. Nós protegemos os seus direitos com duas medidas: (1) usando copyright no software, e (2) oferecendo a você essa licença que lhe dá permissão legal para copiar, distribuir e/ou modificar o software. Além disso, para a proteção de cada autor e nossa, nós queremos ter certeza que todos entendam que não há garantia para esse software livre. Se o software é modificado por alguém mais e passado adiante, nós queremos que seus recebedores saibam que o que eles tem não é o original, de modo que qualquer problema introduzido por outros não interfira na reputação do autor original.[25]

Esse método de subversão do *copyright* ganhou um nome, ficou conhecido como *copyleft*. Enquanto a palavra *copyright* pode significar "di-

---

25 Disponível em: <http://www.gnu.org/licenses/gpl-1.0.html>. Acesso: 18 abr. 2013. Uma cópia da primeira versão da GNU GPL está disponível, na versão original, nos anexos do trabalho.

reito de cópia", a palavra *copyleft* pode ser traduzida como "deixar copiar".[26] RMS conta que o trocadilho com a palavra *copyleft* surgiu pela primeira vez em uma carta escrita pelo seu amigo Don Hopkins, em 1984 ou 1985. No envelope que Hopkins tinha enviado a Stallman havia a seguinte frase: "Copyleft – all rights reversed." (*Copyleft* – todos os direitos invertidos) em uma clara referência à frase que acompanha as notificações de *copyright*: *All rights reserved* (Todos os direitos reservados) (2002, p. 21).

O trocadilho feito com a palavra *copyleft*, portanto, estabelece uma inversão de direitos, o *copyleft,* ao contrário do *copyright,* não restringe o direito de cópia, mas o amplia, permitindo que ele seja de todos e não reservado a poucos. Assim, Stallman escrevia em 1996: "Desenvolvedores de software proprietário usam copyright para tirar a liberdade dos usuários; nós usamos copyright para garantir sua liberdade. É por isso que invertemos o nome, mudando de 'copyright' para 'copyleft.'" (p. 89, tradução nossa).[27]

Figura 13: Símbolos do *copyright* e *copyleft*

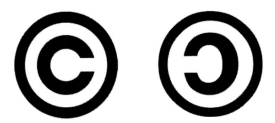

O *copyleft* quando usado em um programa exige que todas as suas versões modificadas e estendidas, caso sejam publicadas, sejam também

26 Há outro trocadilho de cunho mais político que costuma ser feito com as duas palavras. A palavra *copyright* também pode ser livremente traduzida como "cópia de direita" e a palavra *copyleft* como "cópia de esquerda".

27 No original: "Proprietary software developers use copyright to take away the users' freedom; we use copyright to guarantee their freedom. That's why we reverse the name, changing "copyright" into "copyleft.""

disponibilizadas sob a mesma licença de *software* livre do programa original. Isso garante que programas derivados de outro programa livre também permaneçam livres, respeitando a vontade do autor original, expressa através do uso da licença *copyleft*. Além do mais, garante também o ciclo de colaboração e melhoramentos infinitos pretendido pelo *software* livre. A escolha do uso do *copyleft* ao invés do domínio público, que seria bem mais simples, é justificada pela ideia de que no domínio público há a possibilidade dos programas derivados serem transformados em *software* proprietário, já que não há nenhuma restrição a isso (*Ibidem*, p. 89).

A liberdade estabelecida pelo *copyleft* também deve ser irrevogável para que o programa seja considerado realmente livre. O *copyleft* garante que o programa pode ser usado, estudado e modificado por qualquer tipo de pessoa ou organização, em qualquer tipo de sistema de computador e para qualquer propósito; sem que para isso seja necessário se comunicar previamente com o desenvolvedor do programa ou com alguma entidade específica (*Ibidem*, p. 41-2).

Essas liberdades, como apontado por Imre Simon e Miguel Vieira (2007), possibilitam que os custos de desenvolvimento de um *software* sejam reduzidos em função das melhorias "espontâneas" que o programa pode ter; já que está disponível para ser revisado e melhorado por qualquer um que o queira fazê-lo. Isso também diminui os custos fixos necessários para que esse produto entre no mercado. Além de possuir um processo de produção mais econômico, o *software* livre também preza pela transparência e pela colaboração nesse processo. Os *softwares* livres acabam constituindo em torno de si comunidades de indivíduos com as mais variadas origens, interesses, classes sociais, qualificações etc.

Outra característica que pode ser destacada acerca do processo de produção do *software* livre, é que o *copyleft* faz com que o *software* seja transformado em *commons*, em um conhecimento de uso e de produção comum. O conceito de *commons* está relacionado aos direitos de uso,

A tecnoutopia do software livre

acesso e controle dos recursos de uma determinada sociedade. Como destaca Yochai Benkler (2006), ele é o oposto de "propriedade". Na "propriedade", o poder de decidir por quem e como os recursos serão utilizados pode ser atribuído a uma única pessoa, um proprietário. No caso do *commons*, nenhuma pessoa em particular tem o controle exclusivo sobre o uso dos recursos, eles podem ser usados por todos e esse uso pode ser controlado por regras variadas.

O *commons* pode ser ainda classificado segundo dois parâmetros: 1) aberto a qualquer pessoa ou restrito a um grupo definido; 2) regulamentado ou não, por convenções sociais ou regras formais. No caso do *software* livre, temos um *commons* aberto, qualquer um pode acessar e usar, e regulamentado por regras formais, o *copyright*, que impede que seu código-fonte seja fechado.

O *software* livre, por ser um conhecimento, integra o grupo dos bens intelectuais ou *commons* intelectual. Dessa forma, é considerado um bem não-rival, que ao ser consumido ou usado por uma pessoa não se torna indisponível para ser consumido ou usado por outras. Seu uso excessivo também não leva à escassez do recurso, pelo contrário, quanto mais o conhecimento é usado, mais ele se multiplica (BENKLER, 2006; SIMON; VIEIRA, 2007).

Christopher Kelty (2008) e Yochai Benkler (2006) acreditam que a estrutura aberta e descentralizada da rede foi fundamental para estabelecer o tipo de produção colaborativa que caracteriza o *software* livre. Como veremos adiante, para Kelty, a popularização da *web* ou o que ele chama de *dotcom boom*, ocorrida no final dos anos 1990, foi um capítulo muito importante para a história do *software* livre, inclusive para sua definição enquanto movimento.

Na perspectiva de Benkler, o fenômeno do *software* livre, com seu modelo de produção inovador, contraria as expectativas das mais difundidas crenças sobre o comportamento econômico. Tal modelo reúne milhares de voluntários em torno de um projeto, sugerindo que a rede está possibilitando uma nova modalidade de organizar a produção do conhecimento, o que ele chama de *commons-based peer production* (produção colaborativa ou por pares baseada em *commons*). O que caracteriza esse tipo de produção é a colaboração, descentralização, o compartilhamento dos recursos de forma ampla, a ligação espontânea entre os indivíduos e os recursos não-proprietários. Além disso, ela também funciona através da ação individual autônoma e auto-selecionada, sem depender de atribuições feitas hierarquicamente, comandos gerenciais ou mesmo do mercado.

Por causa dessas características do *commons* intelectual, muitos defendem que o conhecimento compartilhado e produzido ao mesmo tempo por todos, se torna mais rico e constitui uma ferramenta preciosa para o desenvolvimento humano. Em seu livro *De onde vêm as boas ideias*, o escritor Steven Johnson (2011) afirma que as sociedades são mais bem sucedidas ao criarem ambientes que possibilitem às ideias se conectarem, ao invés de ambientes que as protejam.

Os ambientes que criam barreiras de proteção em torno das ideias tendem a ser, de acordo com a perspectiva de Johnson, menos inovadores que os ambientes abertos. Ele defende ainda, que os mecanismos modernos criados supostamente para incentivar as inovações, como patentes e *copyright*, funcionam na verdade como muros entre as ideias, impedindo que elas possam se conectar e assim se desenvolverem. Em suas palavras:

> A premissa de que a inovação prospera quando as ideias podem se conectar e se recombinar serendipitosamente com outras, quando intuições podem topar com outras capazes de preencher suas lacunas, talvez pareça uma obviedade, mas o fato estranho é que grande parte da sabedoria jurídica e popular sobre inovação buscou justamente o oposto, construindo muros entre as ideias, evitando que estabelecessem conexões de tipo aleatório, serendipitoso,

> típicas dos sonhos e dos compostos orgânicos da vida. Ironicamente, esse muros foram erguidos com a finalidade explícita de estimular a inovação. Eles têm muitos nomes: patentes, gestão de direitos digitais, propriedade intelectual, segredos comerciais, tecnologia proprietária. Mas compartilham um pressuposto básico: se impusermos restrições à propagação de ideias novas, no final das contas a inovação aumentará, porque tais restrições permitirão aos criadores obter grandes compensações financeiras com suas invenções, o que estimulará outros inovadores a seguir o mesmo caminho (p. 103-4).

Simon e Vieira (2007) também sinalizam para existência de um *commons* intelectual muito mais restrito, na medida em que o sistema de propriedade intelectual atual vai se tornando cada vez mais rígido. A ampliação desse sistema de restrição pode provocar a redução do *commons*, diminuindo a sua diversidade e pluralidade, uma vez que para serem produzidos estes dependem de outros bens intelectuais.

Yochai Benkler (2006) também compõe o coro dos que defendem que a inovação pode ser comprometida num ambiente onde o regime de patentes e *copyrights* é muito severo. Para ele, os usuários de hoje não são apenas leitores e consumidores, mas os produtores e inovadores de amanhã. Se as leis continuarem a regular a produção e o consumo de informação de maneira rigorosa, teremos uma sociedade com pouco consumo de informação e pouca produção de informações novas.

Da mesma forma, o professor de direito de Harvard, Lawrence Lessig (2005), se posiciona em relação aos mecanismos protecionistas da propriedade intelectual. Ele os considera, tal como funcionam hoje, como barreiras à criatividade e à inovação. Lessig é conhecido mundialmente por ser um defensor ferrenho de uma "cultura livre". Em livro publicado em 2005 e intitulado *Cultura Livre: como a grande mídia usa a tecnologia e a lei para bloquear a cultura e controlar a criatividade*, ele defende uma cultura que apoia e protege seus criadores e inovadores, garantindo a eles os direitos sobre a propriedade de suas obras, mas, ao mesmo tempo, limitando o alcance de tais direitos. Uma cultura livre, para ele, não seria, portanto, uma cultura sem propriedade ou uma cultura onde os criadores não são pagos. Seu conceito está relacionado à ideia de uma cultura onde se possa criar e inovar, sem a necessidade de pedir permissão aos poderosos ou aos criadores do passado.

O desenvolvimento desse tipo de cultura livre ou aberta, e a valorização do *commons* intelectual, estão sendo muito favorecidos pelo surgimento das tecnologias digitais; principalmente pelas redes de computadores que conectam pessoas e ideias do mundo inteiro. Esse é um fato que tem sido apontado por vários estudiosos da rede, como Yochai Benkler. Na visão de Benkler (2006), uma confluência entre mudanças econômicas e mudanças nas condições de comunicação e processamento de informação, está alterando o modo como produzimos e trocamos informações, conhecimento e cultura hoje.

Essas mudanças estariam nos levando a um novo estágio da economia da informação, ao estágio que Benkler classifica como "economia da informação em rede" (*networked information economy*). Os altos custos que antes eram necessários para coletar, produzir e fazer circular informação, conhecimento e cultura, agora na economia da informação em rede não são mais pré-requisitos. "Qualquer pessoa que tenha informações pode se conectar com qualquer outra pessoa que a queira, e qualquer um que deseje dar um significado a ela em algum contexto, pode fazê-lo" (p. 32, tradução nossa),[28] afirma ele.

Por causa dessa possibilidade de transformação de qualquer cidadão em um produtor de informação, Lawrence Lessig (2005) explica que depois da internet o *copyright* passou a controlar não somente a criativi-

---

28 No original: "Any person who has information can connect with any other person who wants it, and anyone who wants to make it mean something in some context, can do so".

A tecnoutopia do software livre

dade dos criadores comerciais, mas a de todas as pessoas. Há um aumento na regulamentação da criatividade, as leis atuais não estariam mais protegendo a criatividade, mas protegendo as indústrias da competição.

Assim como Lessig, Benkler (2006) também acredita que a cultura e a informação estão sendo submetidos a um movimento de fechamento. A liberdade de ação das pessoas também está sendo reduzida para garantir os retornos financeiros que a indústria exige. Ainda segundo Lessig, a internet favoreceu o rompimento que havia antes entre a nossa cultura cotidiana compartilhada, que não era passível de regulamentações legais, e a cultura comercial que necessita ter seu uso controlado. Agora, estamos cada vez mais criando uma cultura da permissão e usando a lei para controlar todos os tipos de criatividade. Para ele, esse protecionismo que assistimos hoje, não visa proteger os artistas e nem a inovação, mas está mais intencionado a proteger certas formas de negócio: as corporações que se sentem ameaçadas pelo advento da internet. A lei, portanto, é um mecanismo poderoso, usado por essas corporações, para se protegerem dessas transformações culturais e garantirem a preservação dos seus interesses.

Para tentar transformar essa realidade restritiva, Lawrence Lessig fundou em 2001, com a ajuda de duas outras pessoas, uma organização não-governamental chamada *Creative Commons* (CC). Essa organização tem como base a filosofia do *copyleft* criada pelo Projeto GNU. Inspirado pela licença GPL, o CC criou uma série de licenças de *copyright* padronizadas. Elas visam flexibilizar alguns termos do *copyright*, permitindo que o autor de uma obra (seja ela um texto, uma música ou um filme) modifique os termos padrões do *copyright* de "todos os direitos reservados" para "alguns direitos reservados".[29] Ao usar uma licença CC em sua obra, um autor pode permitir desde remixagem e adaptação dela até usos comerciais. As licenças CC, portanto, permitem ao autor escolher que tipos de usos os consumidores podem fazer do seu trabalho. Assim como

---

29   Disponível em: <http://creativecommons.org/about>. Acesso: 02 mai. 2013.

a GPL, as licenças CC não são uma alternativa ao *copyright*, mas fazem uso dele subvertendo a sua lógica de restrição total.

A adaptação que o *Creative Commons* fez do *copyleft*, do mundo do *software* para o mundo da cultura, demonstra como a metodologia do *copyleft*, como a chama RMS, acabou se transformando, com o passar do tempo, em uma verdadeira filosofia *copyleft*. Ela tem servido de inspiração para diversos outros movimentos relacionados à liberdade de compartilhar os bens culturais. Christopher Kelty (2008), em sua obra *Two bits: the cultural significance of free software* (Dois bits: a significância cultural do *software* livre), chega inclusive a falar na cultura do *software* livre, que abrangeria muito mais do que a área técnica dos programas de computadores.

A filosofia do *software* livre hoje foi portada para outros aspectos da nossa vida, como a ciência, a medicina, a educação, a música etc. As promessas de igualdade de acesso às informações; de conhecimento produzido de forma sustentável através de práticas colaborativas; da constituição de comunidades que funcionam através da meritocracia; parecem ter atraído outros segmentos sociais para as práticas do movimento, como Kelty ressalta:

> A significância do Software Livre se estende muito além das misteriosas e detalhadas práticas técnicas dos programadores de software e "geeks" (como eu me refiro a eles aqui). Desde 1998, as práticas e ideias do Software Livre têm se estendido a novos setores da vida e da criatividade: do software à música, filme e ciência, da engenharia à educação; de políticas nacionais de propriedade intelectual a debates globais sobre sociedade civil; do UNIX ao Mac OS X e Windows; dos registros e base de dados médicos ao monitoramento de doenças internacionais e biologia sintética; do Open Source ao acesso aberto. Software Livre não é mais apenas sobre software – ele

A tecnoutopia do software livre

exemplifica uma reorientação mais geral do poder e conhecimento (p. 2, tradução nossa).[30]

A apropriação do *copyleft* por outros setores da sociedade e o desenvolvimento de uma espécie de cultura do *copyleft*, ajudaram a tornar o *software* livre um movimento mais amplo e que dá voz não somente aos interessados em tecnologia, mas também à artistas, educadores, juristas etc. A bandeira do compartilhamento como um direito social, defendida pelo Projeto GNU, não se limita ao campo do *software* e, talvez por isso, tenha conquistado tantos outros espaços. Christopher Kelty propõe, nesse sentido, que o entendimento de questões atuais relacionadas, por exemplo, à privacidade, segurança e neutralidade na internet; patentes sobre genes; licenciamento de medicamentos para AIDS; Wikipedia e produção do conhecimento; passam antes pelo entendimento do fenômeno do *software* livre.

Foi através do *software* livre e da sua história, que todas essas questões foram descobertas e confrontadas pela primeira vez. Na citação a seguir, Kelty define com precisão a chave para o entendimento do fenômeno do *software* livre como uma espécie de cultura. O *software* livre, nessa leitura, pôde conquistar tantos espaços para além do espaço técnico, porque é uma prática de transformar o conhecimento e a informação em coisas públicas:

---

30 No original: "The significance of Free Software extends far beyond the arcane and detailed technical practices of software programmers and "geeks" (as I refer to them herein). Since about 1998, the practices and ideas of Free Software have extended into new realms of life and creativity: from software to music and film to science, engineering, and education; from national politics of intellectual property to global debates about civil society; from UNIX to Mac OS X and Windows; from medical records and databases to international disease monitoring and synthetic biology; from Open Source to open access. Free Software is no longer only about software – it exemplifies a more general reorientation of power and knowledge".

... tenho observado repetidamente que a compreensão de como o Software Livre funciona resulta em uma revelação. As pessoas – mesmo (ou, talvez, especialmente) as que não se consideram programadoras, hackers, geeks, ou tecnófilas – saem da experiência com algo parecido com uma religião, porque o Software Livre é sobre as práticas, não sobre as ideologias e objetivos que giram em sua superfície. O Software Livre e seus criadores e usuários não são, como um grupo, antimercado ou anticomercial; eles não são, como um grupo, antipropriedade intelectual ou antigoverno; eles não são, como um grupo, pró- ou anti- qualquer coisa. Na verdade, eles não são realmente um grupo: nem uma empresa ou uma organização; nem uma ONG ou um órgão do governo; nem uma sociedade profissional ou uma horda informal de hackers; nem um movimento ou um projeto de pesquisa. *O Software Livre é, no entanto, público; é sobre tornar as coisas públicas.* Esse fato é a chave para compreender a sua significância cultural, seu apelo e sua proliferação. O Software Livre é público de uma maneira particular: é um modo autodeterminado, coletivo e politicamente independente de criação de objetos técnicos muito complexos que são tornados pública e livremente disponíveis para todos – um "commons," na linguagem comum. *É uma prática de trabalhar com as promessas de igualdade, equidade, justiça, razão e argumento em um domínio de redes e software tecnicamente complexo, e em um contexto de poderosas e desproporcionais leis sobre propriedade intelectual.* O fato é que algo público nesse grande sentido emerge de práticas aparentemente tão misteriosas é por isso que o primeiro impulso de muitos convertidos é perguntar: como o Software Livre pode ser

A tecnoutopia do software livre

"portado" para outros aspectos da vida, tais como filmes, música, ciência ou medicina, sociedade civil e educação? É esse impulso proselitista e a facilidade com a qual as práticas são espalhadas que formam a significância cultural do Software Livre. Para melhor ou para a pior, todos nós podemos estar usando Software Livre antes mesmo de conhecê-lo (2008, p. x-xi, grifo e tradução nossa).[31]

---

31 No original: "... I have repeatedly observed that understanding how Free Software works results in a revelation. People – even (or, perhaps, especially) those who do not consider themselves programmers, hackers, geeks, or technophiles – come out of the experience with something like religion, because Free Software is all about the practices, not about the ideologies and goals that swirl on its surface. Free Software and its creators and users are not, as a group, antimarket or anticommercial; they are not, as a group, anti–intellectual property or antigovernment; they are not, as a group, pro – or anti – anything. In fact, they are not really a group at all: not a corporation or an organization; not an NGO or a government agency; not a professional society or an informal horde of hackers; not a movement or a research project. Free Software is, however, public; it is about making things public. This fact is key to comprehending its cultural significance, its appeal, and its proliferation. Free Software is public in a particular way: it is a self-determining, collective, politically independent mode of creating very complex technical objects that are made publicly and freely available to everyone – a "commons," in common parlance. It is a practice of working through the promises of equality, fairness, justice, reason, and argument in a domain of technically complex software and networks, and in a context of powerful, lopsided laws about intellectual property. The fact that something public in this grand sense emerges out of practices so seemingly arcane is why the first urge of many converts is to ask: how can Free Software be "ported" to other aspects of life, such as movies, music, science or medicine, civil society, and education? It is this proselytizing urge and the ease with which the practices are spread that make up the cultural significance of Free Software. For better or for worse, we may all be using Free Software before we know it".

Além de ganhar terreno porque "torna as coisas públicas", o que a fala de Kelty sugere também é que o *software* livre conquista cada vez mais espaço porque lida com questões, ou "promessas" para usar o seu termo, universais e recorrentes. Dito de outra forma, ele parece ter um apelo maior, fora do ambiente técnico da computação, porque lida com questões historicamente mobilizadoras e caras às sociedades, como igualdade e justiça.

O que Kelty também ressalta, é que o *software* livre enquanto prática, enquanto grupo não-homogêneo ou enquanto não-grupo, não é algo estático e imutável. Não é exatamente aquilo que Stallman muitas vezes sugere ser, a persistência de práticas ou normas do passado; a continuidade de uma tradição *hacker* ou a reconstituição de uma comunidade e de uma ética que existia desde os primeiros computadores. O *software* livre não se limita ao conjunto de preceitos reunidos por Steven Levy (2010) em seu livro. Ele inventa uma tradição e cria algo novo, algo que não necessariamente se opõe ou anula o passado ao qual Richard Stallman sempre faz questão de se referir.

Mas o *software* livre, como destaca Christopher Kelty, se diferenciou desse tal passado e dessa "ética hacker" e proliferou para espaços novos e inimagináveis, ao invés de representar uma persistência estática, como um "mero procedimento que os hackers executam" (2008, p. 181). Dessa forma, como veremos ainda, o *software* livre, e a "ética hacker" que Stallman diz representar, enquanto ideias e ideologias, sofreram e sofrem contínuas transformações ao longo de sua história, apesar de algumas práticas perdurarem.

A negação e a afirmação da propriedade intelectual

Em entrevista de 2003, Richard Stallman afirma que em termos legais a GPL não é uma negação da propriedade intelectual (PI), ao invés disso ela funciona como uma aplicação do *copyright*. Mas, ao mesmo tempo em que faz esta afirmação, ele também procura estabelecer uma

A tecnoutopia do software livre

diferença entre o que é "legal" e o que é "moral" nessa questão. Em termos "legais" não haveria uma negação do *copyright*, já em termos "morais" a GPL poderia sim ser considerada sob esse ponto de vista. Isso porque por questões morais, a GPL nega o *copyright* na sua dimensão de violador dos direitos sociais de acesso ao conhecimento. Sendo perguntado durante a entrevista sobre essa questão, ele responde da seguinte maneira:

> GSMBOX: Você vê a GPL como uma negação à propriedade intelectual?
> Em termos legais é uma aplicação do copyright, não uma negação. Em termos legais isto é tudo muito claro. Em termos morais significa decidir não ser o guardião do uso que outras pessoas fazem do seu trabalho. Por esta razão, violar a licença do software livre é imoral, e não porque é imoral violar qualquer licença, mas somente porque significa violar os direitos do público. Copyleft implica o uso de copyright, que consiste precisamente em não usar o poder derivado da propriedade, exceto para impedir que alguma outra pessoa, à parte do próprio autor ou o público, imponha este poder.[32]

É muito comum essa interpretação ou associação da GPL, ou da metodologia do *copyleft*, como sendo a negação da propriedade intelectual. O *copyleft*, no entanto, não se opõe a lógica da propriedade em si, não prega a sua extinção, apenas critica a forma como o atual sistema de PI funciona. Não se trata de pregar a sua destruição, a sua proposta é mais reformista, ela pretende reduzir os poderes deste sistema. Mas esse objetivo nem sempre está claro. Esse tipo de associação muita vezes é feita por pessoas que desconhecem o funcionamento do *copyleft*, mas por

---

32 Disponível em: "Richard Stallman: "Software Livre não é pela direita nem pela esquerda." <http://webspace.webring.com/people/gu/um_6465/direita_esquerda.html>. Acesso: 05 jul. 2013.

vezes também é feita, de forma estratégica, por pessoas que o conhecem. Ela não é sempre estabelecida de forma acidental ou inocente, mas faz parte da constituição dos lugares de disputa de poder dentro desse cenário da indústria do *software*.

Aquilo que não se encaixa no padrão hegemônico da indústria, que é o padrão do *software* proprietário, é acusado de anticapitalista ou contrário à propriedade. Como afirma Gilberto Dupas (2007), "o discurso hegemônico do capital classifica imediatamente as análises dissidentes como operações de ataque ao sistema" (p. 18-9). Mas, como ele também esclarece, os debates atuais sobre a flexibilização do sistema de propriedade intelectual, criticam a engrenagem de acumulação de capital, que se baseia justamente nesse monopólio sobre o controle do acesso e uso do conhecimento. Como dito, o sistema de PI é um dos pilares dessa engrenagem de acumulação do capitalismo. Portanto, na opinião de Dupas, como esses debates ocorrem num contexto em que nenhum outro sistema aparece no horizonte como alternativa real ao capitalismo, eles funcionam como um ataque à lógica do capital.

Em uma palestra realizada em 2001, na The New York University Stern School of Business, o então vice-presidente da Microsoft, Craig Mundie, afirma que a economia da informação teve seu crescimento impulsionado graças ao modelo de negócios baseado na propriedade intelectual. Mundie também aponta que as empresas que cresceram entre os anos 1980 e os anos 2000, foram as que investiram nesse modelo de negócios, em contraposição, as empresas que falharam foram as que insistiram em contrariar essa lógica. Ao dizer isso, Mundie, relaciona as empresas que falharam com o uso de modelos alternativos de desenvolvimento de *software*, como, por exemplo, *software* livre. No entanto, ele faz questão de atribuir ao *software* livre uma conotação de gratuito, estimulando, estrategicamente, uma associação da palavra "livre" com preço e não com liberdade de acesso e uso.

A tecnoutopia do software livre

O vice-presidente da Microsoft vai tecendo o seu discurso tentando mostrar uma suposta superioridade do sistema de propriedade intelectual em relação ao conjunto de licenças GPL. Em determinada altura da sua fala, ele reafirma essa superioridade, mas, ao mesmo tempo, aponta a existência de um debate que a coloca em xeque:

> Apesar do sucesso comprovado da indústria da computação e da economia baseada na propriedade intelectual, e o evidente fracasso das novas empresas que forneciam gratuitamente os seus produtos, é notável que no ano passado houve uma discussão mais ampla sobre se os ingredientes que forneceram o duradouro sucesso econômico poderiam continuar a fazê-lo. Em parte, essa discussão tem focado em se o computador pessoal continuará a fornecer uma base tecnológica sustentável para o crescimento econômico. E, em parte, ela tem focado em se a proteção da propriedade intelectual, como nós conhecemos, para a música, software ou outros produtos, deveria continuar a ser um motor fundamental do crescimento econômico (tradução nossa).[33]

---

33 No original: "Despite the demonstrable success of the computing industry and the IP-based economy, and the clear failure of newer firms that gave away products for free, its notable that in the past year there has been a broader discussion about whether the ingredients that delivered longstanding economic success can continue to do so. In part this discussion has focused on whether the personal computer will continue to provide a sustainable technological foundation for economic growth. And in part this has focused on whether IP protection as we have known it whether for music, software, or other products should continue to be a fundamental engine of economic growth". Disponível em: *Speech Transcript* - Craig Mundie, The New York University Stern School of Business. <http://www.microsoft.com/en-us/news/exec/craig/05-03sharedsource.aspx>. Acesso: 05 jul. 2013.

É importante chamar a atenção para o momento histórico no qual Craig Mundie faz esse discurso. Entre o final dos anos 1990 e começo dos anos 2000, o movimento *software* livre passou por um processo de expansão e popularização, com a ajuda, entre outras coisas, do *boom* da *web* e da divisão do movimento entre *free* e *open*. O sucesso do *software* livre nesse momento apareceu no horizonte como uma ameaça à hegemonia da Microsoft e das demais empresas, que se baseavam no modelo de desenvolvimento de *software* de código fechado. O tom do discurso de Craig Mundie indicava uma preocupação, ainda que pequena, no rumo que poderiam levar esses debates, sobre alternativas ao modelo hegemônico de *software*, que o movimento *software* livre estava levantando.

Em agosto de 1998, a revista Forbes confirmava essa ascensão do modelo de desenvolvimento de *software* livre como uma possível ameaça à Microsoft. Em sua capa, a revista trazia a imagem de um dos programadores mais conhecidos no universo do *software* livre, o finlandês Linus Torvalds:

A revista estampou na capa a seguinte afirmação: "Linus Torvalds quer construir sistemas operacionais livres. A Microsoft deveria se preocupar?" As afirmações de Craig Mundie, durante sua palestra, indicavam uma certa preocupação da empresa com a difusão da GPL. Mundi afirmava que a GPL tem um aspecto viral e que isso representava uma ameaça para o sistema de propriedade intelectual e para as empresas de *software*; uma vez que a GPL tornaria impossível a venda desse produto. Ao falar isso, o vice-presidente da Microsoft procurava criar uma associação do *software* que usa GPL com o *software* não-comercial, construindo um discurso do *software* livre como anticomercial e anticorporativo. Assim, ele acusou a GPL de obrigar o criador a dar de graça o fruto do seu trabalho:

> A GPL afirma que qualquer produto derivado do código-fonte licenciado sob ela se torna também sujeito a GPL. Quando o produto de software resul-

A tecnoutopia do software livre

tante é distribuído, o criador deve tornar todo o código-fonte disponível, sem nenhum custo adicional.

Isso efetivamente torna impossível para as empresas de software comercial incluírem código-fonte que é licenciado sob a GPL dentro de seus produtos, uma vez que fazendo isso, *elas serão obrigadas a doar os frutos do seu trabalho*. Como nós pensamos sobre tecnologia, direitos de propriedade intelectual, e o setor público de conhecimento, nós precisamos de um modelo intelectual que incentive a interação, não um modelo que os distancie. Nós acreditamos que um modelo de código compartilhado [*shared source*], juntamente com contínuas contribuições aos padrões públicos, fornece um caminho que é preferível a abordagem de código aberto baseada na GPL (grifo e tradução nossa).[34]

---

34 No original: "The GPL asserts that any product derived from source code licensed under it becomes subject to the GPL itself. When the resulting software product is distributed, the creator must make all of the source code available, at no additional charge. This effectively makes it impossible for commercial software companies to include source code that is licensed under the GPL into their products, since by doing so, they are constrained to give away the fruits of their labor. As we think about technology, IP rights, and the public sector of knowledge, we need an intellectual model that encourages interaction, not a model that drives them apart. We believe that a shared source model, coupled with continuing contributions to public standards, provides a path that is preferable to the open source approach founded on the GPL". Cf. nota 106.

Figura 14: Capa da revista *Forbes* de agosto de 1998: "Paz, amor e software"[35]

Com isso, além de afirmar que a GPL não recompensa as empresas pelo seu trabalho, Mundie também critica o que chama de falta de "interação". A GPL quando usada em um *software* impediria que ele pudesse interagir com outros *softwares* não-GPL, ou seja, que o código dele pudesse ser usado em outros *softwares* que não usam essa licença. Por essas razões, Craig Mundie reconhece que a melhor alternativa ao modelo de código fechado, seria o que ele chama de "filosofia do código compartilhado" (*shared source philosophy*). Ele a aponta como preferível em relação ao modelo baseado na GPL, porque ela garantiria a necessária propriedade intelectual e a interação que fortalecem a indústria do *software*. Assim, ele defende:

---

35   Disponível em: <http://tanyarezaervani.files.wordpress.com/2011/09/oforbes.jpg>. Acesso: 6 ago. 2013.

A tecnoutopia do software livre

> Shared Source é uma abordagem equilibrada que nos permite compartilhar código-fonte com clientes e parceiros enquanto mantém a propriedade intelectual necessária para dar suporte a um negócio de software forte. Shared Source representa um quadro de valor de negócio, inovação técnica e termos de licenciamento. Ela cobre um espectro de acessibilidade que é manifesto na variedade de programas de licenciamento de código oferecido pela Microsoft (tradução nossa).[36]

Apesar de alegar que o modelo de negócios do *software* proprietário (que ele chama de comercial) é superior ao modelo defendido pelo movimento *software* livre (que ele chama de gratuito, portanto, não-comercial), o vice-presidente da Microsoft admite que o *software* proprietário é apenas mais um modelo possível para a indústria; e aponta o *software* de código livre como sendo uma alternativa (possível mas não desejada).

Talvez, diante do contexto de grande crescimento do movimento *software* livre e do debate sobre esse modelo, a Microsoft tenha percebido que a melhor estratégia nessa disputa de poder era flexibilizar o seu discurso em relação aos modelos alternativos ao *software* proprietário. Assim, ao mesmo tempo em que apontava que os *softwares* licenciados sob a GPL eram menos bem sucedidos, a empresa também reconhecia que os *softwares* de código aberto tinham alguns benefícios, os quais não seriam ignorados, mas incorporados por ela para melhorar os seus produtos:

---

36 No original: "Shared Source is a balanced approach that allows us to share source code with customers and partners while maintaining the intellectual property needed to support a strong software business. Shared Source represents a framework of business value, technical innovation and licensing terms. It covers a spectrum of accessibility that is manifest in the variety of source licensing programs offered by Microsoft". *Idem.*

> Como resultado da declaração da posição da Microsoft hoje, muitas pessoas tentarão dizer que Shared Source é uma tentativa fracassada da Microsoft em ser uma Companhia de Código Aberto. Isso não poderia ser uma afirmação mais errada. Shared Source é Open Source. Nós reconhecemos que OSS (Open Source Software) tem alguns benefícios, tais como a promoção da comunidade, feedback melhorado e depuração aumentada. Nós estamos sempre procurando por formas de melhorar nossos produtos e tornar os nossos clientes mais bem sucedidos, e para esse fim nós incorporamos esses elementos positivos do OSS no Shared Source. Mas existem desvantagens significativas também no OSS (tradução nossa).[37]

Em 2001, provavelmente em resposta a essas afirmações do vice-presidente da Microsoft, Richard Stallman produziu um texto no qual afirma que a Microsoft gostaria de ter os benefícios do código do *software* livre sem ter as responsabilidades que suas licenças estabelecem. Ele também afirma que o propósito da empresa ao fazer algo novo não é aprimorar a computação para os usuários, mas eliminar as suas alternativas. Além disso, Stallman faz uma critica ao que a Microsoft chama de "direitos de propriedade intelectual". Segundo ele, este termo é abrangente demais e não deveria ser usado para se referir a categorias específicas

---

37 No original: "As a result of Microsofts statement of position today, many people will attempt to say that Shared Source is Microsofts failed attempt at being an Open Source Company. This could not be a more incorrect statement. Shared Source is Open Source. We recognize that OSS has some benefits, such as the fostering of community, improved feedback and augmented debugging. We are always looking for ways to improve our products and make our customers more successful, and to that end we have incorporated these positive OSS elements in Shared Source. But there are significant drawbacks to OSS as well". *Idem.*

que engloba, como *copyrights* e patentes. Devemos recusar esse tipo de uso do termo, diz ele:

> A Microsoft diz que a GPL é contra "direitos de propriedade intelectual." Não tenho opinião formada a respeito de "direitos de propriedade intelectual", porque o termo é muito abrangente para que se possa formar uma opinião sensata a seu respeito. Ele é um saco de gatos, compreendendo copyrights, patentes, marcas registradas e outras áreas diversas da lei; áreas tão diferentes, nas leis e em seus efeitos, que qualquer declaração a respeito delas é certamente simplista. Para pensar de modo inteligente a respeito de copyrights, patentes ou marcas registradas, você deve pensar nelas separadamente. O primeiro passo é recusar agrupá-las todas como "propriedade intelectual".[38]

Stallman afirma que o uso do termo "propriedade intelectual", para se referir a diferentes conjuntos de leis, se tornou moda e que isso não se tornou comum por acidente, mas porque as empresas lucram com a distorção no sentido do termo. Diante disso, ele sugere que rejeitemos completamente o termo a fim de não contribuirmos para a propagação dessa distorção de significado.

Em um texto escrito em 2004 e intitulado *Did You Say "Intellectual Property"? It's a Seductive Mirage* (Você Disse "Propriedade Intelectual"? É uma Miragem Sedutora),[39] Stallman afirma que este é um termo genérico e que não abarca a pluralidade das leis que pretende representar. O uso desse termo tende a tratar como semelhantes leis que foram criadas

---

38 Disponível em: A GNU GPL e o Modo Americano de Viver: <http://www.gnu.org/philosophy/gpl-american-way.pt-br.html>. Acesso: 06 ago. 2013.

39 Disponível em: *Did You Say "Intellectual Property"? It's a Seductive Mirage*: <https://www.gnu.org/philosophy/not-ipr.en.html>. Acesso: 07 ago. 2013.

em contextos diferentes e que atendem a diferentes demandas. O *copyright* e a patente, por exemplo, possuem finalidades e duração diferentes, como RMS faz questão de esclarecer:

> Copyrights cobrem os detalhes da expressão de uma obra; copyrights não cobrem ideias. Patentes cobrem somente ideias e seus usos.
>
> Copyrights acontecem automaticamente. Patentes são emitidas por um escritório de patente em reposta a uma solicitação.
>
> Patentes custam muito dinheiro. Elas custam mais pelo pagamento de advogados para escrever a solicitação que realmente com a própria solicitação. Normalmente leva alguns anos para a solicitação ser considerada, mesmo que os escritórios façam um trabalho extremamente descuidado ao considerá-las.
>
> Copyrights duram muito tempo. Em alguns casos eles podem durar até 150 anos. Patentes duram 20 anos, que é tempo suficiente para que você possa sobreviver a elas, mas ainda bastante tempo para uma escala de tempo de um campo como o software. Pense no passado há 20 anos quando o PC era uma coisa nova. Imagine ser limitado a desenvolver software usando somente ideias que eram conhecidas em 1982.
>
> Copyrights cobrem somente cópia. Se você escreve um romance que acaba sendo palavra-por-palavra igual a *E o vento levou*, e você pode provar que você nunca o viu, isso seria uma defesa para qualquer acusação de infração de copyright (2002, p. 97-8, grifo do autor, tradução nossa).[40]

---

40 No original: "Copyrights cover the details of expression of a work; copyrights don't cover any ideas. Patents only cover ideas and the use of ideas. Copyrights

A tecnoutopia do software livre

No texto acima, Stallman se preocupa em esclarecer essas diferenças básicas para mostrar como as restrições do sistema de patentes funcionam de forma diferente das do *copyright*. Na sua opinião as patentes são muito mais nocivas para o desenvolvimento de *software*. Mesmo sendo contra patentes de *software*, ele não é contra o uso de patentes de forma geral, mas apenas em alguns casos. Quando a questão é sobre patentes, Stallman não se limita a defender apenas o *software* livre, mas todos os *softwares* de forma geral, inclusive os proprietários. Isso fica claro quando observamos as campanhas que a Free Software Foundation costuma fazer contra as patentes de *software*. Em uma delas, datada de 1996,[41] a FSF afirma que o direito de escrever *software* livre ou proprietário é ameaçado pelas patentes de *software*, e conclama a todos para ajudar ou se juntar à *League for Programming Freedom* (Liga pela Liberdade da Programação - LPF).

---

happen automatically. Patents are issued by a patent office in response to an application. Patents cost a lot of money. They cost even more paying the lawyers to write the application than they cost to actually apply. It typically takes some years for the application to get considered, even though patent offices do an extremely sloppy job of considering them. Copyrights last tremendously long. In some cases they can last as long as 150 years. Patents last 20 years, which is long enough that you can outlive them but still quite long by the timescale of a field such as software. Think back about 20 years ago when the PC was a new thing. Imagine being constrained to develop software using only the ideas that were known in 1982. Copyrights cover copying only. If you write a novel that turns out to be word-for-word the same as *Gone With The Wind*, and you can prove you never saw *Gone With The Wind*, that would be a defense to any accusation of copyright infringement".

41 Disponível em: Ajude a Proteger o Direito de Escrever Tanto Software Livre Quanto Não-Livre. <http://www.gnu.org/philosophy/protecting.pt-br.html>. Acesso: 10 ago. 2013.

A LPF foi[42] uma entidade fundada por Richard Stallman em 1989, para se opor a patentes de *software* e *copyright* de interfaces de usuário. Apesar de ter sido formada por Stallman, a LPF não tinha ligação direta com a FSF, a não ser parcerias em campanhas como essas. A LPF diferente da FSF não está preocupada com a defesa do *software* livre, mas em defender a liberdade de programar, seja códigos fechados ou abertos. Isso porque, segundo Richard Stallman (2002), as patentes não funcionam como os *copyrights*, cobrindo programas individuais, elas cobrem ideias, portanto, são um grande obstáculo no desenvolvimento de *software*, porque funcionam como "um monopólio absoluto sobre o uso de uma ideia".

Stallman também critica o uso do termo "patentes de software", para ele o termo é enganador e gera uma confusão sobre a verdadeira função da patente. Esse termo sugere que as patentes cobrem programas em vez de dar a entender que ela funciona cobrindo uma ideia prática. Assim, o termo mais correto a ser utilizado seria, segundo ele, "patente de ideia computacional".[43]

Na concepção de Stallman, as patentes de *software* são muito mais nocivas para a sociedade que o *copyright*, porque o sistema de patentes funciona muitas vezes de forma obscura e secreta. Ele compara as patentes a minas terrestres, pois ao desenvolver um *software*, o programador quase nunca sabe onde vai esbarrar numa patente que impede que o seu projeto seja concluído: "Patentes de software são equivalentes a minas terrestres num projeto de software: cada decisão sobre o visual carrega o risco de pisar numa patente, que pode destruir o seu projeto".[44]

---

42 Aparentemente a Liga não está mais ativa, as últimas atualizações feitas em sua página da internet são de 2010. Ver: <http://progfree.org/>.

43 Disponível em: *Let's Limit the Effect of Software Patents, Since We Can't Eliminate Them*. <http://www.wired.com/opinion/2012/11/richard-stallman-software-patents/>. Acesso: 11 ago. 2013.

44 Disponível em: Combatento Patentes de Sofware - Uma a uma e Todas Juntas. <http://www.gnu.org/philosophy/fighting-software-patents.pt-br.html>.

A tecnoutopia do software livre

Richard Stallman (2002) afirma também que isso acontece porque é impossível saber se existem patentes que cobrem uma ideia que o programador teve, já que muitos pedidos de patente, que ainda estão pendentes, permanecem secretos até serem concedidos. Muitas vezes o programador só descobre que seu projeto viola alguma patente depois de já o ter terminado. Ele afirma ainda que há uma outra dificuldade a ser enfrentada. O sistema dos EUA, por exemplo, não identifica quais patentes são de *software* e quais não são, os desenvolvedores de *software* é que precisam fazer isso a fim de se certificarem sobre quais ideias já são cobertas por patentes.[45]

Para tentar contornar esses problemas colocados pelo sistema de patentes, Stallman sugere então três tipos de abordagens. A primeira delas seria "evitar a patente". Ela consistiria em não usar a ideia que a patente cobre. Ele reconhece que isso pode ser fácil, mas também pode ser muito difícil, dependendo de qual ideia seria. A segunda abordagem é "licenciar a patente". Essa é uma possibilidade, mas ele explica que não é necessariamente uma opção, já que os detentores das patentes não são obrigados a oferecerem essa licença, embora muitos o façam, exigindo em contrapartida um montante em dinheiro.

A última abordagem consiste em "derrubar a patente no tribunal". Ele explica que muitas patentes, por não atenderem aos pré-requisitos básicos estabelecidos pelos escritórios de patentes (cobrir uma ideia nova, útil e não-óbvia) acabam sendo mais simples de serem derrubadas. No entanto, o problema aqui é que, apesar de isso ser mais uma possibilidade, ela acaba não se tornando uma opção viável do ponto de vista financeiro, já que um processo como esse pode demandar milhões de dólares (idem).

Acesso: 10 ago. 2013.

45 Cf. nota 117.

Mas, apesar de sugerir essas abordagens, Richard Stallman acredita que combater as patentes de *software* nunca eliminará o perigo que elas representam para o campo. A saída então seria modificar o sistema de patentes de modo que ele "não possa mais ameaçar os desenvolvedores de software e usuários".[46] Em um texto publicado no site da revista Wired, em 2012, Stallman defende uma abordagem que limite o efeito das patentes, já que as reconhece como sendo uma proteção necessária para os usuários e desenvolvedores. A sua sugestão é garantir por lei que: "o desenvolvimento, a distribuição ou a execução de um programa em um hardware de computação geralmente usado não constitua violação de patente".[47] Ele explica que essa solução possui mais vantagens do que a sugestão geralmente dada de corrigir o problema através da mudança nos critérios de concessão de patentes.

A mudança nesses critérios pode apresentar duas desvantagens básicas que seriam: os advogados poderiam reformular as patentes para que pudessem atender aos novos critérios exigidos; e essa mudança apenas evitaria a emissão de novas patentes, não acabaria com as que já existiam. Seria preciso esperar mais de 20 anos, tempo de expiração dessas patentes, para que o problema fosse corrigido, já que seria inconstitucional aboli-las.

A sua sugestão de limitar o efeito das patentes, por outro lado, possuiria três principais vantagens: não exigiria que as patentes ou os pedidos de patentes fossem classificados como "software" ou "não-software"; protegeria os desenvolvedores e os usuários de *software* contra patentes futuras ou já existentes; e impediria que os advogados pudessem anular o efeito pretendido da mudança escrevendo solicitações de patente de forma diferente.[48]

---

46   Cf. nota 116.

47   *Idem.*

48   *Idem.*

A tecnoutopia do software livre

A critica de RMS ao termo "propriedade intelectual" funciona também no sentido de esclarecer contra o que o Projeto GNU se coloca. Em suas afirmações apresentadas acima, podemos perceber que ele procura elucidar que não é contra todo o sistema de propriedade intelectual que o projeto de *software* livre se opõe, muito menos contra todos os tipos de patentes, mas contra apenas alguns aspectos desse sistema. Já vimos que dentro desse complexo de leis que o sistema de propriedade intelectual representa, o Projeto GNU se opõe ao uso de patentes para cobrir ideais computacionais. Agora veremos, quais são as críticas e sugestões que ele emite em relação ao *copyright*.

Em 1994, Richard Stallman publicou um texto chamado *Why Software Should Not Have Owners* (Porque o software não deve ter donos), onde enumera vários argumentos usados pelos proprietários de *software*, para justificar o controle que eles exercem sobre o uso dessa ferramenta. O primeiro desses argumentos é o uso de palavras caluniosas como "pirataria" e "roubo", assim como terminologias de *expert* como "propriedade intelectual" e "dano"; para sugerir ao público uma "analogia simplista" entre os *softwares* e os objetos materiais. Segundo Stallman, os donos de *software* nos induzem, através do uso dessas palavras, a utilizar o mesmo raciocínio que empregamos para determinar se é certo ou não "tomar um objeto de alguém", para determinar se é certo ou não fazer uma cópia de um *software*.

O segundo argumento se relaciona com a ideia de que todo autor possui "direitos naturais" sobre sua obra. Na opinião de RMS, esse argumento é usado para alegar que os interesses dos autores estão acima dos interesses do público. O que muitos ignoram, segundo ele, é que normalmente são as empresas e não os autores que detém o *copyright* do *software* e que, portanto, são elas na maioria das vezes que impõem seus interesses. Ele explica que há duas razões pelas quais as pessoas simpatizam com a ideia dos direitos naturais dos autores. A primeira delas é que os proprietários costumam forçar uma analogia entre os *softwares* e os objetos materiais, assim o público tende a acreditar que, tal como acontece um processo de subtração quando consumimos ou usamos algum objeto material; isso também ocorreria quando copiamos algum *software* de alguém. Logo abaixo, Stallman usa uma metáfora para explicar a diferença entre copiar um *software* e emprestar ou dar um objeto material:

> Quando eu cozinho espaguete, eu realmente faço objeção se alguém quiser comê-lo, porque, então, eu não poderei comê-lo. Sua ação me atinge exatamente na mesma medida em que o beneficia; só um de nós pode comer o espaguete, então a questão é, quem? A menor distinção entre nós é suficiente para fazer pender a balança ética. Mas se você executa ou altera um programa que escrevi, isso afeta a você diretamente e a mim apenas indiretamente. Se você dá uma cópia ao seu amigo, isso afeta você e ao seu amigo muito mais do que isso me afeta. Eu não deveria ter o poder de lhe dizer para não fazer essas coisas. Ninguém deveria (2002, p. 46-7, tradução nossa).[49]

A segunda razão é que os proprietários de *softwares* tentam convencer as pessoas de que os direitos dos autores são uma tradição inquestionável na nossa sociedade. Para Stallman esse é um argumento que cai por terra quando observamos que na Constituição dos EUA, por exemplo, o sistema de *copyright* é tratado como algo facultativo. Ela não

---

49 No original: "When I cook spaghetti, I do object if someone else eats it, because then I cannot eat it. His action hurts me exactly as much as it benefits him; only one of us can eat the spaghetti, so the question is, which? The smallest distinction between us is enough to tip the ethical balance. But whether you run or change a program I wrote affects you directly and me only indirectly. Whether you give a copy to your friend affects you and your friend much more than it affects me. I shouldn't have the power to tell you not to do these things. No one should".

exige um sistema, mas permite que ele exista e estabelece que ele seja temporário. Além disso, Stallman aponta que o que a Constituição trata como função do *copyright* não é recompensar o autor, e sim promover o progresso, mas o que a tradição que realmente existe na nossa sociedade determina é que o *copyright* deve recompensar os autores e, para isso, é necessário que se reduza os "direitos naturais" do público (idem).

O terceiro argumento que os proprietários de *software* usam é o "exagero". RMS afirma que eles costumam exagerar sobre as implicações que a cópia de programas tem sobre suas atividades financeiras. Costumam usar os termos "danos" ou "perdas econômicas" para representar o suposto prejuízo que eles teriam com o compartilhamento dos *softwares*. Stallman contesta a existência desse prejuízo, pois afirma que a cópia de um *software* não prejudica nem o proprietário dele e nem a ninguém, isso porque o proprietário só sairia perdendo se a pessoa que copiou seu *software* fosse pagar por esse software em alguma outra circunstância. Segundo essa lógica de Stallman, nem todas as pessoas estão dispostas ou podem pagar por cópias de um *software*, portanto, os proprietários não podem considerar como "perdas" cópias de pessoas que, de outra forma, nunca teriam acesso ao seu *software*, a não ser através da cópia não paga.

O outro argumento se refere à "economia". Este consiste em defender que quando o *software* tem dono o mercado de *software* aumenta sua produção. Para ele, é evidente que se as pessoas são bem pagas, elas vão produzir mais *softwares*, no entanto, não é de *software* proprietário que a sociedade precisa. A produção de mais *softwares* que possuem donos afeta o uso que a sociedade pode fazer desses programas. Diferente do que acontece com os objetos materiais que compramos, o fato deles terem donos ou não, não afeta o que ele é e o que você pode fazer com ele; os *softwares* que possuem donos tem seu uso limitado, fato que, segundo RMS, causa uma "poluição ética" que afeta toda a sociedade.

A última justificativa trata do uso do discurso da lei pelos proprietários para nos ameaçar. De acordo com Stallman, eles tentam nos persuadir de que a lei reflete, de forma inquestionável, a nossa moral e que ela decidiria o que é certo ou errado. Dessa forma, se ela diz que é certo ou moral que os *softwares* possuam donos, nós temos que nos habituar com isso. Na sua opinião,

> é elementar que as leis não decidem o certo ou errado. Todos os americanos devem saber que, na década de 1950, era contra a lei em muitos estados uma pessoa negra sentar na frente de um ônibus, mas apenas os racistas diriam que sentar lá era errado (idem, tradução nossa).[50]

As críticas que Richard Stallman direciona ao sistema de *copyright* não se referem somente ao universo dos *softwares*, mas também a outros tipos de obras. No texto *Misinterpreting Copyright – A Series of Errors* (Interpretando mal o *copyright* – Uma série de erros), ele emite criticas ao *copyright* que cobre obras como livros e textos. A primeira delas se refere ao poder que as editoras têm, mais do que os próprios autores, sobre essas obras. São elas, na grande maioria das vezes, que detém seus direitos autorais. Na teoria, o sistema de *copyright* coloca o público leitor como prioridade, já que ele deveria beneficiar os leitores em primeiro lugar. Mas de acordo com Stallman, na prática, há uma interpretação errada sobre a função desse sistema, porque ele acaba elevando ao mesmo nível de importância os leitores e os editores; e acaba criando uma espécie de equilíbrio entre os seus direitos. Essa ideia de equilíbrio nega,

---

50 No original: "It's elementary that laws don't decide right and wrong. Every American should know that, forty years ago, it was against the law in many states for a black person to sit in the front of a bus; but only racists would say sitting there was wrong".

segundo ele, a primazia dos direitos do público sobre os direitos dos editores, e por esse motivo deve ser rejeitada (idem).

A segunda crítica compreende o que ele chama de "retórica da maximização", que consiste no discurso usado pelos editores para justificar a cessão que o público faz de suas liberdades de uso das obras, em nome do objetivo de maximizar o número de trabalhos publicados. Esse discurso vem também acompanhado de uma retórica, que, segundo Stallman, é muito difundida e permeia os meios de comunicação, a "retórica pirata". Esta retórica afirma que "a cópia pública é ilegítima, injusta e intrinsecamente errada". Ela permite que os editores usem o argumento de que a cópia deveria ser proibida porque estaria prejudicando a venda e diminuindo a publicação das obras. De acordo com Stallman, esse tipo de discurso não deixa espaço para argumentação dos leitores contra o aumento do poder dos editores (*Ibidem*, p. 80).

A terceira e última crítica diz respeito ao fato de que uma vez que os editores conseguem triunfar com seu discurso de maximização, eles afirmam que para que essa maximização seja possível, é preciso dar a eles o máximo possível de poder para controlar os usos das obras. Isso implica a supressão do "uso justo" das obras e impede a criação de novas obras úteis. Stallman afirma que se Shakespeare tivesse vivido em uma época onde esse atual sistema de *copyright* fosse vigente, os trabalhos que ele produziu teriam sido considerados ilegais, já que ele costumava usar partes de obras de outros autores para construir as suas (*Ibidem*, p. 81).

O resultado desses três erros de interpretação do *copyright* é, segundo ele, que a legislação atual tende a dar mais poder aos editores por um período de tempo maior. Como exemplo disso, Stallman aponta para a aprovação de duas leis de direitos autorais, no final dos anos 1990, nos Estados Unidos, que ampliaram os direitos dos detentores de *copyright* em detrimento dos direitos da sociedade (*Ibidem*, p. 82).

A primeira dessas leis foi o *Copyright Term Extension Act* (CTEA) de 1998, também chamada oficialmente de *Sonny Bono Copyright Term*

Extension Act ou *Sonny Bono Act*,[51] e pejorativamente de *Mickey Mouse Protection Act*.[52] Essa lei alterou a duração do *copyright* ampliando todos os já existentes e os futuros em 20 anos. Se antes o *copyright* durava a vida do autor e mais 50 anos, ou 75 para obras de autoria corporativa, depois do CTEA, essa duração passou a ser a duração da vida do autor mais 70 anos; e no caso dos trabalhos de autoria corporativa, 120 anos depois da criação ou 95 depois da publicação.[53]

A segunda lei é o *Digital Millennium Copyright Act* (DMCA), aprovado em 1998, como uma lei que criminaliza o compartilhamento de informação. Stallman afirma que essa lei, por representar a efetiva dominação das corporações sobre o público, deveria se chamar *Domination by Media Corporations Act* (Dominação pela Lei das Empresas de Mídia) (idem). Com o DMCA os EUA passaram a considerar crime não apenas a infração de *copyright*, mas também a produção e a distribuição de tecnologias que visem contornar ou evitar medidas de proteção de direitos autorais. Além disso, as penas para quem infringissem o *copyright* e desrespeitasse essa lei foram estabelecidas em até dez anos.[54]

Ao condenar o uso dessas leis para definir a política de direitos autorais, Richard Stallman propõe que repensemos o *copyright* e procu-

---

51 Ganhou esse nome em homenagem a Sonny Bono, um dos principais apoiadores da lei no congresso, que morreu meses antes da aprovação do projeto.

52 É pejorativamente chamada de Lei Mickey Mouse porque foi aprovada poucos anos antes do personagem Mickey Mouse, um dos principais personagens da companhia Walt Disney, cair em domínio público. Os que se opuseram à lei na época apontavam para a existência de um *lobby* da indústria cultural para que a lei fosse aprovada e garantisse a extensão da duração do *copyright*. A companhia Walt Disney foi a principal beneficiada com essa lei porque o *copyright* sobre o seu personagem Mickey foi estendido por pelo menos mais 20 anos.

53 Disponível em: <http://www.copyright.gov/legislation/pl105-298.pdf>. Acesso: 21 ago. 2013.

54 Disponível em: <http://pt.wikipedia.org/wiki/Digital_Millennium_Copyright_Act>. Acesso: 22 ago. 2013.

A tecnoutopia do software livre

remos adaptá-lo ao nosso contexto digital. Ele faz questão de afirmar que a sua proposta não é de abolição desse sistema: "Eu não acho que deveríamos necessariamente abolir totalmente o *copyright*" (2002, p. 141). Mas de alteração da política de direitos autorais de forma que o poder do *copyright* seja reduzido.

Para ele, uma das possibilidades de alterar essa política seria reduzir em etapas os privilégios estabelecidos pelas leis modernas e observar os resultados dessa redução. Assim poderíamos ter uma noção de quanto poder deveríamos realmente atribuir ao *copyright* para que os direitos do público sejam respeitados. Mas para ele é importante não julgar esses resultados através das observações feitas pelos editores, já que eles tendem a exagerar nas suas previsões de desgraça, quando seus poderes são diminuídos de alguma forma. Stallman propõe ainda que o tempo de duração do *copyright* seja estabelecido em dez anos:

> A política de *copyright* inclui várias dimensões independentes, que podem ser ajustadas separadamente. Depois que encontrarmos o mínimo necessário para uma dimensão politica, poderá ainda ser possível reduzir outras dimensões do copyright mantendo o nível de publicação desejado. Uma importante dimensão do *copyright* é a sua duração, que agora já é tipicamente na ordem de um século. Reduzir o monopólio sobre a cópia para dez anos, começando da data em que uma obra é publicada, seria um bom primeiro passo. Outro aspecto do *copyright*, que abrange a produção de trabalhos derivados, poderia continuar por um longo período (*Ibidem*, p. 84, tradução nossa).[55]

---

55 No original: "Copyright policy includes several independent dimensions, which can be adjusted separately. After we find the necessary minimum for one policy dimension, it may still be possible to reduce other dimensions of copyright while

A sua justificativa para reduzir o monopólio sobre a cópia a um prazo de dez anos é a de que essa redução teria pouco impacto sobre a edição de obras de hoje, pois ele considera esse tempo suficiente para que uma obra de sucesso seja rentável. Além do mais, de acordo com ele, as obras de um modo geral costumam estar fora de catálogo bem antes desse prazo. Apesar de defender a aplicação desse período de tempo para as obras literárias, Richard Stallman afirma não ser necessário aplicá-lo para todos os tipos de obras, a padronização da duração não seria uma questão importante.

Para explicar qual duração seria ideal para qual tipo de obra, primeiro ele distingue três grandes categorias de obras e justifica porque estabelece para elas tal duração. A primeira grande categoria ele classifica como "obras funcionais", que são usadas no dia a dia para auxiliar tarefas da nossa vida. Como exemplos de obras funcionais ele cita os *softwares*, as receitas, as obras educativas etc. Essa categoria de obra, na sua opinião, deve poder ser livremente copiada, modificada e compartilhada, já que são consideradas obras úteis para a sociedade (*Ibidem*, p. 141).

A segunda categoria diz respeito aos trabalhos que informam o pensamento de alguém como, por exemplo, memórias, artigos de opinião e artigos científicos. Para essa categoria, Richard Stallman defende possibilidades limitados de uso, pois acredita que a liberdade de modificar esses trabalhos não é socialmente útil, por se tratar do pensamento das pessoas, modificá-los implica deturpar a imagem dos autores. Portanto, ele propõe, neste caso, que aos usuários seja permitido apenas fazer a cópia exata das obras. Aqui ele defende que os usuários possam ter a liberdade de fazer cópias exatas para uso não-comercial, mas que o *copyright*

---

maintaining the desired publication level. One important dimension of copyright is its duration, which is now typically the order of a century. Reducing the monopoly on copying to ten years, starting from the date when a work is published, would be a good first step. Another aspect of copyright, which covers the making of derivative works, could continue for longer period".

A tecnoutopia do software livre

seja mantido para cópias exatas de uso comercial. Sua justificativa para isso é que estabelecer esse uso reduzido do *copyright*, garante o mínimo de liberdade para os usuários compartilharem o conhecimento para fins não-comerciais. Ele explica que:

> ao permitir as cópias exatas não-comerciais, o copyright não irá mais invadir as casas de todos. Ele se torna novamente uma regulamentação industrial, fácil de fiscalizar e indolor, não exigindo mais punições draconianas ou informantes para garantir a sua obediência. Assim conseguimos o máximo de benefício e evitamos a maior parte do horror do sistema atual (*Ibidem*, p. 142, tradução nossa).[56]

A terceira e última categoria é relacionada às obras estéticas e de entretenimento. Também para esse tipo de trabalho ele acredita que não seja útil ou conveniente que o público tenha a liberdade de alterá-lo, pois isso acarretaria uma distorção da visão ou da mensagem do artista. Mas embora acredite nisso, ainda demonstra estar confuso quanto ao método a ser usado neste caso. Ele admite que existem obras que podem ser modificadas e que resultam num trabalho muito mais rico que o original, mas é difícil traçar uma linha que separe o que pode ser modificado e o que não pode. Cenários de jogos de computador, por exemplo, são o tipo de trabalho que, segundo ele, talvez possa permitir que qualquer um publique uma versão modificada. Já no caso de obras como romances literários talvez devam ser tratadas de forma diferente (idem).

---

56 No original: "By allowing the noncommercial verbatim copying, it means the copyright no longer has to intrude into everybody's home. It becomes an industrial regulation again, easy to enforce and painless, no longer requiring draconian punishments and informers for the sake of its enforcement. So we get most of the benefit, and avoid most of the horror, of the current system".

Outra proposta sua é estender o "uso justo" das obras. Isso funcionaria como uma forma de diminuir o poder do *copyright*, através da permissão da cópia não-comercial privada e em pequena quantidade, além da permissão de que essa cópia possa ser distribuída entre os indivíduos. Essa proposta teria, segundo ele, pouco efeito sobre as vendas das obras e impediria que a "polícia do copyright" invadisse a vida privada das pessoas (*Ibidem*, p. 85). O conceito de "uso justo", ou *fair use* em inglês, pertence à legislação norte-americana e consiste na permissão do uso de material protegido por *copyright*, em circunstâncias específicas como para fins educacionais, de pesquisa, para fins de crítica e comentário etc.[57]

Como veremos adiante, essa critica ao sistema de patentes e *copyright*, se justifica pela ideia de que compartilhar o conhecimento é um ato que define a nossa própria vida em sociedade, faz parte das necessidades dos indivíduos. Richard Stallman acredita que impor regras restritas a essa prática de compartilhar significa prejudicar o desenvolvimento social.

O compartilhamento como uma demanda social

A ideia de que vivemos na cibercultura ou em uma sociedade em rede, já é amplamente difundida por muitos pesquisadores contemporâneos. Pierre Lévy (1999) aponta a cibercultura como a nossa nova condição cultural, um novo estilo de humanidade, onde todos os humanos se encontram enredados em um único tecido aberto e interativo da rede. Manuel Castells (1999) descreve atualmente a nossa sociedade como uma sociedade informacional organizada em rede. E embora sociedades em rede já tenham existido anteriormente, a nossa se diferencia pela presença das novas tecnologias da informação, que fornecem a base material para a sua grande expansão. Por sua vez, Yochai Benkler (2006), trabalha com a noção de uma *network information economy*, onde se tem uma

---

57 Disponível em: <http://www.copyright.gov/title17/92chap1.html#107>. Acesso: 27 ago. 2013.

A tecnoutopia do software livre

produção amplamente distribuída pela sociedade em forma de rede e os computadores e a internet são onipresentes.

Algumas estatísticas recentes também nos ajudam a confirmar a condição apontada por estes teóricos: uma pesquisa de 2012 aponta que já somos 2,1 bilhões de usuários de internet no mundo,[58] ou seja, quase 30% da população mundial. Já um levantamento realizado em 2011, revela que o Brasil é o quinto em número de internautas, 75,9 milhões, 34% da população.[59] E segundo pesquisa publicada em 2012 pela Fundação Getúlio Vargas, o país já conta com 99 milhões de computadores, um para cada dois brasileiros.[60]

Esses números informam a dimensão da presença, ou da onipresença como afirma Benkler, das tecnologias da informação no nosso cotidiano. É notável a forma como essas tecnologias têm contribuído para a ascensão da comunicação como valor central na sociedade contemporânea e como elas têm se tornado, como lembra Philippe Breton (1992), cada vez mais incontornáveis. É também inegável o fato de que elas têm nos levado a repensar o modo como produzimos e compartilhamos o conhecimento.

O espaço construído por essas tecnologias representa um espaço coletivo e, em consequência, possibilita o trabalho cooperativo e o compartilhamento das informações. Esse perfil de produção e circulação das informações, ao mesmo tempo em que tem facilitado o desenvolvimento das comunidades, também tem fortalecido a autonomia dos indivíduos que nelas atuam. Neste sentido, a arquitetura da rede se transforma em

---

58   Disponível em : <http://tecnologia.uol.com.br/ultimas-noticias/redacao/2012/01/18/internet-atinge-21-bilhoes-de-usuarios-no-mundo-em-2011--aponta-consultoria.jhtm>. Acesso: 17 mai. 2012.

59   Disponível em : <http://info.abril.com.br/noticias/internet/brasil-e-o-quinto--pais-mais-conectado-do-mundo-22042012-7.shl?>. Acesso: 17 mai. 2012.

60   Disponível em : <http://g1.globo.com/jornal-da-globo/noticia/2012/04/brasil--alcanca-marca-de-99-milhoes-de-computadores.html>. Acesso: 17 mai. 2012.

um ambiente ideal para o florescimento do que Pierre Lévy chama de "inteligência coletiva": "a capacidade dos indivíduos compartilharem os conhecimentos e poder apontá-los uns para os outros" (1998, p. 28-29). Essas possibilidades de uma produção compartilhada fornecem uma base forte para o desenvolvimento de um movimento de defesa da produção de um conhecimento e de uma cultura livres. Como afirma Yochai Benkler, nesse ambiente da rede, que criou novas oportunidades para as formas como produzimos e trocamos informação, conhecimento e cultura, ganharam destaque a produção não-proprietária e não-merca-dológica e os indivíduos passaram a assumir papéis mais ativos e autô-nomos (2006, p. 2).

As possibilidades que as tecnologias digitais têm nos colocado desde o seu nascimento, servem de impulso para a emergência de movimentos defensores da construção de uma sociedade onde o conhecimento possa ser livre e acessível a todos. Essa cultura da rede tem, entre outras características, a emergência ou o reaparecimento de questões importantes em torno da criação coletiva; do papel do autor na obra; dos direitos de acesso aos bens culturais; da contestação do sistema de propriedade intelectual etc.

A questão da democratização da informação volta a se tornar uma pauta importante na nossa sociedade. As ferramentas digitais contribuíram para o reaparecimento do debate sobre a função e o uso justo da informação e do conhecimento. E uma parcela da sociedade passa a enxergar nas novas tecnologias, ferramentas preciosas para a concretização do que a gente poderia chamar de uma "utopia do conhecimento livre".

Esse cenário de fácil reprodutibilidade das informações, formado através do uso das ferramentas digitais, tem criado desafios para o sistema de propriedade intelectual. Ao mesmo tempo em que esse aparato tecnológico contribuiu para o aumento do lucro potencial das informações, ele também contribuiu para o desenvolvimento de uma demanda social por compartilhá-las. Mas o *copyright* e as leis de propriedade inte-

A tecnoutopia do software livre

lectual que possuímos hoje estão obsoletos para a nossa realidade, assim apontam vários defensores do conhecimento livre.

Richard Stallman defende que o *copyright* está obsoleto, não corresponde à cultura do digital, esse mecanismo foi criado no contexto da impressão, onde as cópias das informações aconteciam de maneira muito mais restrita, dessa forma, ele causava poucos danos, já que não prejudicava a maioria da sociedade. Hoje todos somos copiadores, isso faz parte da nossa cultura, as tecnologias digitais possibilitaram isso e o sistema de propriedade intelectual precisa se adaptar a essa nova realidade:

> O sistema de *copyright* cresceu com a impressão – uma tecnologia para cópia em massa. O *copyright* se encaixa bem com essa tecnologia por que ele restringia apenas os produtores de cópia em massa. Ele não tirava a liberdade dos leitores de livros. Um leitor comum, que não fosse dono de uma gráfica, poderia copiar livros somente com caneta e tinta, e poucos leitores foram enquadrados por isso. A tecnologia digital é mais flexível que a da imprensa: quando a informação está na forma digital, você pode facilmente copiá-la para compartilhar com os outros. Essa grande flexibilidade não se encaixa num sistema como o de *copyright*. Essa é a razão para as medidas cada vez mais severas e lamentáveis usadas para impor o *copyright* ao software (2002, p. 45, tradução nossa).[61]

---

61 No original: "The copyright system grew up with printing—a technology for mass production copying. Copyright fit in well with this technology because it restricted only the mass producers of copies. It did not take freedom away from readers of books. An ordinary reader, who did not own a printing press, could copy books only with pen and ink, and few readers were sued for that. Digital technology is more flexible than the printing press: when information has digital form, you can easily copy it to share it with others. This very flexibility makes a

Para RMS, a rede está nos oferecendo a oportunidade de acesso ilimitado a todos os tipos de dados, a possibilidade de realização da "utopia da informação". No entanto, o *copyright* representa um grande obstáculo no nosso caminho.[62] O *copyright*, na sua concepção, é um mecanismo "tirânico". Em vez de funcionar como uma regulação industrial sobre as empresas e controlada pelos autores, beneficiando o público; ele restringe o público em geral e é controlado principalmente pelas empresas em nome dos autores[63].

Sobre a representação do *copyright* como um obstáculo à criação e à própria circulação das informações, Garcia dos Santos (2007), define a metamorfose pela qual esse mecanismo passou ao longo dos anos (de proteção a obstáculo à inovação) como um processo relacionado ao nosso sistema econômico, que transforma a inovação em propriedade monopolizada. Assim, ele questiona:

> Como um mecanismo criado para proteger a invenção pode tornar-se um obstáculo a ela? Isso porque a transformação da proteção em obstáculo se explicita como a metamorfose da invenção-como-bem--da-humanidade em invenção-como-arma-da--competição, metamorfose que se dá no momento em que o valor tecnocientífico da invenção se "traduz" como propriedade monopolizada pelas corporações, por meio da linguagem jurídica (p. 44).

---

bad fit with a system like copyright. That's the reason for the increasingly nasty and draconian measures now used to enforce software copyright".

62 Disponível em: *E-Books: Freedom Or Copyright*. <http://www.gnu.org/philosophy/ebooks.html>. Acesso: 04 mai. 2013.

63 Disponível em: *Copyright versus Community in the Age of Computer Networks*. <https://www.gnu.org/philosophy/copyright-versus-community.html>. Acesso: 04 mai. 2013.

A tecnoutopia do software livre

É nessa perspectiva que RMS afirma que o uso do *copyright* é um exercício de poder e de dominação. A lei hoje garante que o detentor do *copyright* exerça poder sobre a sociedade, impondo regras sobre todas as outras pessoas. Regras que negam e restringem a sua liberdade.[64] Esse poder seria legitimado a partir da ideia de que o autor ou o detentor[65] do *copyright* tem direitos naturais inquestionáveis sobre sua obra. Como vimos, Richard Stallman afirma que esse é um argumento muito usado pelas empresas de *software* para justificar o seu poder sobre os usuários. Ele também chama a atenção para o fato de que a tradição legal rejeita essa visão. O *copyright* não tem nada de natural, na verdade, é uma ferramenta artificial criada pelo Estado, um monopólio imposto por ele para limitar o "direito natural dos usuários" de copiarem (2002, p. 16).

Em contraposição a essa ideia de que os autores teriam direitos naturais sobre suas obras, Stallman defende que quem possui tais direitos é o público. Ele afirma que como um autor, ele rejeita a ideia romântica de que os autores são "criadores semidivinos" (*Ibidem*, p. 86).

Sobre esse *status* do autor em nossa sociedade, Michel Foucault (2009) destaca que um dos motivos pelos quais o autor se estabeleceu como uma autoridade, foi pela necessidade de proteger o conhecimento como "um bem preso num circuito de propriedades". Foucault afirma também, que a constituição da ideia do autor, tal como a conhecemos hoje, está ligada a um sistema jurídico e institucional específico. Ele teria

---

64 Disponível em: *Freedom or Power?*. <http://www.gnu.org/philosophy/freedom-or-power.en.html>. Acesso: 04 mai. 2013.

65 É necessário que seja feita aqui a distinção entre o autor de uma obra e aquele que detém o seu copyright. Nem sempre é o autor da obra que detém os direitos de uso sobre ela. Como o *copyright* pode ser vendido, muitas vezes, empresas detém esses direitos em vez do autor da obra. É muito comum que empresas de tecnologia detenham o *copyright* de um *software* que foi escrito por um de seus funcionários. Ou que gravadoras de músicas detenham o *copyright* de músicas ao invés dos músicos que a escreveram.

origem entre o final do século XVIII e início do XIX, período em que o regime de propriedade para os textos foi instaurado; assim como as primeiras regras restritas sobre os direitos autorais, direitos de reprodução etc. Há um ponto digno de nota no argumento de RMS sobre os direitos naturais do público. Segundo sua opinião, os autores ou os detentores do *copyright* não têm direito natural de restringir os usos de suas obras. Restringi-los é limitar um "direito natural" de copiar e compartilhar que todos nós usuários temos. Mas essa contestação da autoridade, ou dos direitos do autor sobre sua obra, implica, muitas vezes, na noção de que os autores não tem o direito de controlar como a sua criatividade é usada; ou ainda, que eles não mereçam ser pagos ou recompensados por essa criatividade.

No Manifesto GNU, Stallman explica, no entanto, que na verdade não está defendendo que os programadores trabalhem de graça ou que eles não mereçam ser recompensados pelo seu trabalho. E sim que os programadores não explorem seus usuários e nem usem meios destrutivos para conseguirem um pagamento pelo seu trabalho. Para ele, "o desejo de ser recompensado pela minha criatividade não justifica privar o mundo em geral, de toda ou de parte dessa criatividade" (2002, p. 36, tradução nossa).

RMS acredita que os programadores merecem ser recompensados por criarem programas inovadores, mas merecem ser punidos se restringirem o uso desses programas. Controlar o uso das ideias de alguém representa para ele, controlar também a vida das outras pessoas e tornar essa vida mais difícil (*Ibidem*, p. 37). Em outras palavras, a demanda social por acesso ao conhecimento deve ter prioridade sobre as demandas particulares de recompensa pela produção dele.

Na verdade, Stallman enxerga o ato de compartilhar os resultados da sua criatividade, ou do seu trabalho, como um dever de todo bom cidadão. Essa partilha é uma contribuição que deve ser feita à sociedade, proibi-la ou dificultá-la é "atacar" à sociedade. Cada programa proprie-

A tecnoutopia do software livre

tário ou cada informação não compartilhada é para ele um "problema social". "Um programa livre pertence ao conhecimento humano. Um programa proprietário, não. É conhecimento secreto, roubado da humanidade.", afirma ele (INPROPRIETÁRIO, 2008). Essa concepção que RMS defende, de que o conhecimento é um bem social do qual ninguém deveria ser privado, é uma concepção, que, como lembra Olgária Matos (2007), remonta à tradição grega, onde "o conhecimento é definido, por sua estrutura, como o 'próprio do homem' – gênero e indivíduo –, não pertencendo a ninguém, constituindo um bem comum de todos e da humanidade, de que cada homem deve poder se apropriar" (p. 26).

A afirmação de Stallman de que os atos de compartilhar e copiar são naturais para o ser humano, é endossada por dois teóricos que também discutem o tema. O primeiro deles é Yochai Benkler, que não só endossa a ideia de que o compartilhamento é uma prática "humana onipresente", como joga luz sobre a relação desta prática com as tecnologias, sobretudo como a tecnologia digital. Para Benkler (2006), o compartilhamento depende da tecnologia, mas, apesar disso, a tecnologia não o determina. O papel que essa prática desempenhará na economia vai depender também das mudanças tecnológicas que acontecem. Ele explica:

> Dizer que o compartilhamento depende da tecnologia não é negar que ele é um fenômeno onipresente. O compartilhamento é tão profundamente enraizado em muitas de nossas culturas que seria difícil argumentar que com as contingências tecnológicas "certas" (ou talvez "erradas"), ele simplesmente desapareceria. A minha afirmação, entretanto, é mais modesta. É a de que o papel econômico relativo do compartilhamento muda com a tecnologia. Há condições tecnológicas que exigem mais ou menos capital, em pacotes maiores ou menores, para efetivo provisionamento dos bens, serviços e recursos que as pessoas valorizam. Conforme essas condições

> mudam, o escopo relativo às práticas de compartilhamento social para desempenhar um papel na produção, muda. Quando bens, serviços e recursos são muito dispersos, seus proprietários podem escolher se relacionar com os outros através de compartilhamento social, em vez de mercados ou uma relação formal ou baseada no estado, porque os indivíduos têm à sua disposição os recursos necessários para se relacionarem em tal comportamento, sem recorrer aos mercados ou ao poder de tributação do estado (p. 120, tradução nossa).[66]

Como Benkler defende, as mudanças tecnológicas influenciam no papel que o compartilhamento exercerá na sociedade. Dependendo das mudanças que ocorram, o compartilhamento pode ser mais ou menos privilegiado em determinado momento histórico. Como já apontamos aqui, a conjuntura tecnológica atual favorece esse tipo de prática, fortalece a cultura do compartilhamento que, como Benkler destacou, é mais forte ou mais fraca dependendo do contexto tecnológico, mas que não é uma prerrogativa da sociedade digital. Esta é uma prática que atravessa

---

66 No original: "To say that sharing is technology dependent is not to deny that it is a ubiquitous human phenomenon. Sharing is so deeply engrained in so many of our cultures that it would be difficult to argue that with the "right" (or perhaps "wrong") technological contingencies, it would simply disappear. My claim, however, is narrower. It is that the relative economic role of sharing changes with technology. There are technological conditions that require more or less capital, in larger or smaller packets, for effective provisioning of goods, services, and resources the people value. As these conditions change, the relative scope for social-sharing practices to play a role in production changes. When goods, services, and resources are widely dispersed, their owners can choose to engage with each other through social sharing instead of through markets or a formal, state-based relationship, because individuals have available to them the resources necessary to engage in such behavior without recourse to capital markets or the taxation power of the state".

A tecnoutopia do software livre

todos os períodos históricos. Não é algo novo, que aparece em função do uso das tecnologias digitais. Portanto, o que vemos acontecer hoje, é a estrutura altamente distribuída dos sistemas computacional e comunicacional, contribuir sobremaneira para o aumento da importância do compartilhamento social na nossa economia (*Ibidem*, p. 121).

O outro teórico ao qual nos referíamos é Kirby Ferguson, que, na verdade, é mais conhecido por suas produções videográficas sobre o tema. Em 2011, Ferguson produziu uma série de web vídeos chamada *Everything is a remix* (Tudo é um *remix*). A série é composta por quatro pequenos vídeos (que variam entre 7 e 15 minutos) que têm como tema principal a natureza da criação. Ao longo desses vídeos, ele explica que tudo o que produzimos na sociedade é fruto de *remix*, ou seja, de (re)mistura. Ao afirmar isso, ele está dizendo que os indivíduos em seu processo de criação copiam, misturam e remisturam o tempo inteiro. Portanto, todas as obras e todo o conhecimento que produzimos, seriam, na sua concepção, uma combinação ou recombinação de obras e/ou ideias já existentes.

Ferguson afirma que apesar dos mitos que envolvem o processo criativo, esse processo se baseia muito mais na cópia do que na genialidade ou na mágica. Como ele próprio explica:

> O ato da criação está envolto em uma névoa de mitos: que a criatividade vem através da inspiração, que criações originais quebram o molde, que se trata do trabalho de gênios e que aparece tão rápido quanto a eletricidade chega aos filamentos. Mas a criatividade não é mágica. Ela surge aplicando ferramentas comuns de pensamento em materiais já existentes. O solo de onde brota nossa criação é algo que desprezamos e desentendemos, apesar dele nos

oferecer tanto; e isso é copiar. Colocado simplesmente, copiando é como aprendemos.[67]

O termo *remix* usado por ele foi pego de empréstimo da música *hip hop* dos anos 1970. Esse termo foi sendo ressignificado ao longo dos anos e hoje é usado para se referir à (re)mistura em qualquer área de criação. Com a popularização da internet, o termo e a prática de remixagem (seja de música, vídeo, texto, foto) se tornaram também muito mais populares. Um *remix* hoje pode ser feito por qualquer um e pode ser distribuído para qualquer lugar do mundo, sem que para isso seja preciso utilizar ferramentas caras ou algum tipo de distribuidor, nem mesmo habilidades são necessárias: "Remix é arte popular – qualquer um pode fazê-lo. Ao mesmo tempo essas técnicas – coletar material, combiná-lo, transformá-lo – são as mesmas usadas em qualquer nível de criação",[68] afirma Ferguson.

Tal como acredita RMS, Kirby Ferguson defende que essas práticas de cópia, (re)combinação e compartilhamento, que têm sido favorecidas pela estrutura do ambiente digital, são desencorajadas e/ou impedidas pelo sistema de propriedade intelectual vigente. O ato de remixar ou recombinar, via de regra, contraria os interesses daqueles que detém o *copyright* de uma obra e que, portanto, detém o controle sobre o uso que o público pode fazer dela. Para ele, as leis atuais de propriedade intelectual entravam o desenvolvimento criativo, são um obstáculo ao impulso natural que temos de remixar ou recombinar as coisas, pois elas tratam as ideias como algo pertencente a um único indivíduo e não como um produto de derivação. Sob sua perspectiva, portanto, "as obras criativas podem ser uma espécie de propriedade, mas é propriedade

---

67 Disponível em: <http://www.everythingisaremix.info/watch-the-series/>. Acesso: 10 out. 12.

68 *Idem.*

que todos nós construímos".[69] As obras criativas são, antes de tudo, uma construção coletiva, portanto, deveriam ser tratadas, em primeiro lugar, como uma propriedade coletiva, o que implica dizer que o acesso a elas deveria ser garantido a todos.

Para arrematar o seu argumento, Ferguson utiliza em um de seus vídeos, uma famosa frase de Isaac Newton, na qual ele afirma que o seu trabalho só foi possível devido aos trabalhos feitos pelos cientistas que o precederam. Para Ferguson, ao dizer que nos apoiamos em ombros de gigantes, Newton estava atestando que "criação requer influência".[70] Essa metáfora de Newton também é muito conhecida entre os economistas como o "efeito sobre os ombros de gigantes", conforme afirma Yochai Benkler (2006). Isso porque ela é apontada como uma das características do processo de produção da informação enquanto fenômeno econômico. Em seu livro *The Wealth of Networks* (A Riqueza das Redes) Benkler também aponta para o caráter derivativo e combinativo que caracteriza o processo produtivo da informação.

Como exemplo de informação ou conhecimento que passa por esse processo infinito de recombinação, podemos apontar o próprio *software*. Para Laymert Garcia dos Santos (2007), o *software* é um trabalho recombinado, sempre em progresso, que se diferencia de outras "invenções integrais", que não passam por processos constantes de recombinação ou produção coletiva. Assim, ele explica:

> ... sendo "máquinas implementadas como texto", os *softwares* não são inteiramente criados, mas antes se constituem como recombinações de informações digitais que já existiam em outras configurações. (...)

---

69   Disponível em:< http://www.ted.com/talks/kirby_ferguson_embrace_the_re-mix.html>. Acesso: 07 out. 2012.

70   Disponível em: *Everything is a Remix Part 2*. <http://vimeo.com/19447662>. Acesso: 14 jul. 2013.

> Os "atributos especiais do *software*", contudo, fazem que ele nunca seja um produto acabado, mas sim um verdadeiro *work in progress* cuja natureza processual se corporifica particularmente na modulação, isto é, na sua capacidade de ir se inventando em sintonia com o fluxo de inputs que recebe na interação com outras máquinas e os outros seres humanos, sob a forma de informações, ou seja, de diferenças que fazem a diferença. Em suma: a invenção de um *software* só se cristaliza e se "completa" graças a uma violência arbitrária que impede a continuidade das operações de recombinação e de modulação. Nesse sentido, quando se barra a possibilidade de outros criadores, consumidores e usuários desenvolverem as virtualidades dos componentes de um programa que ainda não foram atualizadas, o que se veta é muito mais do que o acesso a algo "dado" – o que fica comprometido é o próprio devir de um conhecimento que não pode se formular e se concretizar (p. 47-8).

A fala de Garcia dos Santos aponta para as restrições que o nosso sistema de propriedade intelectual estabelece sobre os *softwares*, como sendo uma violência arbitrária que os impede de seguir o seu processo "natural" de desenvolvimento. Essa concepção também é muito semelhante ao que pensa Richard Stallman. O *software* que tem o seu acesso restrito, representa um conhecimento humano que deixa de ser desenvolver. Para que essa situação seja contornada, Stallman sugere que a nossa sociedade cultive a cooperação como um valor, uma prática a ser estimulada e preservada.

Através da cooperação podemos alcançar uma sociedade melhor. Uma sociedade que não coopera e que não compartilha o conhecimento que produz é, para Stallman, uma sociedade com problemas. Assim, ele acredita e defende a ideia de que a "cooperação é mais importante que *copyright*", mas ela precisa se tornar uma prática generalizada e comum. Ela

A tecnoutopia do software livre

precisa ser uma espécie de cultura e não a prática isolada de uma minoria, mas algo do qual cada indivíduo deveria se orgulhar. "Cooperação restrita não contribui para uma boa sociedade. Uma pessoa deve desejar viver uma vida correta abertamente com orgulho, e isso significa dizer 'Não' ao software proprietário" (2002, p. 48-9, tradução nossa),[71] afirma ele.

Em entrevista concedida à revista *BYTE*,[72] em julho de 1986, ao ser questionado sobre as restrições impostas pela GPL aos que desejam produzir derivações a partir de um *software* livre, Richard Stallman afirma o seu desejo de que as pessoas compartilhem o software, ou o conhecimento de modo geral, não porque sejam "obrigadas"[73] pelo mecanismo do *copyleft* e pela lei na qual ele se baseia; mas por uma espécie de consciência de que isso seria o correto. O uso insistente por parte dele da expressão "pessoa integra" (*upright person*), atesta que o sentido do compartilhamento para ele é, antes de tudo, ético.

Stallman enxerga o seu projeto de *software* livre como um recurso de proteção dos direitos da sociedade, no que toca ao acesso ao conhecimento, e como uma forma de estabelecer uma nova ética neste campo. Assim, ele classifica o *software* proprietário, que não permite aos seus usuários compartilhar, como antissocial e antiético:

> A ideia que o sistema social do software proprietário
> – o sistema que diz que você não tem a permissão de
> compartilhar ou alterar o software — é antissocial,

---

71 No original: "...closet cooperation does not make for a good society. A person should aspire to live an upright life openly with pride, and this means saying "No" to proprietary software".

72 Disponível em: *BYTE Interview with Richard Stallmam..* <http://www.gnu.org/gnu/byte-interview.html>. Acesso: 19 jun. 2013.

73 Na verdade, o *copyleft* não te obriga a publicar as alterações, adições ou derivações que você fizer no *software* livre, mas caso você deseje publicá-las, deve obedecer ao que estabelece a GPL: que programas derivados devem ser publicados sob a mesma licença do *software* original.

que é antiético, que é simplesmente errado, pode ser vista como uma surpresa para alguns leitores. Mas o que mais poderíamos dizer sobre um sistema que divide o público e mantém os usuários desamparados? (2002, p. 16, tradução nossa).[74]

É muito comum também, Stallman recorrer a uma metáfora que compara receitas culinárias a códigos de *software* para reforçar o seu argumento de que impedir as pessoas de compartilhar as receitas ou os códigos, é interferir na decência delas:

> Imagine o que seria das receitas se elas fossem colocadas em caixas pretas (...). Você não poderia ver quais ingredientes elas usavam, muito menos alterá-los, e imagine se você fizesse uma cópia para um amigo. Eles chamariam você de pirata e tentariam colocá-lo na prisão por anos. Esse mundo criaria muita revolta de todas as pessoas que costumam compartilhar receitas. Mas é exatamente assim que o mundo do software proprietário é. Um mundo no qual a decência comum para com as outras pessoas é proibida ou impedida. (WILLIAM, 2002, p. 13, tradução nossa).[75]

---

74 No original: "The idea that the proprietary-software social system—the system that says you are not allowed to share or change software—is antisocial, that it is unethical, that it is simply wrong, may come as a surprise to some readers. But what else could we say about a system based on dividing the public and keeping users helpless?".

75 No original: "Imagine what it would be like if recipes were packaged inside black boxes (...). "You couldn't see what ingredients they're using, let alone change them, and imagine if you made a copy for a friend. They would call you a pirate and try to put you in prison for years. That world would create tremendous outrage from all the people who are used to sharing recipes. But that is exactly what the world of proprietary software is like. A world in which common decency towards other people is prohibited or prevented".

A tecnoutopia do software livre

Mas essa comparação feita por Stallman, só é válida do ponto de vista metodológico, umas vez que receitas e códigos-fonte são basicamente um conjunto de instruções a serem seguidas, passo a passo, para se completar uma tarefa. No que diz respeito ao valor econômico, obviamente uma receita culinária não representa na nossa sociedade o mesmo que o código-fonte de um *software*. Quem detém o controle de uso de um código-fonte, pode deter também, no nosso atual sistema "capitalista informacional", uma fonte de lucro quase inesgotável. Como lembra Gilberto Dupas (2007), o controle estabelecido pelo sistema de propriedade intelectual "é um dos pilares sobre o qual repousa o modelo de acumulação da economia global" (p. 15).

O perfil político-ideológico de Richard Stallman

Como já mencionamos, a confusão gerada pelo significado dúbio da palavra *free* leva muitas pessoas a se equivocarem sobre a filosofia ou a ideologia do Projeto GNU. O desconhecimento da história do projeto, ou mesmo das liberdades básicas do *software* livre, muitas vezes implica a sua classificação como anticorporativo, anticomercial e até anticapitalista. Não é raro o projeto, ou as pessoas que o defendem, serem rotulados de "comunista",[76] "anarquista", ou mesmo o termo *free software* ser confundido com *freeware*.[77]

---

76 Há rumores de que uma das principais responsáveis por disseminar essa ideia que associa o *software* livre ao comunismo é a empresa Microsoft. Em 2000, o então presidente executivo da empresa, Steve Ballmer, teria afirmado que o Linux, um dos *softwares* livres mais usados hoje, era comunista. Segundo algumas fontes na internet, Ballmer teria afirmado que: "O Linux é um competidor muito forte. Ele tem uma característica do comunismo que todos adoram, é livre". Disponível em: <http://www.theregister.co.uk/2000/07/31/ms_ballmer_linux_is_communism/>. Acesso: 05 jul. 2013.

77 O *freeware* (*free* + *software*) é um programa que pode ser usado sem a necessidade obrigatória de pagamento de licença, mas que geralmente possui os direi-

Em um de seus textos, publicado inicialmente em 1999 e republicado em 2002, Richard Stallman procura esclarecer que essa relação de oposição entre o *free software* e o capitalismo não é verdadeira: "a filosofia do software livre rejeita uma prática específica de negócios muito difundida, mas ele não é contra a prática comercial. Quando as empresas respeitam a liberdade dos usuários, nós desejamos que elas tenham sucesso" (2002, p. 22, tradução nossa).[78] Essa afirmação foi feita em um momento importante para a história do movimento *software* livre, em meio a uma divisão do movimento em duas correntes, o *free software* e o *open source* (código aberto), assunto do qual trataremos melhor em outro tópico. Ao afirmar que o *free software* não se pretende anticomercial ou anticorporativo, Stallman estabelecia um discurso em oposição às acusações de vários simpatizantes do *open source*, de que ele e o seu projeto seriam de ideologia comunista ou seriam contrários aos negócios.

Essa acusação revela uma tensão, tanto entre grupos que defendem o movimento, quanto entre as pessoas que defendem o modelo de negócios baseado no *software* proprietário. A classificação do *software* livre de acordo com essas ideologias procura associá-lo com uma imagem negativa que remete a utopias do século XX, que não tiveram sucesso nas suas tentativas de concretização e que, muitas vezes, estão associadas a memórias de horror, totalitarismos e radicalismos. Esse tipo de classificação funciona, muitas vezes, como uma forma de desqualificar o movimento ou criar certa confusão a respeito dos significados que ele possa assumir em cada região do mundo.

Usaremos aqui algumas entrevistas concedidas por Stallman para que possamos demonstrar como é comum a associação entre o *software*

---

tos de uso restrito e o código fechado. Disponível em: <http://en.wikipedia.org/wiki/Freeware>. Acesso: 23 jun. 2013.

78 No original: "The free software philosophy rejects a specific widespread business practice, but it is not against business. When businesses respect the users' freedom, we wish them success".

A tecnoutopia do software livre

livre e o anticapitalismo, ou entre ele e os movimentos de esquerda, assim como também para mostrar como o próprio Stallman se posiciona em relação a essa questão. As entrevistas foram realizadas entre os anos de 2003 a 2005.

O trecho a seguir é de uma entrevista de 2004 e nela é possível perceber pela pergunta feita a RMS, que o entrevistador aponta uma relação importante entre o movimento *software* livre e outros movimentos de esquerda no mundo. Ele pergunta: "Você já considerou que o movimento software livre é vital para movimentos de oposição no mundo, que são contra prática corporativa, militarismo, capitalismo etc.?" (tradução nossa).[79] A resposta de Richard Stallman é direta e contém talvez a revelação de pelo menos um dos motivos que levam muitos a pensarem o *software* livre como um movimento de esquerda; e que levam também muitos esquerdistas a simpatizarem com a causa:

> Bem, nós não somos contra o capitalismo como um todo. Nós somos contra subjugar as pessoas que usam computadores, uma prática comercial particular. Há empresas, grandes e pequenas, que distribuem software livre e contribuem com ele, e elas são bem-vindas para usá-lo, para vender cópias e nós agradecemos a elas por contribuírem. *Entretanto, o software livre é um movimento contra a dominação, não necessariamente contra a dominação corporativa, mas contra qualquer dominação.* Os usuários não deveriam ser dominados pelos desenvolvedores de software, sejam estes empresas ou indivíduos, universidades ou o que for. Os usuários não devem

---

79 No original: "Have you considered that the Free Software movement is vital to oppositional movements in the world that are against corporate rule, militarism, capitalism etc.?". Disponível em: *Interview with Richard Stallman*. <http://www.gnu.org/philosophy/rms-interview-edinburgh.html>. Acesso: 11 jul. 2013.

ser mantidos divididos e desamparados. E é isso que o software não livre faz; ele mantém os usuários divididos e desamparados. Divididos porque você está proibido de compartilhar cópias com qualquer outra pessoa e desamparado porque você não tem o código-fonte. Então, você não pode nem mesmo dizer o que o programa faz, e muito menos alterá-lo. Portanto, definitivamente há uma relação. Nós estamos trabalhando contra a dominação por desenvolvedores de software, muitos desses desenvolvedores são corporações. E algumas grandes corporações exercem uma forma de dominação através de software não livre (grifo e tradução nossa).[80]

Ao afirmar que o *software* livre na verdade luta contra "qualquer tipo de dominação", RMS permite uma identificação de outros movimentos à esquerda com a causa do *free software*; e também aparentemente marca uma distância entre o movimento *software* livre e outros movimentos que não são de esquerda. Digo "aparentemente" porque essa distância,

---

80 No original: "Well, we are not against capitalism at all. We are against subjugating people who use computers, one particular business practice. There are businesses, both large and small that distribute free software, and contribute to free software, and they are welcome to use it, welcome to sell copies and we thank them for contributing. However, free software is a movement against domination, not necessarily against corporate domination, but against any domination. The users of software should not be dominated by the developers of the software, whether those developers be corporations or individuals or universities or what. The users shouldn't be kept divided and helpless. And that's what nonfree software does; It keeps the users divided and helpless. Divided because you are forbidden to share copies with anyone else and helpless because you don't get the source code. So you can't even tell what the program does, let alone change it. So there is definitely a relationship. We are working against domination by software developers, many of those software developers are corporations. And some large corporations exert a form of domination through nonfree software". *Idem.*

A tecnoutopia do software livre

como veremos mais adiante, é contornada pelo uso de uma palavra-chave também muito comum em seus discursos, a palavra "liberdade". A segunda entrevista foi feita um ano depois da primeira, em 2005. Nela, Stallman esclarece um pouco mais sobre sua posição política em relação ao sistema econômico atual. A pergunta inicial do entrevistador pede para que Stallman explique o que ele entende por capitalismo, a sua resposta parece intrigar o entrevistador e dar o tom das perguntas seguintes:

> JP: Eu li outras entrevistas com você nas quais você disse não ser anticapitalista. Eu acho que uma definição de capitalismo poderia nos ajudar aqui.
> RMS: Capitalismo é organizar a sociedade principalmente em torno de práticas comerciais que as pessoas são livres para fazer dentro de certas regras.
> JP: Negócios?
> RMS: Eu não tenho uma definição exata de práticas comerciais. Eu acho que nós sabemos o que elas significam (tradução nossa).[81]

O entrevistador segue então as perguntas ao que parece um pouco surpreso e insatisfeito com a reposta de Stallman, talvez a considerando um pouco simplista. Na pergunta seguinte, ele parece sugerir a Stallman que o capitalismo é algo mais complexo do que apenas "práticas comerciais", e o indaga sobre a importância da questão das classes para esse sistema:

---

81 No original: "JP: I have read other interviews with you in which you said you are not anti-capitalist. I think a definition of capitalism might help here. RMS: Capitalism is organizing society mainly around business that people are free to do within certain rules. JP: Business? RMS: I don't have a definition of business ready. I think we know what business means". Disponível em: *Free Software as a Social Movement*. <http://www.zcommunications.org/free-software-as-a-social--movement-by-richard-stallman>. Acesso: 22 jul. 2013.

> JP: -- Mas "anticapitalistas" usam uma definição diferente. Eles veem o capitalismo como mercados, propriedade privada e, fundamentalmente, divisão e hierarquia de classes. Você vê a classe como fundamental para o capitalismo? RMS: Não. Nós tivemos muita mobilidade social, mobilidade de classe, nos Estados Unidos. Classes fixas – que eu não gosto – não são um aspecto necessário do capitalismo. Entretanto, eu não acredito que você possa usar a mobilidade social como uma desculpa para a pobreza. Se alguém que é muito pobre tem 5% de chance de ficar rico, isso não justifica negar a essa pessoa comida, abrigo, roupa, cuidados médicos, ou educação. *Eu acredito no welfare state* (grifo e tradução nossa).[82]

Na pergunta o entrevistador já estabelece de antemão a diferença entre o discurso de Stallman e o discurso dos anticapitalistas, quando afirma que ambos têm definições diferentes a respeito do que seria o capitalismo. A resposta de Stallman revela, na verdade, que ele não condena o capitalismo como um todo (não sendo, portanto, nem comunista e nem socialista) e também não se opõe a existência do Estado (não sendo, portanto, anarquista). Ao invés disso, sua crença é depositada no estado de bem-estar social (*welfare state*), ou seja, diferente do que

---

82 No original: "JP: —But 'anti-capitalists' use a different definition. They see capitalism as markets, private property, and, fundamentally, class hierarchy and class division. Do you see class as fundamental to capitalism? RMS: No. We have had a lot of social mobility, class mobility, in the United States. Fixed classes – which I do not like – are not a necessary aspect of capitalism. However, I don't believe that you can use social mobility as an excuse for poverty. If someone who is very poor has a 5% chance of getting rich, that does not justify denying that person food, shelter, clothing, medical care, or education. I believe in the welfare state". *Idem.*

A tecnoutopia do software livre

muitos costumam dizer a seu respeito, RMS não se assume como um anticapitalista ou como um comunista, ele sequer considera a questão da divisão de classes como importante e/ou definidora do capitalismo. Suas crenças políticas estão relacionadas à ideia de que as desigualdades sociais, causadas pelo sistema econômico vigente, possam ser contornadas pela política do *welfare state*. A definição de *welfare state*, segundo o sociólogo Gøsta Esping-Andersen (1991) envolve a questão da responsabilidade do Estado no sentido de garantir o bem-estar básico de seus cidadãos, sem que necessariamente essa política garanta a igualdade entre eles ou a sua emancipação.

No entanto, embora não possamos considerar Richard Stallman como um comunista/socialista ou anarquista, por outro lado podemos identificá-lo a partir de suas tendências esquerdistas. Em entrevista concedida em 2003, ele afirma que pertence à esquerda e que gostaria de dizer que a ideia do Projeto GNU é da esquerda, mas reconhece que o *software* livre não é somente uma pauta da esquerda, quando afirma que nos Estados Unidos, por exemplo, a maioria dos interessados no assunto é da direita:

> GSMBOX: O software livre está mudando o relacionamento entre a direita e a esquerda?
>
> Pertencendo à esquerda, eu gostaria de dizer que a ideia é da esquerda, mas nos EUA a maioria daqueles que está interessado em software livre estão na direita, e são liberais. Eu não concordo com eles, acho que nós devemos cuidar dos pobres, dos doentes, e não deixar as pessoas morrerem de fome.
>
> GSMBOX: Parece que a direita vê a questão do software livre de forma diferente...
>
> Isso é outra coisa. *Software livre não está na direita nem na esquerda* (grifo nosso).[83]

---

83 Cf. nota 105.

Essa afirmação não só reforça a identificação do movimento *software* livre com os movimentos de esquerda, mas também atesta o caráter plural e agregador que o movimento possui. Ao afirmar que a maioria dos norte-americanos interessados em *software* livre é da direita, Stallman confirma que o modelo de desenvolvimento de *software* livre contempla ambas as alas, esquerda e direita; mas ao mesmo tempo não levantaria a bandeira de nenhuma das duas. A bandeira que Richard Stallman e o GNU levantam e representam, no entanto, está relacionada a uma questão muito mais ampla e genérica e que extrapola a dicotomia esquerda/direita.

Em todos os discursos de RMS, veremos o uso constante da palavra "liberdade", muitas vezes acompanhada das palavras igualdade, justiça, ética, cooperação e solidariedade. O uso dessas palavras, separadamente ou em conjunto, não é inocente ou pura coincidência, ele remete a um conjunto de valores que nortearam o processo histórico de declaração de independência dos Estados Unidos, no século XVIII. Em um texto intitulado *The GNU GPL and the American Way* (A GNU GPL e o Modo Americano de Viver), Stallman explica que o movimento *software* livre é filho do século XX, mas que foi inspirado nesses ideais setecentistas:

> O Movimento de Software Livre foi fundado em 1984, mas sua inspiração vem dos ideais de 1776: liberdade, comunidade e cooperação voluntária. Isto é o que leva à livre empresa, à liberdade de expressão e à liberdade de software. Assim como em "livre empresa" e "liberdade de expressão", o "livre" de "software livre" se refere à liberdade, e não a preço; especificamente, isso quer dizer que você tem a liberdade de estudar, mudar e redistribuir o software que utilizar. Essas liberdades permitem que cidadãos ajudem a si mesmos e uns aos outros, e dessa forma participem de uma comunidade. Isto estabelece um contraste com o software proprietá-

A tecnoutopia do software livre

rio mais comum, que mantém os usuários indefesos e divididos: o funcionamento interno é secreto, e você está proibido de compartilhar o programa com seu vizinho. Um software poderoso e confiável e uma tecnologia avançada são subprodutos úteis da liberdade, mas a liberdade de ter uma comunidade é tão importante quanto. (...) Por uma questão de cooperação, incentivamos as pessoas a modificar e ampliar os programas que publicamos. Por uma questão de liberdade, determinamos a condição de que essas versões modificadas de nossos programas devem respeitar você assim como a versão original. Nós incentivamos uma cooperação de mão dupla rejeitando parasitas: quem desejar copiar partes de nosso software em seu programa deve nos deixar utilizar partes desse programa em nossos programas. Ninguém é forçado a entrar para nosso clube, mas aqueles que desejam participar devem nos oferecer a mesma cooperação que recebem de nós. Isso torna o sistema justo.[84]

Ainda no mesmo texto ele faz uma referência a uma figura importante da história norte-americana, Abraham Lincoln. Usa uma frase de Lincoln para embasar a sua defesa dos "direitos da sociedade", em oposição aos "direitos de propriedade" que ameaçam as liberdades do público:

Ele [o copyright] não pode justificar negar as liberdades importantes do público. Como disse Abraham Lincoln, "Sempre que houver conflito entre direitos humanos e direitos de propriedade, os direitos humanos devem prevalecer."[85]

---

84 Cf. nota 111.

85 *Idem.*

Porque citar uma frase de Abraham Lincoln? Essa referência pode ser explicada pelo que Lincoln representa na história norte-americana. Ele foi o presidente responsável pela abolição da escravatura nos Estados Unidos e também é conhecido na história como um grande defensor dos ideais de liberdade, igualdade e justiça, que marcaram o processo de independência do país. Portanto, Lincoln representa para Stallman, e seu projeto de *software* livre, uma importante referência no que diz respeito a essas questões de liberdade e igualdade.

Durante outra entrevista realizada em 2004,[86] quando questionado sobre quais eram as crenças que o orientavam e que o guiavam no sentido de devotar a sua vida inteira para a defesa do *software* livre, Richard Stallman faz referência a dois tipos de ambientes para explicar de onde vieram suas influências. O primeiro deles já foi apresentado aqui, é a comunidade de programadores do MIT, da qual fez parte nos anos 1970. O segundo foi o ambiente de intensas transformações que marcaram os anos 1960 nos Estados Unidos. RMS afirma que por ter crescido durante essa década, ele também foi exposto aos ideais de liberdade que marcaram o país na época.

Em sua biografia, no entanto, ao relembrar sua juventude nos anos 1960, ele afirma que não gostava muito da contracultura, em especial das tendências que ele chama de anti-intelectualista e tecnofóbica desse movimento:

> Eu não gostava muito da contracultura (...). Eu não gostava da música. Eu não gostava das drogas. Eu tinha medo das drogas. Eu não gostava, sobretudo, do anti-intectualismo e do preconceito contra a tecnologia. Afinal de contas, eu amava o computador. E eu não gostava do irracional antiamericanismo que eu frequentemente encontrava. Havia pessoas que pen-

---

86   Cf. nota 152.

A tecnoutopia do software livre

> savam de forma tão simplista que se elas desaprovas-
> sem a conduta dos EUA na Guerra do Vietnã, elas
> tinham que apoiar os norte-vietnamitas. Elas não
> poderiam imaginar uma posição mais complicada,
> eu acho (WILLIAMS, 2002, p. 27, tradução nossa).[87]

Outro fato interessante sobre o perfil ideológico de Richard Stallman, diz respeito ao seu processo de transformação em defensor da liberdade com tendências esquerdistas. A própria mãe de Stallman afirma que quando ele era jovem costumava ser conservador, mesmo tendo crescido nos EUA dos anos 60 e sido exposto aos ideais de liberdade dessa década. Na verdade, durante entrevista recente,[88] ele afirmou que não era um defensor da liberdade até antes de 1983, quando idealizou o GNU. Como confirma sua mãe ao biógrafo dele, Sam Williams, Stallman já teve um perfil oposto ao que tem hoje:

> Ele era tão conservador (...). Eu fazia parte do
> primeiro grupo dos professores da escola pública
> da cidade que conseguiram formar um sindicato,
> e Richard ficou muito zangado comigo. Ele via os
> sindicatos como corruptos. Ele também era contra
> a previdência social. Ele achava que as pessoas po-
> deriam fazer muito mais dinheiro investindo por

---

87 No original: "I didn't like the counter culture much (...) I didn't like the music. I didn't like the drugs. I was scared of the drugs. I especially didn't like the anti–intellectualism, and I didn't like the prejudice against technology. After all, I loved a computer. And I didn't like the mindless anti–Americanism that I often encountered. There were people whose thinking was so simplistic that if they disapproved of the conduct of the U.S. in the Vietnam War, they had to support the North Vietnamese. They couldn't imagine a more complicated position, I guess".

88 Disponível em: *Richard Stallman: Snowden and Assange besieged by empire but not defeated.* <http://www.youtube.com/watch?v=SUJtMlEwd6Q>. Acesso: 29 ago. 2013.

> conta própria. Quem saberia que dentro de 10 anos
> ele se tornaria tão idealista? Tudo que eu lembro é
> de sua meia-irmã vindo para mim e dizendo, "O que
> ele vai ser quando crescer? Um fascista?" (*Ibidem*, p.
> 18, tradução nossa).[89]

O depoimento de sua mãe e o seu próprio são indicadores do processo de construção da militância pelo qual Richard Stallman passou ao longo dos anos. Mostram a importância da sua convivência junto à comunidade de *hackers* do MIT, para a construção da concepção de compartilhamento do conhecimento como um direito social. Assim como também mostram como o processo de construção do Projeto GNU, sobretudo o estabelecimento das questões legais que garantiram o seu desenvolvimento, representou também um processo de amadurecimento das concepções de liberdade e da militância de Stallman. Como já mostramos aqui, no começo do projeto, ele não tinha muita clareza sobre os seus objetivos principais.

É necessário destacar também a importância que as narrativas sobre a história de Richard Stallman tiveram na construção do perfil de *hacker* ativista que ele tem hoje. Apresento aqui duas narrativas que tiveram um papel essencial para moldar a sua imagem como uma espécie de Messias, que irá construir uma comunidade livre e restaurar uma "ética hacker" perdida. As obras são: o livro *Hackers*, de Steven Levy; e a biografia de Stallman, escrita por Sam Williams, *Free as in freedom*.

---

89 No original: "He used to be so conservative (...) I was part of the first group of public city school teachers that struck to form a union, and Richard was very angry with me. He saw unions as corrupt. He was also very opposed to social security. He thought people could make much more money investing it on their own. Who knew that within 10 years he would become so idealistic? All I remember is his stepsister coming to me and saying, `What is he going to be when he grows up? A fascist?'".

A tecnoutopia do software livre

O livro *Hackers*, do qual já falamos, aborda a história da "cultura hacker", desde os seus primórdios, lá pelos anos 1950, até a sua suposta decadência, em meados dos anos 1980. No final dessa linha do tempo, Stallman é colocado, e também se coloca, como último dos *hackers* vivo, como um sobrevivente solitário no que antes tinha sido o berço da "cultura hacker", o MIT. Assim é o seu relato no livro:

> É doloroso para eu trazer de volta as memórias desse tempo. As pessoas que permaneceram no laboratório eram professores, estudantes e pesquisadores não-hackers, que não sabiam como manter o sistema ou o hardware, ou não desejavam saber. As máquinas começaram a quebrar e nunca eram consertadas; algumas vezes elas eram apenas descartadas. Mudanças necessárias no software não poderiam ser feitas. Os não-hackers reagiram a isso se voltando para sistemas comerciais, trazendo com eles fascismo e contratos de licenciamento. Eu costumava passear pelo laboratório, pelas salas tão vazias à noite e que costumavam ser tão cheias, e pensava, "Oh meu pobre AI lab! Você está morrendo e eu não posso salvá-lo." Todo mundo esperava que se mais hackers fossem treinados, a Symbolics iria contratá-los, então nem parecia valer a pena tentar... a cultura inteira foi dizimada... (2010, p. 448, tradução nossa).[90]

---

90 No original: "It is painful for me to bring back the memories of this time. The people remaining at the lab were the professors, students, and nonhacker researchers, who did not know how to maintain the system, or the hardware, or want to know. Machines began to break and never be fixed; sometimes they just got thrown out. Needed changes in software could not be made. The non-hackers reacted to this by turning to commercial systems, bringing with them fascism and license agreements. I used to wander through the lab, through the rooms so empty at night where they used to be full and think, "Oh my poor AI lab! You are

Steven Levy parece abraçar, sem parcimônia, a narrativa heroica e dramática que Stallman constrói sobre si e sobre a história do GNU. Ele a endossa e assim contribui para cristalizar um determinado perfil messiânico de Richard Stallman. Isso fica evidente quando, por exemplo, ele afirma que, mediante a decadência da ética *hacker*, Stallman havia percebido que suas pequenas ações manteriam essa ética viva fora do universo do MIT (*Ibidem*, p. 450).

É possível ver reflexos desse perfil construído pelo livro *Hackers* (que foi publicado em 1984) na biografia de Richard Stallman, publicada em 2002. O subtítulo do livro já revela de antemão o tom da narrativa: *Richard Stallman's crusade for free software A cruzada de Richard Stallman pelo software livre*. O uso do termo "cruzada" para se referir a história do movimento criado por Stallman, indica o caráter épico que vem sendo atribuído aos acontecimentos que marcaram essa história.

Eric Raymond, um programador contemporâneo de Stallman, cujo envolvimento e importância no movimento *software* livre falaremos no próximo capítulo, aponta para uma tendência romantizadora dos relatos até então construídos sobre a vida de Stallman e do seu projeto. Em um texto chamado *A Fan of Freedom: Thoughts on the Biography of RMS* (*Um fã da liberdade: reflexões sobre a biografia de RMS*), escrito em 2003, Raymond afirma que a obra de Sam Williams seguiu a mesma tendência romantizadora dos demais relatos escritos sobre RMS, desde o livro de Steven Levy.

Parte disso, segundo ele, se deve ao fato de que o próprio Richard Stallman constrói uma narrativa "mitológica" sobre si e consegue convencer a maioria das pessoas a apresentá-la. Na opinião de Raymond, Stallman tende a simplificar os fatos e se colocar numa posição mais mí-

---

dying and I can't save you." Everyone expected that if more hackers were trained, Symbolics would hire them away, so it didn't even seem worth trying . . . the whole culture was wiped out . . ."

A tecnoutopia do software livre

tica que humana. "A história 'real' de RMS, ou pelo menos a história que eu testemunhei, é um pouco menos épica e mais humana,"[91] afirma ele.

Longe de sugerir que Stallman esteja mentindo a respeito do passado, Eric Raymond, na verdade, sugere que as narrativas que RMS constrói não revelam as incertezas, as hesitações e as dores que advém do crescimento dele e do seu projeto. Um exemplo emblemático disso é a questão da polêmica em torno da licença do *Emacs*, da qual já falamos, e que, na verdade, Stallman não menciona nas suas histórias. Esse seria o tipo de dor natural ao processo de crescimento a que Raymond se refere.

Raymond também acusa Sam Williams de reforçar a ideia, propagada pelo livro de Steven Levy, de que Stallman seria o último verdadeiro *hacker* vivo sobre a terra. Ele afirma que tal narrativa o relegou, assim como a muitos outros *hackers* que ele conhecia na época, ao esquecimento. E que o grupo de *hackers* do MIT era importante, mas não era o único, ele conhecia muitos outros *hackers*, aos quais a narrativa de Levy e a memória de Stallman não deram lugar na história. A biografia *Free as in freedom*, também teria feito o mesmo, em nome de uma "história que faz de RMS o redentor mítico solitário destinado a triunfar contra um mundo Filisteu",[92] afirma Raymond.

Como veremos a seguir, o perfil de Richard Stallman muitas vezes desagrada não só aos que não comungam com suas ideias de uma informática livre, mas também a muitos que fazem parte das comunidades de *software* livre espalhadas pelo mundo. Considerado por muitos como radical, Stallman não abre mão de defender sua postura de ativista de uma causa que na verdade considera como sendo muito mais social do que técnica. Ele se preocupa não só com a defesa do software e do conhecimento livre, mas também com questões como privacidade no ambiente da rede.

---

91 Disponível em: *A Fan of Freedom: Thoughts on the Biography of RMS*. <http://www.catb.org/esr/writings/rms-bio.html>. Acesso: 25 set. 2013.

92 *Idem.*

Defender a informática e a presença da tecnologia digital na nossa vida só faz sentido para ele, se ela respeitar a nossa liberdade. Uma tecnologia maliciosa não pode ser perdoada apenas porque ela tem bons efeitos na sociedade.[93] Viver em uma sociedade digital não significa necessariamente uma coisa boa, como ele próprio explica:

> Projetos com objetivo de inclusão digital estão criando uma grande pressuposição. Eles pressupõem que a participação em uma sociedade digital é boa; mas isso não é necessariamente verdade. Estar em uma sociedade digital pode ser bom ou ruim, dependendo se essa sociedade digital é justa ou injusta. Há muitas formas nas quais nossa liberdade está sendo atacada pela tecnologia digital. A tecnologia digital pode piorar as coisas, e irá, a menos que lutemos para impedi-la. Portanto, se temos uma sociedade digital injusta, nós deveríamos cancelar esses projetos de inclusão digital e iniciar projetos de extração digital. Temos que extrair as pessoas da sociedade digital se ela não respeita sua liberdade; ou temos que fazê-la respeitar.[94]

---

93 Cf. nota 161.

94 No original: "Projects with the goal of digital inclusion are making a big assumption. They are assuming that participating in a digital society is good, but that's not necessarily true. Being in a digital society can be good or bad, depending on whether that digital society is just or unjust. There are many ways in which our freedom is being attacked by digital technology. Digital technology can make things worse, and it will, unless we fight to prevent it. Therefore, if we have an unjust digital society, we should cancel these projects for digital inclusion and launch projects for digital extraction. We have to extract people from digital society if it doesn't respect their freedom, or we have to make it respect their freedom". Disponível em: *A free digital society - What Makes Digital Inclusion Good or Bad?* <http://www.gnu.org/philosophy/free-digital-society.html>. Acesso: 29 ago. 2013.

No próximo capítulo veremos como seu ativismo social acabou levando algumas comunidades de software livre a criar uma dissidência dentro do movimento e estabelecer um grupo chamado *open source*, que discorda da forma como Stallman conduzia o seu projeto de *software* livre, muito mais preocupado com questões políticas e ideológicas do que com questões pragmáticas e mercadológicas do desenvolvimento de *software*.

Capítulo 3

O projeto social do GNU e o
software livre como utopia

A chegada do Linux e a bifurcação do movimento

Em 1991, sete anos após o anúncio do seu desejo de construir um sistema operacional livre, Richard Stallman, não havia ainda completado o seu sistema GNU. A essa altura, ele já tinha criado várias partes que o compunham, como o GNU C *Compiler* (gcc),[1] GNU *Emacs* e GNU *Debugger* (gdb),[2] mas o que faltava para completar o sistema operacional ainda não estava pronto, o *kernel*.[3] A GPL já alcançava sua maturidade na segunda versão e o sucesso desses *softwares* produzidos pela Free Software Foundation, já era reconhecido na área da computação. No entanto, a maioria dos programadores era cética em relação ao lançamento do sistema GNU completo (KELTY, 2008). O *kernel* que a Free Software Foundation estava desenvolvendo desde 1990, o GNU *Hurd*, não apre-

---

1 O gcc foi criado para o Projeto GNU em 1987 e é um conjunto de compiladores de linguagem de programação, que têm a função de traduzir um programa de uma linguagem para outra.

2 O gdb foi criado para o GNU em 1986 e é um programa que tem a função de testar outros programas de computador a fim de encontrar e depurar erros.

3 O *kernel* de um sistema é responsável pelo gerenciamento da comunicação entre os componentes de *hardware* e de *software*.

sentava sinais de que poderia atingir logo uma estabilidade necessária para ser usado.[4]

Neste mesmo ano de 1991, um programador finlandês chamado Linus Torvalds, estudante da Universidade de Helsinki, havia começado a escrever um *kernel* baseado no já existente Minix, um sistema de propósito educacional escrito pelo programador Andrew Tanenbaum e baseado no Unix. Aparentemente, o sistema que Linus havia projetado nasceu como um projeto particular, mais precisamente como um *hobby*, ele não tinha a intenção inicial de tratá-lo como algo profissional e, muito menos, de vê-lo se tornar um grande sistema operacional como se tornou.

Em e-mail de agosto de 1991, direcionado a uma lista de usuários do Minix, Linus Torvalds anunciou a ideia do seu sistema operacional, também livre, e pediu sugestões sobre o que poderia ser adicionado ou não a ele:

> Olá a todos aí usando minix,
>
> Eu estou fazendo um sistema operacional (livre) (apenas um hobby, não será grande e profissional como o gnu) para 386(486) AT clones. Isso está sendo feito desde abril, e está começando a ficar pronto. Eu gostaria de algum feedback sobre coisas que as pessoas gostam/não gostam no minix, como meu SO se assemelha a ele um pouco (mesmo leiau-

---

4   O desenvolvimento do *Hurd* tem sido feito até hoje, mas ainda não chegou a um patamar satisfatório. Richard Stallman aponta como um dos principais motivos que dificultam a conclusão do *kernel* do GNU, o fato de que eles escolheram um *design* muito avançado para o sistema, o que o torna muito mais difícil de ser depurado. O *kernel* do GNU, diferente dos outros, não foi projetado como um único programa, mas dividido em vários pequenos programas que se comunicariam entre si. Tal arquitetura, como explica Stallman, tem um alto potencial para gerar erros, o que tem atrasado o seu desenvolvimento e dificultado a sua depuração (MOORE, 2001).

A tecnoutopia do software livre

te físico do sistema de arquivos (devido a razões práticas) entre outras coisas).
No momento eu já portei o bash (1.08) e gcc (1.40), e as coisas parecem funcionar. Isso implica que eu terei algo prático dentro de alguns meses, e eu gostaria de saber quais recursos a maioria das pessoas desejariam. Quaisquer sugestões serão bem-vindas, mas eu não prometo que irei implementá-las :-) (tradução nossa).[5]

Christopher Kelty (2008) chama a atenção para as questões de ordem moral e técnica e para a infraestrutura que possibilitou ao Linus desenvolver o seu projeto. Para ele, a prática do compartilhamento de código do Unix e do seu derivado Minix; a existência de ferramentas técnicas como o *bash* e o gcc, ambas produzidas pela Free Software Foundation, a partir das quais ele pôde construir o seu sistema; e a infraestrutura da rede de comunicação *Usenet* (*Unix User Network*), por onde foi possível divulgar o seu projeto e receber os *feedbacks*; foram importantes para que o projeto de Linus se transformasse em algo muito mais significativo do que poderia ser.

Também é digno de nota o prestígio que o Projeto GNU de Stallman parece ter perante o programador finlandês. Linus deixa transparecer isso ao classificar o GNU como "grande" e "profissional", e, tam-

---

5 No original: "Hello everybody out there using minix - I'm doing a (free) operating system (just a hobby, won't be big and professional like gnu) for 386(486) AT clones. This has been brewing since april, and is starting to get ready. I'd like any feedback on things people like/dislike in minix, as my OS resembles it somewhat (same physical layout of the file-system (due to practical reasons) among other things). I've currently ported bash(1.08) and gcc(1.40), and things seem to work. This implies that I'll get something practical within a few months, and I'd like to know what features most people would want. Any suggestions are welcome, but I won't promise I'll implement them :-)". Disponível em: *LINUX's History*. <http://www.cs.cmu.edu/~awb/linux.history.html>. Acesso: 08 set. 2013.

bém, ao escolher usar o "bash" e o "gcc", o que pode ser considerado como um reconhecimento, entre outras coisas, da qualidade dessas ferramentas. Ele chega, inclusive, a afirmar que sem o "gcc" não teria sido possível construir o seu sistema (MOORE, 2001). Além disso, outro sinal de que o Projeto GNU era relevante no seu projeto, é o fato de que o sistema de Linus usava a licença GPL.

O Linux, como foi chamado o *kernel* de Linus Torvalds, cresceu rapidamente e se tornou mais que um projeto particular, se transformou num sistema operacional que nos próximos anos seria usado por milhões de pessoas e ocuparia um lugar importante no mercado de *software*. Em 1991, quando foi criado, ele tinha 10 mil linhas de código e apenas um usuário, o próprio Linus. Dois anos depois, em 1993, o projeto contava com 100 mil linhas de código e 20 mil usuários (idem). Eram números surpreendentes para um projeto de *software* que não era comercial e que não pertencia a nenhuma empresa, contava apenas com trabalho voluntário. Esse sucesso contrariava as expectativas e as regras da engenharia de *software*,[6] e levantava questões perturbadoras, como sugere Sam Williams:

> ... o que exatamente era o Linux? Era ele uma manifestação da filosofia do software livre articulada primeiro por Stallman no Manifesto GNU? Ou era simplesmente um amálgama de estilosas ferramen-

---

6   Há um princípio no campo de desenvolvimento de *software*, conhecido como Lei de Brooks, que diz que quanto mais mão de obra for adicionada a um projeto de *software* atrasado, mais ele tende a atrasar. Falando de outro modo, quanto mais programadores trabalhando no projeto, menos eficiente será o trabalho de desenvolvimento. Esse princípio foi elaborado por um cientista da computação e engenheiro de *software*, chamado Fred Brooks, em livro publicado em 1975 e intitulado *O mítico homem-mês* (*The Mythical Man-Month*). O projeto de Linux Torvalds contrariou completamente essa conhecida "regra", por promover um desenvolvimento que envolve quantos programadores forem possíveis e não apresentar déficits de eficiência por isso. Pelo contrário, apresentava um desenvolvimento mais eficaz e com programas mais estáveis.

A tecnoutopia do software livre

tas de software que qualquer usuário, igualmente motivado, poderia montar em seu próprio sistema doméstico? (2002, p. 174, tradução nossa).[7]

A razão para tamanho sucesso parecia estar no método de desenvolvimento de *software* usado por Linus que, diferente do método usado até então pela FSF e pelas empresas de *software* proprietário, parecia permitir uma maior participação dos usuários do *software* durante o seu processo de desenvolvimento. Essa diferença entre o Linux e o GNU, ou entre o método de gerenciamento de projeto de Linus e o de Stallman, chamou a atenção de um veterano programador de *software* livre, Eric Raymond. Raymond foi um dos primeiros contribuidores do Projeto GNU e ao conhecer o Linux em 1993, conta que ficou surpreso com a qualidade de um projeto que, segundo a sua extensa experiência com engenharia de *software*, tinha tudo para ser um desastre. Aqui ele relata como foi o seu primeiro contato com o sistema de Linus Torvalds:

> Eu me envolvi no outono de 1993. Porque me mandaram uma cópia em CD-ROM da primeira distribuição comercial do Linux, que era chamada Yggdrasil produzida por Adam Richter. E eu recebi uma cópia porque eu escrevi software livre por muito tempo desde o começo dos anos 80. Eu era, na verdade, um dos primeiros contribuidores do GNU. E eu estava absolutamente surpreso, eu estava completamente surpreso. Porque eu tinha sido engenheiro de software por quase 15 anos até aquela época. E de acordo com todas as regras que eu conhecia sobre controle de complexidade, manutenção de um grupo

---

7 No original: "...what, exactly, was Linux? Was it a manifestation of the free software philosophy first articulated by Stallman in the GNU Manifesto? Or was it simply an amalgamation of nifty software tools that any user, similarly motivated, could assemble on his own home system?".

de projeto pequeno, tendo gerenciado meus objetivos de perto, Linux deveria ser um desastre, mas não era. Ao invés disso, era algo maravilhoso, e eu estava determinado a descobrir como eles estavam encaminhando aquilo (MOORE, 2001).

O esforço de Raymond para entender o segredo do sucesso do Linux resultou em um artigo chamado "A catedral e o bazar", datado de 1997. Nesse artigo, ele celebra a suposta superioridade do modelo de desenvolvimento estabelecido por Linus Torvalds, representado metaforicamente pelo "bazar"; e o modelo de Stallman e da maioria dos projetos de *software* proprietário, representado pela "catedral". Segundo Raymond, o modelo "bazar" subverte o que estava sendo feito até aquele momento no desenvolvimento de *softwares*, mesmo em projetos colaborativos como o caso do GNU. Tal modelo não seria centralizador e fechado, como o modelo "catedral", mas permitiria uma interação e participação maior (e mais cedo) do público com o projeto. Eis o modo como ele caracteriza os dois estilos:

> Eu acreditava que os softwares mais importantes (sistemas operacionais e ferramentas realmente grandes como Emacs) necessitavam ser construídos como as catedrais, habilmente criados com cuidado por mágicos ou pequenos grupos de magos trabalhando em esplêndido isolamento, com nenhum beta para ser liberado antes de seu tempo. O estilo de Linus Torvalds de desenvolvimento—libere cedo e frequentemente, delegue tudo que você possa, esteja aberto ao ponto da promiscuidade—veio como uma surpresa. Nenhuma catedral calma e respeitosa aqui—ao invés, a comunidade Linux pareceu assemelhar-se a um grande e barulhento bazar de diferentes agendas e aproximações (adequadamente simbolizada pelos repositórios do Linux, que aceitaria submissões de

A tecnoutopia do software livre

> qualquer pessoa) de onde um sistema coerente e está-
> vel poderia aparentemente emergir somente por uma
> sucessão de milagres. O fato de que este estilo bazar
> pareceu funcionar, e funcionar bem, veio como um
> distinto choque (1998, p. 1).

Aqui Raymond estabelece uma relação de oposição entre o Linux e o GNU, mais do que isso, ele estabelece uma relação de superioridade do primeiro modelo de projeto em relação ao segundo. Faz isso, principalmente, através da classificação do Linux como mais aberto e do GNU como mais fechado. Embora reconheça que a política do Linus de "libere cedo, libere frequentemente e ouça os usuários" fosse o grande diferencial do Linux, ele também reconhece que isso não é uma inovação, essa política podia ser encontrada no passado, já fazia parte de uma tradição no mundo do Unix, Linus apenas intensificou seu uso. Isso pode sugerir que Linus seria mais perspicaz que Stallman ao capturar e incorporar esse tipo de metodologia ao seu projeto. Embora Stallman também tivesse uma experiência com o Unix, mais antiga até de que a de Linus, que era um jovem de 22 anos, foi Linus, segundo a narrativa de Eric Raymond, quem conseguiu explorar melhor as possibilidades que o estilo Unix de desenvolvimento oferecia. O sucesso do Linux expôs as fragilidades do GNU no que dizia respeito às questões de coordenação e gestão de projetos.

Mas o que garantiu o sucesso do modelo "bazar", na perspectiva de Raymond, não parecia ser somente a intensificação da política do Unix, e nem estaria relacionado necessariamente a certa genialidade de Linus Torvalds. Ao lado dessa política do "libere cedo" estavam as possibilidades de comunicação que a infraestrutura da internet oferecia naquele momento. Diferente do que acontecia na época da criação do Unix, onde ela ainda era uma ferramenta de uso muito restrito, no começo dos anos 1990 a internet já começava a ter seu uso expandido. Raymond destaca que o período de gestação do Linux coincide com o momento em que a

Web nasce e que da mesma forma, a expansão do Linux coincide com a expansão dos provedores de internet, entre 1993-1994.

Ainda segundo a visão de Raymond, além do canal de comunicação da internet, o outro fator fundamental para o sucesso do Linux foi a habilidade de Linus em liderar o desenvolvimento e a depuração de programas, um estilo de liderança que não é baseado em relações de poder ou coerção. Para ele, a maior engenhosidade de Linus não foi a construção do Linux em si, mas a invenção desse modelo de desenvolvimento. Ele reconhece, inclusive, que Linus não seria um gênio inovador de projeto como Stallman, a maior qualidade dele estaria na sua habilidade de gestão, seja de erros, ideias ou pessoas:

> A política de desenvolvimento aberta do Linus era exatamente o oposto do modelo de desenvolvimento catedral. Os repositórios sunsite e tsx-11 estavam germinando, múltiplas distribuições estavam surgindo. E tudo isto foi guiado por uma frequência desconhecida de liberações de núcleo de sistemas. Linus estava tratando seus usuários como co-desenvolvedores na maneira mais eficaz possível: Libere cedo. Libere frequentemente. E ouça seus fregueses. Isso não era muito a inovação do Linus (algo como isso estava sendo a tradição do mundo Unix por um longo tempo), mas em elevar isto até um grau de intensidade que alcançava a complexidade do que ele estava desenvolvendo. Nestes primórdios tempos (por volta de 1991) não era estranho para ele liberar um novo kernel mais de uma vez por dia! E, porque ele cultivava sua base de co-desenvolvedores e incitava fortemente a Internet por colaboração como nenhum outro, isto funcionou. Mas como isto funcionou? E era isto algo que eu poderia duplicar, ou era algo que dependia da genialidade única de Linus Torvalds? Eu não pensei assim. Reconhecidamente,

A tecnoutopia do software livre

> Linus é um excelente desenvolvedor (quantos de nós poderíamos planejar um kernel completo de um sistema operacional de qualidade de produção?). Mas o Linux não representou nenhum salto conceitual impressionante a frente. Linus não é (ou pelo menos, ainda não) um gênio inovativo de projeto do estilo que, por exemplo, Richard Stallman ou James Gosling (do NeWS e Java) são. Ao contrário, para mim Linus parece ser um gênio da engenharia, com um sexto sentido em evitar erros e desenvolvimentos que levem a um beco sem saída e uma verdadeira habilidade para achar o caminho do menor esforço do ponto A ao ponto B (*Ibidem*, p. 4).

Em seu artigo, Raymond aponta uma série de lições que, segundo ele, o modelo "bazar" lhe deu e que poderia dar aos demais programadores. Entre elas está uma que ele considera preciosa e que pensa ser o centro da diferença fundamental entre o estilo "bazar" e o estilo "catedral": "Dada uma base grande o suficiente de beta-testers e co-desenvolvedores, praticamente todo problema será caracterizado rapidamente e a solução será óbvia para alguém" ou, dito de outra forma, "Dados olhos suficientes, todos os erros são triviais" (*Ibidem*, p. 5).

A essa formulação ele dá o nome de "Lei de Linus" e afirma que ela explicaria a relativa falta de erros no sistema do Linux, já que o sistema é produzido e corrigido por muitas mãos. De acordo com essa lei, quanto maior for o número de programadores examinando e testando um programa, maiores chances de estabilidade ele terá. Esse seria um fator determinante para diferenciar o método "bazar", que trabalha com quantas mãos forem possíveis já nas fases iniciais de desenvolvimento do programa, do método "catedral", que trabalha com poucas mãos e prefere não liberar o programa em suas fases iniciais:

Na visão catedral de programação, erros e problemas de desenvolvimento são difíceis, insidiosos, um fenômeno profundo. Leva meses de exame minucioso por poucas pessoas dedicadas para desenvolver confiança de que você se livrou de todos eles. Por conseguinte os longos intervalos de liberação, e o inevitável desapontamento quando as liberações por tanto tempo esperadas não são perfeitas. Na visão bazar, por outro lado, você assume que erros são geralmente um fenômeno trivial—ou, pelo menos, eles se tornam triviais muito rapidamente quando expostos para centenas de ávidos co-desenvolvedores triturando cada nova liberação. Consequentemente você libera frequentemente para ter mais correções, e como um benéfico efeito colateral você tem menos a perder se um erro ocasional aparece. E é isto. E é isto. É o suficiente. Se a "Lei de Linus'" é falsa, então qualquer sistema tão complexo como o kernel do Linux, sendo programado por tantas mãos quantas programam o kernel do Linux, deveria a um certo ponto tido um colapso sob o peso de interações imprevisíveis e erros "profundos'" não descobertos. Se isto é verdade, por outro lado, é suficiente para explicar a relativa falta de erros do Linux. E talvez isso não deveria ser uma surpresa, mesmo assim (idem).

Chamamos a atenção para o fato de que o discurso de Raymond referencia a importância das habilidades de gestão e de liderança para o sucesso do Linux ou de qualquer projeto que se pretenda representante do modelo "bazar". Fica clara a diferença de perfil que ele procura estabelecer entre Linus e Stallman. O primeiro se preocupa com gestão e eficiência, preocupações gerenciais. Já o segundo assume ser secundária a preocupação com tais questões. Para Stallman, o *software* livre precisa ser

A tecnoutopia do software livre

eficiente, em primeiro lugar, no que diz respeito à liberdade e aos direitos dos usuários. Stallman tem o perfil político, se assume porta-voz de uma ideologia; Linus tem o perfil de líder. Stallman é reconhecido como bom *hacker*, mas deixa a desejar como mediador ou gestor de comunidades e projetos. Linus não é referenciado pelas suas habilidades de programador tanto quanto o é pela sua capacidade de gerenciar ideias e pessoas. O próprio Linus reforça essa oposição ao dizer: "eles pensam em Richard Stallman como o grande filósofo, certo? E pensam em mim como o engenheiro." (MOORE, 2001).

Rafael Evangelista também comenta sobre essa diferença de perfil entre Stallman e Linus. Ele aponta para diferenças importantes entre os ambientes dos quais os dois emergiram, o primeiro da geração de programadores dos anos 1970 e o segundo da geração dos anos 1990:

> Stallman representaria a velha geração, o discurso político dos anos 1970, sobrevivente à era Reagan nos anos 1980. Já Torvalds pôde representar os novos programadores, que ascenderam com a bolha da Internet do final da década de 1990 e com o ápice do neoliberalismo, e que hoje aspiram por empregos da nova indústria de tecnologia, com imagem alternativa (mas não anti-capitalista) das novas corporações de informação e comunicação (2010, p. 44).

Eric Raymond define um perfil ideal de líder de projeto que, não por acaso é o de Linus Torvalds, ao apresentar algumas pré-condições básicas para que o estilo "bazar" funcione. Ao mesmo tempo em que acusa Stallmam, seu biógrafo e Steven Levy de construírem uma imagem que mitifica e que romantiza Stalman e sua trajetória, Raymond parece também fazer a mesma coisa ao falar da história do Linux e de Linus Torvalds.:

> Um coordenador ou líder de um projeto no estilo bazar deve ter boa habilidade de comunicação e

relacionamento. Isto deve parecer óbvio. Para construir uma comunidade de desenvolvimento, você precisa atrair pessoas, fazer com que se interessem no que você está fazendo, e mantê-las alegres sobre a quantidade de trabalho que estão fazendo. O entusiasmo técnico constitui uma boa parte para atingir isto, mas está longe de ser toda história. A personalidade que você projeta também importa. Não é uma coincidência que Linus é um rapaz gentil que faz com que as pessoas gostem dele e que o ajudem. Não é uma coincidência que eu seja um enérgico extrovertido que gosta de trabalhar com pessoas e tenha um pouco de porte e instinto de um cômico. Para fazer o modelo bazar funcionar, isto ajuda enormemente se você tem pelo menos um pouco de habilidade para encantar as pessoas (1998, p. 10).

Ao estabelecer esse tipo de padrão, Raymond pode estar sugerindo que esse é o tipo de liderança que Richard Stallman não conseguiu projetar. Stallman possui a fama de ter uma personalidade difícil e de ter dificuldades de relacionamento com as pessoas. Raymond alega ter se afastado do Projeto GNU por causa dos problemas com o estilo de "micro-gestão" de Stallman: "Richard começou uma confusão sobre eu fazer modificações não autorizadas, quando eu estava limpando as bibliotecas Emacs LISP (...). Ele me frustrou tanto que eu decidi que não queria mais trabalhar com ele." (WILLIAMS, 2002, p. 190, tradução nossa).[8]

Como Sam Williams revela, a imagem de Stallman diante da comunidade, desde a década de lançamento do Projeto GNU, foi a de um programador temível, dono de uma reputação de alguém intransigente,

---

8   No original: "Richard kicked up a fuss about my making unauthorized modifications when I was cleaning up the Emacs LISP libraries (...). It frustrated me so much that I decided I didn't want to work with him anymore".

A tecnoutopia do software livre

tanto no que diz respeito ao *design* de *software*, quanto à gestão de pessoas. Em 1996, muitos colaboradores da FSF se afastaram da entidade alegando problemas com Stallman (*Ibidem*, p.192). Tais problemas de relacionamento com o presidente da FSF são apontados por Raymond como os principais motivos de atraso no desenvolvimento do *Hurd* e dificuldades no desenvolvimento de outros programas. Para Raymond tudo isso era um reflexo de problemas de gestão de projetos, de falhas na forma como Stallman gerenciava o GNU e não problemas no desenvolvimento do código dos programas (idem).

Outro aspecto importante que o artigo de Raymond destaca diz respeito às motivações dos voluntários que colaboram com o projeto do Linux. Para explicar como o projeto funciona, ele usa metáforas da economia e da ecologia, fazendo uma comparação do funcionamento do Linux com os sistemas adaptativos na biologia:

> O mundo do Linux se comporta em vários aspectos como um *mercado livre* ou uma ecologia, uma coleção de *agentes autônomos* tentando maximizar um *empreendimento* que no processo produz uma ordem espontânea auto-evolutiva mais elaborada e eficiente que qualquer quantidade de planejamento central poderia ter alcançado. Aqui, então, é o lugar para procurar o "princípio da compreensão". A "*função empreendedora*" que os desenvolvedores do Linux estão maximizando não é economia clássica, mas é a intangível satisfação do seu próprio ego e reputação entre outros desenvolvedores. (Alguém pode chamar a sua motivação de "altruísta", mas isso ignora o fato que altruísmo é em si mesmo uma forma de satisfação do ego para um altruísta) (1998, p. 12, grifos nossos).

215

As palavras destacadas revelam um pouco das concepções políticas de Eric Raymond. O Linux se assemelha a um tipo de mercado ou a um tipo de sistema no qual não há muita regulamentação externa e os indivíduos podem trabalhar de forma autônoma, maximizando o empreendimento no qual estão envolvidos. Qualquer semelhança com a retórica liberal não é mera coincidência. Como Rafael Evangelista (2010) destaca, o norte-americano Raymond é militante do partido também norte-americano *Libertarian Party*, conhecido por se opor à regulação da economia e de assuntos sociais pelo Estado.

Outro ponto que chama a atenção no discurso dele é a justificativa da satisfação do ego como motivação para colaborar em um projeto como o Linux. Como Evangelista também destaca, o discurso de Raymond não é pautado pela ideia da eliminação da desigualdade ou pela ideia de que as pessoas comuns possam ter a capacidade de interagir de forma criativa com o código do programa, mas, principalmente, pela ideia da eficiência técnica.

Enquanto Raymond fala em desenvolvedores voluntários do Linux que se preocupam com a satisfação do próprio ego, com a reputação diante de seus pares e com a maximização de um empreendimento, Stallman pauta a questão da colaboração por termos de solidariedade e cooperação para uma sociedade melhor. Em seu depoimento para um documentário em 2001 Stallman afirma que:

> O movimento do Código Aberto enfoca vantagens práticas que você pode obter tendo uma comunidade de usuários que podem cooperar em intercâmbios e melhorias no software. Eu concordo completamente com os pontos que eles colocaram sobre isso. A razão pela qual minha visão é diferente, a ponto de estar no movimento do Software Livre em vez de estar no movimento do Código Aberto, é que eu acredito que existe algo mais importante em jogo. *Aquela liberda-*

A tecnoutopia do software livre

> *de em cooperar com outras pessoas, liberdade de ter uma comunidade é importante para nossa qualidade de vida.* É importante para ter uma boa sociedade onde possamos viver. E esta é minha visão, *ainda mais importante do que ter softwares poderosos e confiáveis* (MOORE, 2001, grifo nosso).

As questões práticas e técnicas do desenvolvimento de *software* não são, para Stallman, questões centrais. A cooperação numa comunidade de *software* livre é justificada em termos morais, é uma questão ética, um dever de cada cidadão, como vimos no capítulo anterior. Já para Raymond, o que poderia possibilitar o triunfo do *software* livre sobre o proprietário é o fato dele representar uma alternativa melhor para a sociedade do ponto de vista prático, não necessariamente do ponto de vista moral:

> Talvez no final a cultura de código aberto irá triunfar não porque a cooperação é moralmente correta [como Stallman defende] ou a "proteção" do software é moralmente errada [idem] (assumindo que você acredita na última, o que não faz tanto o Linus como eu), mas simplesmente porque o mundo do software de código fechado não pode vencer uma corrida evolucionária com as comunidades de código aberto que podem colocar mais tempo hábil ordens de magnitude acima em um problema (1998, p. 12-3).

O movimento de código aberto (*open source*) ao qual Stallman se refere no discurso acima representa o resultado da divisão que aconteceu no movimento *software* livre nos anos 1990, depois da criação do Linux. O surgimento deste sistema revolucionou a história do *software* livre em vários sentidos. O primeiro deles é o técnico. Em 1993, um artigo da revista Wired classificava o Projeto GNU como "atolado" (WILLIAMS,

2002). Até aquela altura a FSF não havia conseguido fazer um *kernel* livre para o seu sistema,[9] enquanto o sistema de Linus Torvalds já era considerado mais estável que muitos *softwares* comerciais do mercado. Nesse período começaram a surgir também diferentes variações de Linux, chamadas de distribuições ou distros.[10] Foi nesse momento que Richard Stallman decidiu apoiar um projeto de *software* que criaria uma distribuição que juntava o GNU e o Linux para formar um sistema operacional livre. A FSF anunciou apoio financeiro e moral para o projeto Debian, do programador Ian Murdock (idem).

Apesar da insistência de Richard Stallman para que as pessoas chamassem essas distribuições de GNU/Linux, a tendência foi, desde a criação dessas primeiras distros, chamá-las apenas de Linux. Stallman alega que ao chamar o sistema apenas de Linux as pessoas acabam transmitindo uma ideia errada sobre a origem dele, sua história e seu propósito (2002, p. 51). Já Linus Torvalds acha a ideia de chamar o sistema inteiro de GNU/Linux ridícula (MOORE, 2001).

As tensões entre o projeto de Stallman e o de Linus, já começavam por aí. E aumentariam muito mais com a materialização dessa divisão, que ocorreu, entre outras coisas, através da criação da Open Source Initiative. Eric Raymond além de articular o movimento *open source*, também teve um papel fundamental no processo histórico de abertu-

---

9   Em entrevista de 2010, o próprio Stallman assumia não ser mais otimista em relação ao desenvolvimento do *Hurd*. Embora a FSF ainda continue investindo no desenvolvendo desse *kernel*, a criação do Linux resolveu o problema de ausência de um *kernel* livre disponível. Apesar de o Linux apresentar algumas desvantagens em relação a suporte de dispositivos, por exemplo, ele ainda sim, na opinião de Stallman, funciona bem como um *kernel*. O desenvolvimento do *Hurd*, portanto, não é mais uma prioridade. Disponível em: <http://blog.reddit.com/2010/07/rms-ama.html>. Acesso: 12 set. 2013.

10   As distribuições são compostas basicamente pelo núcleo Linux mais um conjunto diverso de *softwares* que variam de acordo com a customização que cada projeto faz.

ra do código do navegador de internet da empresa Netscape, em 1998. Raymond convenceu os executivos da empresa a disponibilizarem o código do *Netscape Navigator*.[11]

Figura 15: GNU e Tux, mascotes do GNU e do Linux, respectivamente.[12]

A Netscape foi a primeira grande empresa a aderir a uma licença livre. Esse acontecimento marcou sobremaneira a história do movimento *software* livre, porque deu muita visibilidade à ideia do código aberto e também ao próprio Linux. Além, é claro, de fornecer certo prestígio à figura de Eric Raymond, que ficou conhecido como um guru do *open source*.

A liberação do código do navegador da Netscape foi anunciada em janeiro de 1998 e em fevereiro do mesmo ano, Eric Raymond e Bruce Perens criavam a Open Source Initiative (OSI). Uma entidade que, assim como a Free Software Foundation, seria responsável pela promoção do *software* livre, mas com uma abordagem diferente. Na mesma ocasião

---

11 Com codinome *Mozilla*, o código do navegador da Netscape, mais tarde, em 2004, serviu de base para o desenvolvimento do *Mozilla Firefox*, que hoje é um dos navegadores mais usados no mundo.

12 Disponível em: <http://upload.wikimedia.org/wikipedia/commons/thumb/5/53/GNU_and_Tux.svg/620px-GNU_and_Tux.svg.png>. Acesso: 12 set. 2013.

Eric Raymond também escreve um manifesto emblemático para a fundação do movimento *open source*, chamado de *Goodbye, "free software"; hello, "open source"* (Adeus, "software livre"; olá, "código aberto"), o artigo de Raymond anuncia com todas as letras a criação de uma dissidência dentro do movimento *software* livre.

Nesse artigo estão as justificativas para o abandono do termo *free software* e a adoção do termo *open source*. A expressão *corporate mainstream* é muito citada ao longo dele e Raymond afirma que a principal motivação para a mudança no termo foi para conseguir "se engajar ao mainstream corporativo".[13] Ele também cita como afirmação de Linus Torvalds que ele (Linus) estaria disposto a "trabalhar e cooptar o mercado para nossos próprios fins, ao invés de permanecer preso em uma posição marginal contraditória".[14]

Open source, aos olhos do grupo liderado por Raymond, seria mais bem acolhido no ambiente empresarial. Sobre a escolha do nome, Eric Raymond afirmou certa vez que o termo "software livre" precisou ser mudado por representar um péssimo *marketing* para o trabalho que o grupo *open source* desejava fazer:

> Se você entrar num escritório de um executivo e dizer "Software Livre", se você for sortudo, a resposta que você terá é algo como: "hmm, hmm, Software Livre, deve ser barato, falsificado, sem valor." E se você não for sortudo, terá associações com os ataques em larga escala da Fundação do Software Livre aos direitos de propriedade intelectual, que não mostra a preocupação sobre o que você pensa sobre a ética disso. É marketing ruim, não é algo que homens de negócio querem ouvir (MOORE, 2001).

---

13 Disponível em: *Goodbye, "free software"; hello, "open source"*. <http://www.catb.org/~esr/open-source.html>. Acesso: 15 set. 2013.

14 *Idem*.

Em torno do novo rótulo *open source* reuniram-se, em abril de 1998, num pequeno evento, quase secreto, os chamados líderes do *freeware*. A reunião, em Palo Alto, na Califórnia, que pretendia discutir o futuro do *free software*, não contava com a presença de uma das principais figuras do movimento, Richard Stallman. A ausência de Stallman não foi por acaso, fazia parte dos planos. Aliás, revelava, já de cara, parte dos planos. Ele não foi convidado porque representava exatamente a mensagem que o grupo não queria passar.

Como indica Gabriella Coleman (2013), Stallman ainda era visto como o porta-voz ideológico do movimento e a sua mensagem era muito focada na liberdade do *software*, retórica que não representava os interesses do grupo. Eles temiam que o radicalismo intransigente de Stallman e o seu discurso carregado de termos como "livre" e "liberdade" afastasse as empresas, transmitindo a elas uma mensagem que relacionasse o *software* livre a um movimento anticomercial ou a alguma variante do comunismo ou socialismo.

O evento, conhecido como *Freeware Summit*, foi organizado por Tim O'Reilly, presidente da O'Reilly & Associates (hoje chamada de O'Reilly Media), uma empresa que publica livros e sites, além de organizar eventos sobre informática. Estavam no evento, além de programadores como Raymond e Linus, representantes de empresas do Vale do Silício, interessadas em negócios com *software* livre, como a Netscape. De acordo com a página de anúncio do evento,[15] o seu principal objetivo era promover uma troca de ideias e estratégias que ajudassem a aumentar a aceitação de *freewares* (o termo *open source* só seria adotado em definitivo após este evento) como o Linux, o Apache[16] e o Perl.[17] A intenção do grupo, como

---

15   Disponível em: *Freeware Leaders Meet in First-Ever Summit*. <http://oreilly.com/oreilly/press/freeware.html>. Acesso: 15 set. 2013.

16   Apache é um servidor *web* livre criado em 1995. É apontado também como um dos responsáveis pelo sucesso do Linux no começo dos anos 1990 (MOORE, 2001).

17   É uma linguagem de programação livre criada em 1987.

menciona Eric Raymond em relato sobre o evento escrito à época, era conseguir estabelecer uma relação entre o *software* livre e o mercado:

> Nós discutimos a questão embaraçosa dos rótulos, considerando as implicações de "freeware", "sourceware", "open source" e "freed software". Depois de uma votação, nós concordamos em usar "Open Source" como o nosso rótulo. A implicação deste rótulo é que temos a intenção de convencer o mundo corporativo a adotar o nosso caminho por *razões econômicas, não ideológicas* e de interesse próprio. (...) Nós conversamos sobre modelos de negócios. Várias pessoas na sala estão enfrentando questões sobre como montar a *interface entre o mercado e a cultura hacker* (grifo e tradução nossa).[18]

Para Raymond, assim como para muitos dos que participaram da reunião, não interessava a retórica do movimento sobre garantir os direitos de acesso ao conhecimento ou a liberdade dos indivíduos. O interesse principal do grupo não era discutir o *software* livre como uma ferramenta de transformação social, mas como um produto inovador que poderia pegar carona no *boom* da internet e ser bem sucedido. Para isso, era necessário rejeitar a filosofia do GNU e de Stallman, que contaminava a ideia de *software* livre e afastava as empresas e os investidores (KELTY, 2008). A mudança no rótulo do movimento lhes pareceu

---

18 No original: "We discussed the vexing issue of labels, considering the implications of "freeware", "sourceware", "open source", and "freed software". After a vote, we agreed to use "Open Source" as our label. The implication of this label is that we intend to convince the corporate world to adopt our way for economic, self-interested, non-ideological reasons (...).We talked about business models. Several people in the room are facing questions about how to ride the interface between the market and the hacker culture". Disponível em: *Open Source Summit*. <http://www.linuxjournal.com/article/2918>. Acesso: 15 set. 2013.

A tecnoutopia do software livre

uma solução para contornar essa situação. Eles procuravam uma identidade que os diferenciasse do que vinha sendo feito pela Free Software Foundation, mas que ao mesmo tempo mantivesse a referência à metodologia do código aberto da entidade. A metodologia da FSF lhes interessava mais do que a filosofia.

Tim O'Reilly foi também um dos grandes articuladores por trás dessa mudança de nome e do processo de lapidação do *software* livre para o mercado. Como executivo do Vale do Silício ele ganharia muito com isso, como de fato ganhou. Evgeny Morozov (2013) aponta para a questão de como a ambiguidade do termo *open* permitiu a Tim O'Reilly jogar com seu significado, encorajando assim a competição e o mercado aberto:

> Poucas palavras no pacote de idioma Inglês são tão ambíguas e sensuais como "open." E depois das intervenções bombásticas de O'Reilly – "Open permite experimentação. Open encoraja a competição. Open vence", ele proclamou uma vez em um ensaio – o seu brilho só se intensificou. Lucrando com a ambiguidade do termo, O'Reilly e seus colaboradores compararam a "abertura" de software de código aberto com a "abertura" da empresa acadêmica, dos mercados e da liberdade de expressão. "Open", portanto, poderia significar praticamente qualquer coisa, de "aberto ao intercâmbio intelectual" (O'Reilly, em 1999: "Uma vez que você começa a pensar em código fonte do computador como uma linguagem humana, você vê open source como uma variedade de 'liberdade de expressão'") até "aberto à competição" (O'Reilly, em 2000: "Para mim, 'open source', no sentido mais amplo, significa qualquer sistema em que o acesso aberto ao código reduz as barreiras à entrada no mercado"). "Open" permitiu a O'Reilly construir a maior tenda possível para o movimento. A linguagem da economia era menos

Aracele Lima Torres

alienante do que a linguagem da ética de Stallman; "abertura" era o tipo de termo polivalente, que permitiu um olhar político ao avançar uma agenda que tinha muito pouco a ver com política. Como O'Reilly afirmou em 2010, "a arte de promover a abertura não é torná-la uma cruzada moral, mas sim destacar as vantagens competitivas da abertura." Substituir "abertura" com qualquer outro termo carregado – digo "direitos humanos" – nesta frase, e torna-se claro que esta busca pela "abertura" era politicamente inofensiva desde o início. E se, afinal, o seu interlocutor não dá a mínima para as vantagens competitivas? (tradução nossa).[19]

---

19 No original: "Few words in the English language pack as much ambiguity and sexiness as "open." And after O'Reilly's bombastic interventions—"Open allows experimentation. Open encourages competition. Open wins," he once proclaimed in an essay—its luster has only intensified. Profiting from the term's ambiguity, O'Reilly and his collaborators likened the "openness" of open source software to the "openness" of the academic enterprise, markets, and free speech. "Open" thus could mean virtually anything, from "open to intellectual exchange" (O'Reilly in 1999: "Once you start thinking of computer source code as a human language, you see open source as a variety of 'free speech'") to "open to competition" (O'Reilly in 2000: "For me, 'open source' in the broader sense means any system in which open access to code lowers the barriers to entry into the market"). "Open" allowed O'Reilly to build the largest possible tent for the movement. The language of economics was less alienating than Stallman's language of ethics; "openness" was the kind of multipurpose term that allowed one to look political while advancing an agenda that had very little to do with politics. As O'Reilly put it in 2010, "the art of promoting openness is not to make it a moral crusade, but rather to highlight the competitive advantages of openness." Replace "openness" with any other loaded term—say "human rights"—in this sentence, and it becomes clear that this quest for "openness" was politically toothless from the very outset. What, after all, if your interlocutor doesn't give a damn about competitive advantages?". Disponível em: *The Meme Hustler: Tim O'Reilly's crazy talk*: <http://thebaffler.com/past/the_meme_hustler>. Acesso: 02 out. 2013.

A tecnoutopia do software livre

O *open* permitia para O'Reilly e os seus apoiadores, estabelecer uma linguagem mais próxima da economia do que da discussão ética e política de Richard Stallman. Aliás, vale lembrar, que foi o próprio Tim O'Reilly que elaborou a lista de participantes da cúpula do *Freeware Summit* e que deixou Stallman de fora. Ele, assim como os outros, também se opunha à agenda política do presidente da Free Software Foundation. Em 2001, O'Reilly deu declarações afirmando que discorda da ideia que Stallman defende de transformar todos os *softwares* em programas livres. Para O'Reilly, cabe aos desenvolvedores decidirem que tipo de licença é melhor para eles.[20]

Bruce Perens conta que anunciou o OSI pela internet e seis meses depois já era possível ler as palavras *open source* nos noticiários com muita frequência. Além disso, um ano depois a Microsoft estava discutindo a possibilidade de liberar alguns códigos-fonte (MOORE, 2001). Como vimos no capítulo anterior, realmente a Microsoft colocou isso em discussão. Yochai Benkler (2006) informa que ainda neste mesmo ano de 1998, o *open source* recebeu pela primeira vez atenção da mídia *mainstream* por causa da publicação de um memorando confidencial da Microsoft que vazou. Nesse memorando, que ficou conhecido como *The Halloween Memo,*[21] a Microsoft identificava a metodologia do *software* livre como uma grande ameaça à hegemonia da empresa. Ao que tudo indica a indagação estampada na capa da revista Forbes não era apenas uma provocação, representava a realidade. Essa preocupação provavelmente deve ter aumentando quando, em dezembro de 1999, a empresa VA Linux, que vendia computadores com Linux instalado, em uma oferta pública de ações teve um aumento de 700% em um dia no valor de suas ações (KELTY, 2008). Parecia um bom sinal para quem apostava no *open source* e um mau sinal para quem temia o seu avanço.

---

20 *Idem.*

21 Recebeu esse apelido porque foi divulgado no dia 31 de outubro, data em que se comemora o *Halloween* (dia das bruxas) nos Estados Unidos.

A bifurcação do movimento entre *free* e *open*, no entanto, não representou uma alteração significativa nas práticas e nas metodologias. Como Christopher Kelty (idem) afirma, a forma como as coisas eram feitas não mudou muito depois do *open source* aparecer. As práticas de compartilhamento de código, de escrita de licenças e coordenação de projetos, continuaram como antes: "sem diferenças significativas entre aqueles reluzindo o manto heroico de liberdade e aqueles vestindo a túnica pragmática da metodologia." (p. 112, tradução nossa).[22] O que pareceu de fato estabelecer uma diferença entre os dois grupos foi, como veremos a seguir, a postura política de cada um, os discursos e as definições que, ao longo do tempo, foram se constituindo como antagônicos.

Software ideológico versus *software* não ideológico

Bruce Perens, idealizador do *open source* junto com Eric Raymond, disse em 2001 que sua inspiração para a criação dessa nova corrente veio da GPL e de Richard Stallman. Assim, Perens se refere à GPL: "Não é apenas uma licença. É toda uma filosofia que, eu acho, motivou a definição do código aberto. Eu não escondo que muito do que faço veio de Stallman." (MOORE, 2001). Essa confissão de Perens atesta, como Rafael Evangelista (2010) já havia assinalado em seu trabalho, que embora componham dois grupos aparentemente diferentes, o *free* e o *open* compartilham alguns valores.

Apesar disso, no entanto, assim como considera importante assinalar a sua identificação com a filosofia de Richard Stallman, Perens também acha importante destacar as discordâncias entre ele e o líder do grupo *free*. Perens discorda dele exatamente naquilo que Stallman considera como sendo uma das missões mais importantes da FSF, a de criar

---

22 No original: "…no significant differences between those flashing the heroic mantle of freedom and those donning the pragmatic tunic of methodology".

A tecnoutopia do software livre

um cenário no qual o *software* proprietário possa ser extinto. Nas palavras de Perens:

> Mas eu acho que algumas das pessoas no campo do free software têm um pouco de medo da comercialização. (...) Eu acho que a comercialização é muito importante. Nós queremos tornar esse software mainstream, e eu trabalho com Richard Stallman que é o ancião do free software, em um primeiro plano, eu não sinto que tenho alguma diferença filosófica, eu, como autor da definição de open source, e ele, como criador do free software como uma coisa organizada, exceto por uma coisa: *Richard acha que todo software deveria ser livre, e eu acho que software livre e software não-livre devem coexistir.* Esta é a única diferença que nós temos (idem, grifo nosso).

Bruce Perens toca num ponto muito importante dessa tensão entre *free* e *open*. De um lado temos a FSF defendendo que o *software* proprietário deve se tornar obsoleto e todo conhecimento deveria ser livre; Do outro nós temos a OSI defendendo que o *software* livre pode (ou deve) dividir espaço na sociedade com os *softwares* proprietários. Essa diferença representa o caráter plural do movimento *software* livre, além de atestar que a FSF possui e defende um projeto social, ao passo em que a OSI reivindica para si uma identidade apolítica e não ideológica.

Em 1998, Stallman escreveu um texto chamado *Why "Free Software" is Better than "Open Source"* (Porque "Software Livre" é melhor que "Código Aberto"), em que afirmava que a diferença entre os dois grupos está relacionada a uma questão ética. Para o movimento *free*, o *software* proprietário é um problema social e o *software* livre, a solução. Já para o movimento *open*, o programa proprietário seria apenas uma solução sub-ótima ou de qualidade inferior. No texto, ele também afirma que *free* e *open* são dois campos políticos dentro da comunidade de *sof-*

tware livre, são separados por diferentes visões e objetivos, mas podem trabalhar juntos em projetos práticos.

Deve-se notar a ênfase de Stallman a "práticos". Isso se deve ao fato de que ele reconhece que há discordância política entre os dois, mas que há, também, alguma concordância quando se trata de recomendações práticas. Como exemplo disso, podemos apontar a coalizão que ambos os grupos formaram em 2001 para fazer frente aos ataques do vice-presidente da Microsoft, Craig Mundie. Para rebater as críticas de Mundie, Perens escreveu uma carta que foi co-assinada por, entre outras pessoas, Stallman, Torvalds e Raymond. O título da carta, *Free Software Leaders Stand Together* (Líderes do *Software* Livre estão juntos), já deixa explícito, como apontou Rafael Evangelista (2010), a articulação política construída para combater o inimigo comum.

Ainda que se junte com o grupo open em momentos como o citado acima, Stallman deixa bem claro que não deseja que essa relação vá além disso. No texto citado anteriormente, ele afirma que não quer se associar a esse grupo porque as ideias do GNU podem ser obscurecidas com isso:

> Nós não somos contra o movimento Open Source, mas não queremos ser agrupados com eles. Nós reconhecemos que eles têm contribuído para a nossa comunidade, mas nós criamos esta comunidade, e queremos que as pessoas saibam disso. Queremos que as pessoas associem os nossos feitos com os nossos valores e a nossa filosofia, e não com a deles. Queremos ser ouvidos, não obscurecidos por trás de um grupo com diferentes pontos de vista (2002 p. 55-6, tradução nossa).[23]

---

23 No original: "We are not against the Open Source movement, but we don't want to be lumped in with them. We acknowledge that they have contributed to our community, but we created this community, and we want people to know this. We want people to associate our achievements with our values and our philo-

A tecnoutopia do software livre

É possível perceber que Stallman se refere ao *open source* como "movimento". Mas a opinião dele sobre isso parece variar dependendo da conjuntura. Em 2005, ele chegou a afirmar que o *open source* não é um movimento, que talvez fosse uma coleção de ideias ou uma campanha, mas não um movimento.[24] Ao afirmar isso, o idealizador do GNU, talvez esteja sugerindo que há uma falta de compromisso social no *open source* para que ele seja considerado movimento. Talvez faltasse a ele uma bandeira política, como a que levanta a FSF.

Neste sentido, em 2008, Stallman escreveu um texto com nome bem sugestivo sobre a filosofia do *open source*, o texto se chamou *Avoiding ruinous compromises*, algo como "Evitando compromissos prejudiciais". Nele, Stallman afirma que a retórica do *open source* "pressupõe e apela aos valores de consumidor, desse modo afirmando e reforçando-os".[25] O *open source* também estabeleceria compromissos prejudiciais com *softwares* não livres em nome das vantagens práticas e para atrair novos usuários. Aqui, Stallman afirma mais uma vez que o compromisso do grupo *open* não é com a liberdade dos seus usuários, mas com a qualidade do *software*.

O caráter sócio-político do projeto de *software* livre da Free Software Foundation é explícito e sempre foi apontado por Richard Stallman. Em entrevista de 1986,[26] apenas três anos após sua ideia para o GNU ter aparecido, Stallman já afirmava que o Projeto GNU é, de fato, um projeto social, que usa a técnica como meio para mudar a sociedade. E que a sua intenção, portanto, não era de fazer um sistema tecnicamente melhor, mas socialmente melhor. No decorrer dessa entrevista, o entre-

---

sophy, not with theirs. We want to be heard, not obscured behind a group with different views".

24 Cf. nota 154.

25 Disponível em: Evitando Compromissos Ruinosos. <http://www.gnu.org/philosophy/compromise.html>. Acesso: 17 set. 2013.

26 Cf. nota 145.

vistador pergunta a Stallman se ele realmente pretendia mudar a forma como a indústria do *software* funcionava. A resposta foi positiva, embora ainda fosse metade dos anos 1980, e ele não tivesse muita noção do que aconteceria, apenas expectativas, ele esboça seu descontentamento com o então estado do campo de *software*:

> Sim. Algumas pessoas dizem que ninguém nunca vai usá-lo porque ele não tem um logotipo corporativo por trás dele, e outras dizem que ele será muito importante e todo mundo vai querer usá-lo. Eu não tenho como saber o que realmente vai acontecer. Eu não conheço nenhuma outra maneira de mudar a falta de beleza do campo que eu me encontro, então isso é o que eu tenho para fazer (tradução nossa).[27]

Logo em seguida o entrevistador sugere que seu projeto de mudar a forma como a indústria do *software* funciona é muito importante política e socialmente, e pede que Stallman fale um pouco sobre as suas implicações. Em sua resposta há a indicação de que o Projeto GNU não é apenas um projeto sobre tecnologia, mas um projeto que sugere um novo modelo de funcionamento da sociedade, no que diz respeito à abordagem do conhecimento e da informação:

> Eu estou tentando mudar a forma como as pessoas abordam o conhecimento e a informação em geral. Eu acho que tentar se apropriar do conhecimento, tentar controlar se as pessoas podem usá-lo, ou tentar impedir outras pessoas de compartilhá-lo,

---

27 No original: "Yes. Some people say no one will ever use it because it doesn't have some attractive corporate logo on it, and other people say that they think it is tremendously important and everyone's going to want to use it. I have no way of knowing what is really going to happen. I don't know any other way to try to change the ugliness of the field that I find myself in, so this is what I have to do". *Idem.*

é sabotagem. É uma atividade que beneficia a pessoa que a faz à custa do empobrecimento de toda a sociedade. (...) Eu gostaria de ver as pessoas serem recompensadas por escreverem software livre e por encorajarem outras pessoas a usá-lo. Eu não quero ver pessoas sendo recompensadas por escrever software proprietário porque isso não é realmente uma contribuição para a sociedade (tradução nossa).[28]

Em texto de 2008, vinte e dois anos depois, Stallman continua afirmando que o movimento *software* livre objetiva literalmente uma "mudança social":

O movimento do software livre tem como objetivo uma *mudança social*: transformar todo software em software livre para que todos os usuários de software sejam livres e possam fazer parte de uma comunidade de cooperação. Todo programa não-livre dá ao seu desenvolvedor poder injusto sobre os usuários. *Nossa meta é por fim a essa injustiça* (grifo nosso).[29]

"Mudança social" e "fim da injustiça" são jargões dos movimentos sociais, não é por acaso que não encontramos esse tipo de termo nos discursos do grupo *open*. É pública e notória a condenação da política por parte desse grupo. Como aponta Rafael Evangelista (2010), o grupo

---

28 No original: "I'm trying to change the way people approach knowledge and information in general. I think that to try to own knowledge, to try to control whether people are allowed to use it, or to try to stop other people from sharing it, is sabotage. It is an activity that benefits the person that does it at the cost of impoverishing all of society. (...) I would like to see people get rewards for writing free software and for encouraging other people to use it. I don't want to see people get rewards for writing proprietary software because that is not really a contribution to society". *Idem.*

29 Cf. nota 192.

open se coloca como uma negação da política, o seu discurso, diferente do que vimos acima, é caracterizado pela apologia da competição entre os sujeitos e grupos e pela valorização da técnica. Rafael defende, com razão, que essa negação da política representa mais do que um agnosticismo político, mas está relacionada à ideia de que a política atrapalharia as questões técnicas.

Esse discurso contra a ideologia política viria em nome da racionalidade e da neutralidade. Gabriella Coleman (2013) defende que a consequência dessa negação da política é que assim o *software* livre atinge um público maior, uma vez que esse agnosticismo político do *open* facilita a promoção e adoção do *software* livre. Dessa forma, o movimento consegue agregar diferentes públicos que, ao final, contribuem para a mesma coisa: comprometer a hegemonia do direito de propriedade intelectual e transformar as leis deste sistema.

Richard Stallman afirma, que após 1998 ensinar aos novos usuários sobre a importância da liberdade se tornou mais difícil. Embora ele reconheça que o termo *open source* se refira à mesma categoria de *software* que o termo *free software*, ele afirma que o primeiro expressa a ideia de que a tecnologia é mais importante que a liberdade. Stallman também afirma que muitos não usam o termo somente para fugir da ambiguidade livre/gratuito, há também uma motivação ideológica por trás desse uso. Muitas vezes se recorre ao termo para anular, segundo o próprio RMS, o espírito de justiça que motivou o movimento e o Projeto GNU; e para apelar aos executivos, que colocam o lucro acima dos ideais da liberdade e comunidade. Para ele, a retórica do *open source* não foca nesses ideais, mas privilegia as qualidades técnicas do software (2002, p. 30).

Do outro lado, Eric Raymond aponta que o grande problema de Stallman, ou sua grande "falha", seria valorizar questões morais em vez de questões técnicas. Raymond afirma que as ferramentas que Stallman criou, assim como a licença GPL revolucionaram o mundo, mas ele não as valoriza tanto quanto valoriza os preceitos morais:

A tecnoutopia do software livre

> Os artefatos de RMS – GCC, Emacs, a GNU General
> Public License – realmente têm mudado o mun-
> do. O processo de desenvolvimento colaborativo e
> aberto, que ele tanto ajudou a criar está triunfando.
> Seu código e sua licença tiveram sucesso; é apenas
> sua retórica e moralismo falharam. A tragédia é que
> o próprio RMS valoriza seu moralismo mais que o
> seu código (tradução nossa).[30]

A falta de um programa político por parte de Linus Torvalds, no entanto, nunca foi segredo para ninguém. O seu sistema operacional não foi escrito com objetivos políticos, desde o começo, Linus sempre deixou claro que se tratava apenas de uma diversão. Diferente de Stallman, ele não havia escrito um sistema como forma de interferir na estrutura social. Essa diferença foi realçada durante uma polêmica ocorrida em 2002, entre Stallman e Linus, na qual se discutia a possibilidade de se criar ferramentas livres a partir de *softwares* não livres. Christopher Kelty (2008) comenta que houve muita tensão a partir das declarações que ambos deram a respeito do caso:

> De um lado desta controvérsia, naturalmente, esta-
> va Richard Stallman e aqueles que compartilhavam
> da sua visão de Software Livre. Do outro estava
> pragmáticos, como Torvalds, afirmando não ter ne-
> nhum objetivo ideológico e nenhum compromisso
> com a "ideologia"—apenas um compromisso com
> a "diversão". (...) Torvalds deu uma declaração mui-
> to forte sobre o assunto, respondendo às críticas de

---

30 No original: "MS's artifacts – GCC, Emacs, the GNU General Public License – really have changed the world. The process of open, collaborative development he did so much to help invent is triumphing. His code and his license have succeeded; it is only his rhetoric and moralizing that have failed. The tragedy is that RMS himself values his moralizing more than his code". Cf. nota 163.

Stallman sobre o uso de software não livre para criar Software Livre: "Francamente, eu não quero pessoas usando Linux por razões ideológicas. Eu acho ideologia um saco. Esse mundo seria um lugar muito melhor se as pessoas tivessem menos ideologia e muito mais 'Eu faço isso por que é DIVERTIDO e porque outros poderiam achar isso útil, não porque eu tenho uma religião.'" (p. 233, tradução nossa).[31]

A fala de Linus Torvalds condena o suposto caráter ideológico de Richard Stallman e da FSF, além de sugerir que o movimento do *free software* se assemelha a uma religião. Essa última associação talvez tente sugerir que o discurso do grupo *free* seja fanático, extremista e radical. A crítica da ideologia, tal como feita por Linus Torvalds acima, coincide com a descrição de Paul Ricoeur (2006) sobre a atitude de quem critica o ideólogo de maneira vaga, qual seja, a de apontar um defeito alheio, um defeito em Richard Stallman ou no grupo *free*. Eis o que diz o filósofo francês:

> O ideólogo nunca é a nossa própria posição; é sempre a atitude de outras pessoas, é sempre a ideologia *deles*. Quando por vezes é caracterizada de maneira excessivamente vaga, até se pode dizer que uma ideologia é um defeito alheio. As pessoas assim nunca dizem que elas mesmas são ideológicas; o termo é

---

31 No original: "On one side of this controversy, naturally, was Richard Stallman and those sharing his vision of Free Software. On the other were pragmatists like Torvalds claiming no goals and no commitment to "ideology"—only a commitment to "fun." (…) Torvalds made a very strong and vocal statement concerning this issue, responding to Stallman's criticisms about the use of non-free software to create Free Software: "Quite frankly, I don't _want_ people using Linux for ideological reasons. I think ideology sucks. This world would be a much better place if people had less ideology, and a whole lot more 'I do this because it's FUN and because others might find it useful, not because I got religion.'".

A tecnoutopia do software livre

sempre dirigido contra o outro (p. 46, grifo do autor, tradução nossa).[32]

A pretensa isenção ideológica de Linus Torvalds, ou do grupo *open* como um todo, pode ser caracterizada também, por si só, como uma ideologia da anti-ideologia. Esse discurso contra a ideologia ou pós--ideológico é muito característico do período pós-guerra (MÉSZÁROS, 2012). Talvez as raízes desse discurso do grupo *open* possam ser encontradas aí. Seu discurso pretensamente apolítico e que privilegia a técnica e a comercialização do *software*, podem ter incorporado a retórica pós--Guerra Fria, da ideologia como anacrônica, antiquada ou desnecessária. Logo mais adiante veremos que ao criticar o caráter político e ideológico do grupo *free*, o *open source* deixa transparecer nessa crítica sua própria ideologia, que tanto nega possuir. Evgeny Morozov (2013) revela que o esforço do grupo *open* de se apresentar como livre de ideologias, representa o próprio impulsionamento de uma poderosa ideologia: "uma ideologia que adora a inovação e a eficiência em detrimento de tudo o mais" (tradução nossa).[33]

A deslegitimação ou desqualificação do discurso do grupo *free* também acontece através da sua associação com as ideologias comunista e socialista. Em 2001, no documentário *Revolution OS*, Eric Raymond, quando perguntado sobre a relação que muitas pessoas costumam fazer entre *free software* ou *open source* com o comunismo, responde exaltado:

> Absolutamente sem sentido. Fico muito nervoso quando fazem isso. Comunismo é uma ideologia que

---

32 No original: "Lo ideológico nunca es la posición de uno mismo; es siepre (sic) la postura de algún otro, de los demás, es siempre la ideología de *ellos*. Cuando a veces se la caracteriza con demasiado poco rigor, hasta se dice que la ideología es culpa de los demás. De manera que la gente nunca dice que es ideológica ella misma; el término siempre está dirigido contra los demás".

33 Cf. nota 186.

força as pessoas a compartilharem [assim como o free software?]. Se você não quiser compartilhar você é preso ou morto. Código Aberto não é comunismo porque ele não força as pessoas (MOORE, 2001).

A fala de Raymond deixa subentendido que o *free software*, ao contrário do *open source*, forçaria as pessoas a compartilharem. Tal concepção pode advir do fato de que a Free Software Foundation condena as restrições ao compartilhamento do conhecimento e defende que todo *software* deve ser livre. Como já vimos, o grupo *open* não concorda com essa ideia de que o *software* proprietário deva ser extinto e a sociedade produza apenas programas livres.

Michel Timann, co-fundador da Cygnus,[34] afirma ainda no mesmo documentário, que em 1989 a palavra "comunismo" teria sido usada como uma espécie de complemento ao termo *software* livre. Aquela altura muitos se referiam ao seu negócio com *free software* como "loucura". Ele também afirma que gostaria que as pessoas se referissem a esse negócio como "capitalismo" (idem). A lembrança de Timann sugere que as pessoas, no final dos anos 1980, não viam ainda o *software* livre como algo que poderia ser usado de forma comercial. A tendência a enxergá-lo de tal forma não é difícil de entender, dado o discurso politico de Richard Stallman e o momento histórico caracterizado pelo final de Guerra Fria, onde se destacava a polarização capitalismo/socialismo.

Fora justamente esse tom capitalista e comercial que o grupo *open source* buscou dar ao *software* livre no final dos anos 1990. O sucesso do Linux no mercado contribuiu para reverter essa situação da qual falou Michel Timann. Ao final dos anos 1990, o *software* livre já era visto com outros olhos, inclusive até como uma ameaça a hegemonia da Microsoft, como mostramos. Embora Richard Stallman afirme que o surgimento do

---

34 Ela é conhecida por ter sido a primeira empresa a ser fundada para dar suporte a *software* livre. Foi criada em 1989, nos Estados Unidos (MOORE, 2001).

A tecnoutopia do software livre

open source tenha tornado mais difícil a sua tarefa de espalhar a filosofia GNU pelo mundo, o sucesso mercadológico do Linux, assim como sua consequente popularidade, deram mais visibilidade ao Projeto GNU e contribuíram para que o projeto político da FSF saísse das margens e ocupasse um lugar central no debate sobre as novas formas de produção e distribuição do conhecimento (COLEMAN, 2013; BENKLER, 2006).

Talvez seja exagerado afirmar, tal como o faz Christopher Kelty (2008) em seu livro *Two Bits*, que o movimento *software* livre tenha começado apenas no final dos anos 1990, com a decisão da Netscape de liberar o código do seu navegador. Para ele, não havia movimento antes disso. É apenas a partir de 1998 que o *software* livre começa a ser tornar um movimento coerente. Eis o que ele diz sobre isso:

> Antes de 1998, não havia movimento. Havia a Free Software Foundation, com seus objetivos peculiares e uma grande variedade de outros projetos, pessoas, software e ideias. Então, de repente, no calor do dotcom boom, o software livre era um movimento. De repente, ele era um problema, um perigo, um trabalho, uma profissão, um dogma, uma solução, uma filosofia, uma libertação, uma metodologia, um plano de negócios, um sucesso, e uma alternativa. De repente, ele era Open Source ou Free Software, e tornou-se necessário escolher um dos lados. Depois de 1998, debates sobre a definição explodiram; denúncias e manifestos e hagiografia jornalística proliferaram. Ironicamente, a criação de dois nomes permitiu às pessoas identificarem *uma coisa*, os dois nomes se referiam a práticas, licenças, ferramentas e organizações idênticas. Free Software e Open Source compartilhavam tudo "material", mas diferiam verbalmente e em grande medida com respeito a ideologia. Stallman era denunciado como um maluco,

um comunista, um idealista, e um dogmático atrasando a adoção bem sucedida do Open Source pelas empresas; Raymond e os usuários do "open source" foram acusados de venderem os ideais de liberdade e autonomia; de diluírem os princípios e a promessa do Free Software, assim como de serem fantoches da dominação capitalista. No entanto, ambos os grupos passaram a criar objetos – principalmente software – usando ferramentas com as quais eles concordavam, conceitos de transparência com os quais eles concordavam, licenças com as quais eles concordavam, e esquemas organizacionais com os quais eles concordavam. No entanto, nunca houve mais feroz debate sobre a definição de Free Software (p. 115-16, grifo do autor, tradução nossa).[35]

---

35 No original: "Before 1998, there was no movement. There was the Free Software Foundation, with its peculiar goals, and a very wide array of other projects, people, software, and ideas. Then, all of a sudden, in the heat of the dotcom boom, Free Software was a movement. Suddenly, it was a problem, a danger, a job, a calling, a dogma, a solution, a philosophy, a liberation, a methodology, a business plan, a success, and an alternative. Suddenly, it was Open Source or Free Software, and it became necessary to choose sides. After 1998, debates about definition exploded; denunciations and manifestos and journalistic hagiography proliferated. Ironically, the creation of two names allowed people to identify *one thing*, for these two names referred to identical practices, licenses, tools, and organizations. Free Software and Open Source shared everything "material," but differed vocally and at great length with respect to ideology. Stallman was denounced as a kook, a communist, an idealist, and a dogmatic holding back the successful adoption of Open Source by business; Raymond and users of "open source" were charged with selling out the ideals of freedom and autonomy, with the dilution of the principles and the promise of Free Software, as well as with being stooges of capitalist domination. Meanwhile, both groups proceeded to create objects—principally software— using tools that they agreed on, concepts of openness that they agreed on, licenses that they agreed on, and organizational

A tecnoutopia do software livre

Parece que Kelty está definindo movimento social em termos de volume de indivíduos e popularidade ou, ainda, diversidade de pessoas.

Não podemos negar a importância do surgimento do Linux para o GNU, mas também não podemos esquecer que o Linux, e o próprio movimento *open source*, só foram possíveis por causa do movimento anterior fundado pelo FSF, de alcance mais restrito, mas ainda assim um movimento.

Antes de 1998 já havia a Free Software Foundation; a metodologia *copyleft*; várias ferramentas do sistema GNU (GCC, *Emacs*, GDB); os ideais de liberdade e comunidade; o Manifesto GNU, uma carta clara e direta sobre as intenções do projeto. A afirmação de Kelty parece ignorar que havia um projeto social em torno da FSF e que estabelecia claros objetivos de mudança na estrutura da nossa sociedade. O que parece acontecer depois de 1998 não é a inauguração do movimento, e sim a sua expansão: novas ideologias, novos atores, novos espaços ocupados. A filosofia do *software* livre ganha o mundo, em parte impulsionada pelo sucesso do Linux, mas também em parte pela popularização da internet.

O *software* livre e a retórica neoliberal

David Harvey (2008) em seu livro *O Neoliberalismo: história e implicações* sublinha um aspecto importante da retórica neoliberal, construída a partir dos anos 1970. Segundo ele, os articuladores desse pensamento teriam adotado como palavras-chave a "liberdade individual" e a "dignidade humana", em meio a um cenário em que esses ideais estavam ou estiveram ameaçados pelo fascismo, comunismo, ditaduras etc. A escolha desse aparato conceitual se deu de forma estratégica, no sentido de que esses ideais sempre foram historicamente mobilizadores e comoventes. Foram usados para alavancar os movimentos dissidentes do Leste Europeu e da União Soviética antes do final da Guerra Fria,

---

schemes that they agreed on. Yet never was there fiercer debate about the definition of Free Software".

assim como o dos estudantes chineses da Praça Tiannamen, passando também pelos movimentos estudantis que tomaram o mundo em 1968. Esses ideais funcionaram (e funcionam), portanto, como uma espécie de carta coringa, a que praticamente todos os movimentos, à esquerda ou à direita, lançam mão quando desejam mobilizar a sociedade. Nessa perspectiva, Harvey afirma que "todo movimento político que considera sacrossantas as liberdades individuais corre o risco de ser incorporado sobre as asas neoliberais" (p. 50). Ao privilegiar a liberdade do indivíduo de acessar, modificar e redistribuir o *software*, o discurso e as práticas defendidas pelo Projeto GNU puderam ser apropriados por defensores do neoliberalismo enquanto valor social. Richard Stallman, ao colocar o *software* livre como sinônimo de "liberdade de expressão", afirmando que o sentido de liberdade que o seu projeto defende é o mesmo que está expresso em *free speech* (liberdade de expressão), possibilita também essa abordagem neoliberal do *software* livre, já que "liberdade de expressão" é também um ideal caro aos que defendem o neoliberalismo (COLEMAN, 2013).

Dessa forma, o *software* livre, ao usar essa retórica da liberdade, pode ser abraçado por quaisquer grupos e quaisquer ideologias. Ele permite uma dupla ancoragem tanto da direita quanto da esquerda (EVANGELISTA, 2010). Não é de se estranhar, portanto, que ele possa ser usado tanto pela IBM,[36] um grande conglomerado de tecnologia, citada anteriormente como uma das maiores geradoras de patentes no

---

36 Como Yochai Benkler (2006) aponta a IBM foi uma das empresas que mais investiu na adaptação do seu modelo de negócios à chegada do *software* livre no mercado. A empresa teria investido entre 2000 e 2003, mais de um bilhão de dólares em desenvolvedores de *software* livre. Contratou programadores para ajudar a desenvolver o Linux e doou diversas patentes para a Free Software Foundation. Em 17 de setembro deste ano, a IBM anunciou, durante a *LinuxCon* (evento organizado anualmente pela Linux Foundation), que pretende investir um bilhão de dólares no Linux, para melhorar os serviços aos seus clientes. No texto que noticia o anúncio, a empresa faz questão de destacar que apoia projetos

A tecnoutopia do software livre

mundo; e ao mesmo tempo pelo *Indymedia*, um coletivo esquerdista anticapitalista, surgido no final dos anos 1990, que faz uso de *software* livre para criar sua estrutura de comunicação (COLEMAN, 2013). O *software* livre permite, assim, agregar em torno de si grupos e ideologias contraditórias e, até mesmo, inimigas.

Gabriella Coleman (idem) aponta que os princípios do liberalismo de proteção à propriedade e liberdades civis; promoção da autonomia individual; proteção à liberdade de imprensa; igualdade de oportunidades e meritocracia podem ser percebidos também dentro das comunidades de *software* livre. Ao mesmo tempo em que incorpora alguns desses princípios, o movimento *software* livre também parece fazer uma crítica a eles. Portanto, ele estaria simultaneamente no centro e nas margens dessa tradição liberal. Assim ela afirma:

> ... hackers construíram uma prática ética e técnica densa que sustenta a sua liberdade produtiva, e ao fazê-lo, (...) estendem, bem como reformulam, os ideais liberais fundamentais, como o acesso, a liberdade de expressão, transparência, igualdade de oportunidades, publicidade e meritocracia. Defendo que F/OSS [Free and Open Source Software] extrai dos, e também rearticula, elementos da tradição liberal. Em vez de designar apenas um conjunto de visões políticas, econômicas ou legais explicitamente sustentadas, eu trato o liberalismo em seus registros culturais. Hackers de software livre culturalmente concretizam uma série de temas e sensibilidades liberais, por exemplo, através de sua ajuda mútua competitiva, ávidos princípios de liberdade de expressão, e a implementação da me-

---

open source desde 1999. Disponível em: <http://www-03.ibm.com/press/us/en/pressrelease/41926.wss>. Acesso: 09 out. 2013.

ritocracia, juntamente com seu desafio frequente a disposições de propriedade intelectual. De fato, a filosofia ética de F/OSS enfoca a importância do conhecimento, da auto-construção e auto-expressão como o locus fundamental da liberdade. (...) Porque os hackers desafiam uma tensão da jurisprudência liberal, propriedade intelectual, inspirando-se nela e reformulando ideais de outra, a liberdade de expressão, a arena de F/OSS torna palpável a tensão entre dois dos mais queridos preceitos liberais – os quais foram submetidos a um significativo aprofundamento e alargamento nas últimas décadas. Assim, na sua dimensão política, e mesmo que este ponto não seja declarado pela maioria dos desenvolvedores e defensores, F/OSS representa uma crítica liberal de dentro do liberalismo. Hackers estão sentados, simultaneamente, no centro e nas margens da tradição liberal (*Ibidem*, p. 3, tradução nossa).[37]

---

37 No original: "…hackers have built a dense ethical and technical practice that sustains their productive freedom, and in so doing (…) they extend as well as reformulate key liberal ideals such as access, free speech, transparency, equal opportunity, publicity, and meritocracy. I argue that F/OSS draws from and also rearticulates elements of the liberal tradition. Rather than designating only a set of explicitly held political, economic, or legal views, I treat liberalism in its cultural registers. Free software hackers culturally concretize a number of liberal themes and sensibilities—for example, through their competitive mutual aid, avid free speech principles, and implementation of meritocracy along with their frequent challenge to intellectual property provisions. Indeed, the ethical philosophy of F/OSS focuses on the importance of knowledge, self-cultivation, and self-expression as the vital locus of freedom (…).Because hackers challenge one strain of liberal jurisprudence, intellectual property, by drawing on and reformulating ideals from another one, free speech, the arena of F/OSS makes palpable the tensions between two of the most cherished liberal precepts—both of which have undergone a significant deepening and widening in recent decades. Thus,

A tecnoutopia do software livre

No entanto, se olharmos mais de perto os discursos dos dois grupos, *free* e *open*, perceberemos que esta tendência à tradição neoliberal está mais presente no grupo *open* (EVANGELISTA, 2010), que embora tenda a se colocar como não ideológico, representa nesta própria atitude a "Ideologia Californiana" (*Californian Ideology*), que possui tendências neoliberalizantes. Não é difícil entender porque o grupo *open* insiste na ideia de que são apolíticos e não ideológicos. Philippe Breton (1992) explica que uma das formas através das quais o neoliberalismo escapou aos efeitos de perda de credibilidade, que afetaram as ideologias no final do século XX, foi fazendo-se crer que não era uma ideologia.

A Ideologia Californiana, tal como caracterizada por Richard Barbrook and Andy Cameron (1995), seria um amálgama da ideologia dos *hippies* da boemia cultural de São Francisco, com a ideologia dos *yuppies*[38] da indústria de alta tecnologia do Vale do Silício. Mas os representantes desta ideologia, diferentes dos *hippies*, que defendiam a liberdade coletiva, defendem a liberdade dos indivíduos no mercado. Além disso, não se rebelam abertamente contra o sistema, acreditam que tal "liberdade individual só pode ser alcançada trabalhando dentro dos limites do progresso tecnológico e do 'livre mercado'".[39]

O grupo *open*, que compartilha dessa ideologia predominante no Vale do Silício, deu uma nova roupagem liberal ao *software* livre e transformou o debate sobre tecnologia, que costumava ser pautado em

---

in its political dimension, and even if this point is left unstated by most developers and advocates, F/OSS represents a liberal critique from within liberalism. Hackers sit simultaneously at the center and margins of the liberal tradition".

38 O termo *yuppie* é derivado da sigla YUP (*Young Urban Professional*) e se popularizou nos anos 1980, durante a ascensão do neoliberalismo. O yuppie pode ser caracterizado como um jovem empreendedor antenado com o mercado e as tecnologias. Disponível em: <https://pt.wikipedia.org/wiki/Yuppie>. Acesso: 08 nov. 2013.

39 Disponível em: *The Californian Ideology*. <http://www.alamut.com/subj/ideologies/pessimism/califldeo_I.html>. Acesso: 03 out. 2013.

questões de direitos, ética e política, feito desde os anos 1960 e 1970, pela contracultura; e dos anos 1980 até os dias atuais por Richard Stallman e seus apoiadores; em uma "celebração do espírito empreendedor", para usar as palavras de Evgeny Morozov (2013), "fazendo parecer como se a linguagem da economia fosse, de fato, a única maneira razoável de falar sobre o assunto" (tradução nossa).[40]

Essa celebração e a despolitização do *software* livre e da tecnologia de forma geral, se dá nos moldes da filosofia objetivista de Ayn Rand, uma espécie de guru intelectual para os empresários do Vale do Silício. Rand foi uma filósofa e escritora russa, que se naturalizou norte-americana e viveu na região da Califórnia, no começo dos anos 1920. Seus livros exprimiam uma teoria filosófica que defendia que o ser humano deveria se libertar de toda forma de controle político e religioso e viver pautado por seus desejos egoístas. O Objetivismo defendido por Ayn Rand representava a figura desse indivíduo egoísta como um verdadeiro herói (CURTIS, 2011). Tal filosofia foi abraçada, no início dos anos 1990, pelos empresários do Vale do Silício e inspirou a construção do ideal do *hacker* como herói egoísta, como apontado por Evgeny Morozov (2013).

Para Morozov, Tim O'Reilly é um legítimo representante desse pensamento Randiano. Ao retratar o *hacker* como herói empreendedor, O'Reilly se aproxima do herói Randiano, assim como da ideologia neoliberal da Califórnia:

> Os tons Randianos no pensamento de O'Reilly são difíceis de não notar, mesmo quando ele ostenta suas credenciais liberais. "Há uma maneira em que a essência da marca O'Reilly é basicamente uma história sobre o hacker como herói, o garoto que está brincando com a tecnologia, porque ele a adora, mas um dia cai em uma situação onde ele ou ela é

---

40 Cf. nota 186.

A tecnoutopia do software livre

chamado a ir adiante e mudar o mundo", escreveu
ele em 2012. Mas não é apenas o hacker como o
herói que O'Reilly é tão ansioso para celebrar. Seu
verdadeiro herói é o hacker-como-empreendedor,
alguém que supera os obstáculos intransponíveis
erguidos por corporações gigantes e burocratas
preguiçosos, a fim de cumprir o American Dream
2.0: iniciar uma empresa, perturbar uma indústria,
inventar um jargão. Se escondendo sob este verniz
brilhante da fala-rompimento é o mesmo velho
evangelho do individualismo, do estado mínimo, e
do fundamentalismo de mercado que nós associa-
mos com personagens Randianos. Para o Vale do
Silício e seus ídolos, a inovação é o novo egoísmo
(tradução nossa).[41]

Essa descrição que O'Reilly faz do *hacker* que brinca com a tecnologia e por acidente muda o mundo, não por acaso se encaixa no perfil de
Linus Torvalds, que sempre faz questão de afirmar que o Linux para ele
foi e é uma diversão, um *hobby*. Linus não estava pensando no bem-estar
da comunidade ou na preservação das suas liberdades, ao desenvolver

---

41 No original: "The Randian undertones in O'Reilly's thinking are hard to miss,
even as he flaunts his liberal credentials. "There's a way in which the O'Reilly
brand essence is ultimately a story about the hacker as hero, the kid who is
playing with technology because he loves it, but one day falls into a situation
where he or she is called on to go forth and change the world," he wrote in 2012.
But it's not just the hacker as hero that O'Reilly is so keen to celebrate. His true
hero is the hacker-cum-entrepreneur, someone who overcomes the insurmoun-
table obstacles erected by giant corporations and lazy bureaucrats in order to
fulfill the American Dream 2.0: start a company, disrupt an industry, coin a bu-
zzword. Hiding beneath this glossy veneer of disruption-talk is the same old
gospel of individualism, small government, and market fundamentalism that we
associate with Randian characters. For Silicon Valley and its idols, innovation is
the new selfishness". *Idem*.

o seu sistema, assim como o grupo *open source* também não tinha isso como objetivo fundamental ao se estabelecer. Faz sentido, portanto, o grupo *open* não ter como foco a importância da comunidade e da cooperação, que tanto Richard Stallman defende. O mantra deles não é a solidariedade, mas a inovação, como bem apontou Evgeny Morozov. Os dilemas éticos, característicos do discurso do grupo *free*, não são vistos como prioritários pelo grupo *open*. "Enquanto o free software pretendia forçar os desenvolvedores a perder o sono por dilemas éticos, o open source pretendia acabar com sua insônia", sentencia Morozov.[42]

Stallman ao defender o seu projeto de *software* livre costuma destacar a importância da cooperação e do compartilhamento, em detrimento da competição; do comunitário em vez do individual. A sua defesa de uma sociedade na qual todo *software* seja livre se pauta na ideia de que assim esses valores seriam promovidos. Ele não acredita que seja benéfico para a sociedade a coexistência de *software* proprietário e *software* livre, porque esse tipo de configuração continuaria promovendo a injustiça, a desigualdade e obstruindo o direito à liberdade de compartilhamento que todos nós supostamente teríamos. Nesse sentido, ele diz:

> Meu trabalho no software livre é motivado por uma meta idealista: disseminar liberdade e cooperação. Eu quero estimular o software livre a se disseminar, substituindo o software proprietário que proíbe a cooperação, e assim tornar a nossa sociedade melhor (2002, p. 91, tradução nossa).[43]

---

42 Cf nota 186.

43 No original: "My work on free software is motivated by an idealistic goal: spreading freedom and cooperation. I want to encourage free software to spread, replacing proprietary software that forbids cooperation, and thus make our society better".

A tecnoutopia do software livre

O discurso do grupo *open*, no entanto, acredita que essa coexistência deva existir, porque a competição entre os indivíduos ou empresas é fundamental para encorajar a inovação e o aprimoramento técnico. Tal discurso está em consonância com a retórica do neoliberalismo, que considera a competição uma virtude primordial (HARVEY, 2008).

Embora defenda o fim do *software* proprietário, Stallman não é contra a competição em si, mas apenas contra um tipo específico de competição desleal, na qual os indivíduos atacam seus concorrentes para vencer. Para ele, o paradigma da competição, que incentiva todos a correrem mais rápido atrás de uma recompensa, é aceitável. O que não é aceitável é a competição que estimule os corredores a vencerem a qualquer custo. "Se os corredores se esquecem do porque a recompensa é oferecida e buscam vencer, não importa como, eles podem encontrar outras estratégias – como, por exemplo, atacar os outros corredores." (2002, p. 37, tradução nossa),[44] afirma ele. No Manifesto GNU, Stallman se opõe à ideia de que a competição nestes moldes, nos moldes do que propõe o software proprietário, "uma luta corpo-a-corpo", torna a sociedade melhor.

A ideia da propriedade privada, representada nos direitos de propriedade intelectual, é reforçada pelo grupo *free* apenas na medida em que os mecanismos desse sistema podem ser usados para garantir que ele próprio não fira os direitos de compartilhamento e cooperação dos indivíduos. Tal ideia não é considerada, como o é pelos que defendem a abordagem neoliberal, como a chave para a inovação e a melhoria do bem-estar da sociedade. É possível, inclusive, que o Projeto GNU tenha surgido também como uma resposta ou uma reação a esse processo de neoliberalização da sociedade, que tem ocorrido desde os meados dos anos 1970. Ao insistir na promoção dos valores de solidariedade e coo-

---

44 No original: "If the runners forget why the reward is offered and become intent on winning, no matter how, they may find other strategies—such as, attacking other runners".

peração, o GNU se coloca também na contramão dessa tendência neoliberal individualista e competitiva.

Apesar de usar o discurso da liberdade individual, Richard Stallman e o grupo *free*, destacam a justiça social como objetivo do seu projeto político. Como aponta David Harvey (2008), esses dois valores nem sempre são compatíveis, "a busca da justiça social pressupõe solidariedades sociais e propensão a submeter vontades, necessidades e desejos à causa de alguma luta mais geral" (p. 51). Esse tipo de postura é incompatível com o perfil do *hacker* herói egoísta randiano, que não deve submeter suas vontades por nenhuma causa altruísta. Neste aspecto, o discurso de Richard Stallman se distancia dessa retórica neoliberalizante, hostil à solidariedade social que impõe restrições à acumulação de capital.

Já vimos que Richard Stallman defende que não há nada de errado em um programador querer um pagamento pelo seu trabalho ou maximizar a sua renda, desde que para isso ele não use mecanismos nocivos à sociedade, como, por exemplo, restringir a liberdade dos usuários. No trecho abaixo, é possível perceber, por exemplo, que ele advoga que os programadores submetam sua vontade de ganhar muito dinheiro produzindo *software*, ao direito social de livre acesso a esse *software*. Ele admite que uma sociedade em que há apenas programas livres, o trabalho de programação não será tão lucrativo quanto o é agora, mas este não seria um argumento forte contra a mudança no paradigma da indústria de *software*. O incentivo financeiro, portanto, tão importante aos *hackers* empreendedores do livre mercado, para Stallman é uma questão secundária. Dessa forma, ele argumenta no texto "Manifesto GNU":

> "Todos não irão parar de programar sem um incentivo monetário?"
> Na verdade, muitas pessoas vão programar sem absolutamente nenhum incentivo monetário. Programação tem um fascínio irresistível para algumas pessoas, geralmente as pessoas que são melhores nisso. Não há falta de músicos profissionais que se mantém nisso

> mesmo que eles não tenham nenhuma esperança de ganhar a vida dessa forma. Mas na verdade esta questão, apesar de normalmente ser levantada, não é apropriada para a situação. Pagamento para os programadores não vai desaparecer, apenas diminuirá. Portanto, a pergunta certa é, alguém programará com incentivo monetário reduzido? Minha experiência mostra que sim (2002, p. 37-8, tradução nossa).[45]

O discurso de Richard Stallman pode parecer ingênuo ou até mesmo insano aos olhos de quem enxerga o campo do *software* como uma fonte inesgotável de lucro. Defender que os programadores trabalhem mesmo sem pagamento, apenas porque a programação seria irresistível e fascinante, pode soar idealista demais para os que investem no potencial mercadológico do *software* livre. Mas é justamente uma "meta idealista" que Richard Stallman persegue, como ele próprio afirmou anteriormente. Como veremos a seguir, o *software* livre aparece no horizonte do nosso tempo, como parte constituinte de uma utopia moderna, de uma meta idealista que apresenta várias facetas, e que pode variar de tom dependendo das questões regionais de cada grupo social que a abraça.

O *software* livre como utopia

Richard Stallman sabe que os projetos políticos que carregam certo idealismo enfrentam hoje um descrédito. Assim ele afirmou certa vez: "O Projeto GNU é idealista, e qualquer um que encoraje o idealismo

---

45 No original: "'Won't everyone stop programming without a monetary incentive?' Actually, many people will program with absolutely no monetary incentive. Programming has an irresistible fascination for some people, usually the people who are best at it. There is no shortage of professional musicians who keep at it even though they have no hope of making a living that way. But really this question, though commonly asked, is not appropriate to the situation. Pay for programmers will not disappear, only become less. So the right question is, will anyone program with a reduced monetary incentive? My experience shows that they will".

hoje enfrenta um grande obstáculo: a ideologia dominante incentiva as pessoas a recusarem o idealismo como 'impraticável'" (2002, p. 53, tradução nossa). O descrédito ao qual ele se refere vem de longe e não atinge apenas ao seu projeto. O discurso sobre a decadência do visionarismo ou do idealismo, que dá conta de anunciar aos quatro cantos do mundo o fim das utopias e das ideologias, parece ter começado lá pelos anos 1950. Mas, bem antes disso, em 1946, Albert Camus parece ter sido o primeiro a empregar essa expressão, que seria pronunciada ao desgaste até os dias atuais: "o fim das ideologias". Ele a teria usado em um artigo no qual criticava os socialistas franceses, que tentavam reconciliar marxismo e ética, o que para ele seria impossível (JACOBY, 2001).

Com a chegada dos anos 1950, os relatos que davam conta da ruína das utopias e ideologias se multiplicaram nos Estados Unidos e na Europa. Todos eles, ou pelo menos a maioria, tinham como base a crítica ao socialismo, às ideias marxistas ou ao esquerdismo de forma geral. Stalin morrera em 1953 e pairava no ar certa convicção de que o comunismo estava perdendo a batalha. Além disso, o discurso secreto de Nikita Kruchev, que assumiu o comando do Partido Comunista Soviético após a morte de Stalin, no qual assumia a face genocida do ex-líder da URSS, representou para muitos um atestado de falência ideológica (idem).

Muitas foram as obras, acadêmicas ou não, que espalharam a ideia de que já não era mais possível afirmar a existência de uma alternativa ao capitalismo. Em 1951, no artigo *The end of political ideology* (O fim da ideologia política), o historiador Henry Stuart Hughes, então professor de Harvard, destacava certa carência de convicções pelas quais passavam os intelectuais europeus esquerdistas. Já em 1955, o filósofo francês Raymond Aron, publicava seu livro *The Opium of the Intellectuals*, no qual denunciava o marxismo como sendo o ópio dos intelectuais e afirmava que a "era das ideologias" tinha chegado ao fim.

A tecnoutopia do software livre

Em 1957, Judith N. Shklar denunciava, em seu *After Utopia: The Decline of Political Faith* (*Depois da Utopia: O declínio da fé política*),[46] que o radicalismo estava fora de moda e que o socialismo já não tinha o que oferecer. E para arrematar as reflexões que "arquivaram o radicalismo e a utopia", para usar as palavras do historiador Russell Jacoby (idem), o livro *The End of Ideology*, de Daniel Bell, publicado em 1960, declarava que as velhas ideologias do dezenove estavam "esgotadas", tanto por conta dos horrores do comunismo soviético, quanto pelo sucesso do capitalismo liberal (idem).

O surgimento da Nova Esquerda nos anos 1960, no entanto, altera um pouco esse cenário de descrença quase total nas utopias e ideologias. A revolução em Cuba, os movimentos de 1968, o movimento feminista, o movimento pelos direitos civis dos negros nos EUA; tudo isso parecia apontar para um recuo da tese do fim das ideologias. Ao que os acontecimentos de 1989, o esfacelamento da União Soviética e do comunismo na Europa Oriental, provaram ser passageiro. A tese do fim das ideologias ganhou novo fôlego, principalmente a partir da obra de um dos seus novos propagadores, Francis Fukuyama. No seu *The End of History and the Last Man* (*O fim da história e o último homem*),[47] publicado em 1992, Fukuyama ia além dos seus antecessores, não só anunciava a derrota da esquerda e o triunfo da "revolução liberal", mas o fim da história (idem).

O fracasso histórico do "socialismo real" provocou a desintegração da classe trabalhadora, no sentido de que esta se fragmentou em pequenos movimentos sociais. Para István Mészáros (2002), houve uma "transferência de lealdade dos socialistas desiludidos" para os chamados novos movimentos sociais ou, como ele classifica, "movimentos de questão única". São exemplos disso o movimento verde e o movimento feminista.

---

46 SHKLAR, Judith N. After Utopia: The Decline of Politcal Faith. Princeton: Princeton University Press, 2015.

47 FUKUYAMA, Francis. The End of History and the Last Man. New York: Free Press, 2006.

Sob essa perspectiva, o movimento pelo *software* livre se encaixa na categoria de movimento de questão única. É claro que não estamos afirmando que ele é um subproduto da desintegração da classe trabalhadora, mas que parece ser uma resposta ao vazio ético e moral que se instalou nos últimos anos, como apontou Gilberto Dupas (2011). Dito de outra forma, o movimento pelo *software* livre pode ser enxergado, e assim ele funciona para muitos ativistas, como uma causa que a esquerda em muitos locais abraçou em substituição à utopia socialista ou outras utopias esquerdistas do século passado.

Muitos esquerdistas hoje transferiram sua crença numa sociedade nova e diferente do socialismo para o movimento *software* livre. Como o observa Russell Jacoby (2001), a esquerda recuou e hoje defende "ideias mais acanhadas, procurando expandir as alternativas no contexto da sociedade existente" (p. 30). O *software* livre aparece no horizonte como um movimento que supre uma demanda por uma nova ética. Ele propõe uma ética do compartilhamento e valores de justiça, igualdade, liberdade, cooperação. Ao mesmo tempo ele propõe também uma demanda por uma causa política, ele aparece, embora não como uma negação total da propriedade intelectual, mas como um enfrentamento a ela e como um drible nesse recurso do capitalismo para garantir a acumulação de capital.

Ele é um movimento que conseguiu extrapolar a fronteira da tecnologia e se configurar como uma alternativa para a esquerda, mas não só para ela, como já vimos. *Software* livre é uma reorientação econômica, cultural, legal, de conhecimento e de poder: "uma reorientação de poder no que diz respeito à criação, disseminação e autorização do conhecimento na era da Internet" (KELTY, 2008, p. 2, tradução nossa).

Chamamos a atenção para o fato de que o *software* livre é apropriado de diferentes formas por diferentes grupos sociais, a depender das questões regionais de cada grupo. Já mostramos como seu discurso permite uma apropriação por parte de grupos com tendências neoliberais. Esse tipo de apropriação mais "à direita", pode ser percebida com mais

A tecnoutopia do software livre

frequência em regiões como os EUA e a Europa. Já nos países da América Latina, por exemplo, o *software* livre possui matizes mais esquerdistas, ou foi abraçado majoritariamente por grupos sociais da esquerda, como mostram os trabalhos de Rafael Evangelista (2010) e Rafael Ronzani (2011).

Em seu trabalho sobre o movimento *software* livre no Brasil, Rafael Evangelista (2010) destaca que, enquanto em algumas outras regiões do mundo, o neoliberalismo representou uma importante influência para o movimento, no Brasil o movimento *software* livre se constituiu no seio dos movimentos de contestação da globalização neoliberal, que apareceram na virada do século. Além disso, Evangelista chama a atenção também para o fato de que no contexto brasileiro, as ideias do grupo *free* predominaram, tendo um forte apelo entre os movimentos sociais e lideranças políticas de esquerda. A ideologia do grupo *free* também teria contribuído para respaldar a luta por independência política e econômica, e superação da condição de país subdesenvolvido. Assim Evangelista explica:

> ... o discurso, em especial do grupo free, ganhou coloração própria quando reinterpretado por militantes brasileiros. A ideia de cooperação, colaboração, solidariedade e construção de um conjunto de softwares que fosse uma alternativa para o enrijecimento das regras de propriedade intelectual, ganhou outra força ao aportar em um país subdesenvolvido de industrialização parcial. Técnicos, muitos ligados ao serviço público, e com passado ligado aos movimentos de esquerda, entenderam o movimento software livre também como uma resposta ao domínio das grandes empresas de informática e ao saque de riquezas promovido pelos países desenvolvidos. No horizonte, enxergou-se o software livre até como fator de transformação e superação da economia capitalista (p. 131).

Tratando do contexto da América Latina como um todo, mas com enfoque nas políticas de governo, Rafael Ronzani (2011), também reforça a conclusão de Evangelista, de que nessa região o *software* livre se destacou por sua conexão com movimentos e governos com tendências esquerdistas. Os países latino-americanos, explica ele no seu trabalho, têm colocado o desenvolvimento tecnológico como meio pelo qual podem alcançar um desenvolvimento interno e superar a situação de dependência dos países ricos, para isso eles elegeram o *software* livre como ferramenta. Desse modo, ele afirma:

> Mas, como abandonar uma posição secundária histórica no progresso tecnológico, sabendo que o setor moderno produtivo da economia está nas mãos do capital estrangeiro? Pensando nessa questão, os países da América Latina elegeram o software livre como o modo de produzir tecnologia no âmbito interno, dispensando os métodos impostos, muitas vezes inadequados, que só geram dependência e conflito aos interesses internos. O software livre, nessa perspectiva, surgiu como uma alternativa ao software proprietário, no primeiro momento, se destacando no desenvolvimento econômico e local, principalmente para países como os da América Latina, por dois aspectos: o código aberto e a inexistência do pagamento de royalties de uso (p. 68-9).

Ronzani vai mostrando ao longo do seu trabalho, como alguns presidentes da América Latina adotaram, nos últimos anos, o *software* livre como política de Estado e algumas dificuldades que eles enfrentaram, levando em conta a nossa falta de tradição histórica na ciência e na tecnologia, assim como a limitação de recursos humanos e financeiros. Além disso, ele também evidencia as pressões externas, como *lobbys* das grandes empresas de *software* proprietário, que se puseram como obstáculos à efetivação dessas políticas de Estado.

A tecnoutopia do software livre

O caso do Peru é representativo disso. O país foi o primeiro na América Latina a formular projeto de lei, em 2001, para adoção de *software* livre na esfera pública, mas não obteve êxito na aprovação do projeto na época, por pressão da Microsoft. No ano seguinte, a Argentina também não conseguiu aprovar o projeto de lei apresentado pelo seu governo. Em 2003, por sua vez, o governo brasileiro assinou decreto presidencial viabilizando o *software* livre como política de Estado. E, em 2004, foi a vez da Venezuela assinar um decreto presidencial de incentivo ao uso do *software* livre na administração pública (RONZANI, 2011).

Hoje, entre os países latino-americanos que mantêm políticas de adoção de *software* livre estão: Brasil, Equador (através de decreto presidencial de 2008),[48] Colômbia (através de um acordo de 2007),[49] Cuba (desde 2005),[50] Venezuela, Bolívia (através de lei aprovada em 2011),[51] Paraguai parece ter estabelecido um plano de migração para *software* livre desde 2011.[52] Na Argentina, está em trâmite na Câmara de Deputados uma lei que pretende garantir o uso de padrões abertos nos sistemas de informação do governo.[53] O Uruguai também conta com um projeto de

---

48 Disponível em: <http://sge.administracionpublica.gob.ec/files/emslapcv1.pdf>. Acesso: 04 nov. 2013.

49 Disponível em: <http://www.alcaldiabogota.gov.co/sisjur/normas/Norma1. jsp?i=23574>. Acesso: 04 nov. 2013.

50 Disponível em: <http://www.lanacion.com.ar/1098831-cuba-apuesta-al-software-libre>. Acesso: 04 nov. 2013

51 Disponível em: <http://www.softwarelibre.org.bo/wiki/doku.php?id=ley_de_telecomunicaciones_2011>. Acesso: 04 nov. 2013.

52 Disponível em: <http://www.abc.com.py/nacionales/estado-paraguayo-busca-utilizar-solo-software-libre-para-el-2012-316067.html>. Acesso: 04 nov. 2013.

53 Disponível em: <http://www1.hcdn.gov.ar/proyxml/expediente. asp?fundamentos=si&numexp=2161-D-2013>. Acesso: 04 nov. 2013.

lei em trâmite, aprovado em 2012 pelos deputados e aguardando a análise pelo Senado.[54]

Dentre os países latino-americanos, o Brasil é um dos que mais se destacam no que se refere à adoção de *software* livre na administração pública, figurando inclusive como um modelo a ser seguido na região. Em 2006, o então secretário executivo do Comitê Executivo do Governo Eletrônico, Rogério Santanna, afirmava que três anos depois do decreto presidencial, o processo de migração dos órgãos governamentais estava num estágio bastante avançado, no caso dos Ministérios do Planejamento, da Cultura, da Educação, da Agricultura e de empresas como os Correios, o Banco do Brasil e a Caixa Econômica Federal. Já outros órgãos como Embrapa, Dataprev, Marinha do Brasil, Serpro já estavam em processo de migração há dois anos.[55] No começo de 2009, o governo federal informou que já havia economizado mais de 370 milhões de reais com o uso de *software* livre.[56]

No entanto, a justificativa do governo brasileiro para o uso de *software* livre não se reduz, pelo menos no discurso, ao fator econômico. Em 2013, na abertura do VI Congresso Internacional de Software Livre e Governo Eletrônico (CONSEGI), evento organizado anualmente desde 2008 pelo governo federal, o então secretário-geral da Presidência da República, ministro Gilberto Carvalho, fez um discurso no qual destacava a importância do *software* livre na construção do processo democrático e na defesa da soberania nacional:

---

54 Disponível em: <http://www.parlamento.gub.uy/dgip/websip/lisficha/fichaap. asp?Asunto=30805>. Acesso: 04 nov. 2013.

55 Disponível em: <http://www.softwarelivre.gov.br/noticias/News_Item.2006-06-06.4923/>. Acesso: 04 nov. 2013.

56 Disponível em: <http://www.softwarelivre.gov.br/noticias/software-livre-tambem-e-economia-para-o-estado/>. Acesso: 04 nov. 2013.

A tecnoutopia do software livre

> Porque se é verdade que em política nós não po-
> demos separar o conteúdo da forma, nada melhor
> do que uma ferramenta de *per si* democrática, para
> veicular, para permitir nas suas vias a notícia, a
> comunicação, que constrói a democracia. (...) O
> software livre passa a ser de fato um elemento fun-
> damental contra qualquwer tipo de invasão dentro
> da nossa democracia, da nossa soberania, da nossa
> privacidade e por isso também, ao lado do elemen-
> to fundamental de facilitar, permitir, propiciar uma
> participação democrática mais ampla, também é
> um elemento fundamental da defesa da soberania,
> da nossa liberdade.[57]

O discurso do secretário da presidência é proferido sob forte influência das revelações ocorridas em 2013 de que a agência de segurança nacional americana, a NSA, espionava o governo e os cidadãos brasileiros, assim como autoridades e civis de outros países, através da internet e das redes de telecomunicações. Por isso sua ênfase na questão da privacidade e soberania. Após essas revelações, o governo brasileiro, inclusive, anunciou o investimento em tecnologia nacional e segura, baseada em *software* livre, para combater a espionagem estrangeira.[58]

O movimento *software* livre no país também é digno de referência. Em 1999 é criado, em Porto Alegre, o Projeto Software Livre Rio Grande do Sul (PSL-RS), um grupo articulado por funcionários públicos ligados a movimentos sociais de esquerda e ao PT (Partido dos Trabalhadores). Essa estrutura do PSL seria copiada durante os anos seguintes, por di-

---

57 Disponível em: <http://convergenciadigital.uol.com.br/cgi/cgilua.exe/sys/start.htm?from_info_index=1&infoid=34553&sid=11#.Unfxl7N1fZs>. Acesso: 04 nov. 2013.

58 Disponível em: <https://www.serpro.gov.br/noticias/uso-de-e-mail-seguro-torna-se-obrigatorio-em-todo-o-governo-federal>. Acesso: 04 nov. 2013.

versos grupos de defesa do *software* livre, em diferentes regiões do país (EVANGELISTA, 2010). Unidos os PSLs regionais formam, até hoje, o PSL-Brasil ou Projeto Software Livre Brasil.

No ano seguinte, em 2000, o PSL-RS organizava a primeira edição do que se tornaria o principal e maior evento de *software* livre do país, o FISL (Fórum Internacional de Software Livre). O evento que acontece até hoje em Porto Alegre teve (tem) um papel fundamental na articulação do movimento no país. Como Rafael Evangelista destaca, o FISL "teve um papel historicamente relevante, por servir também como instrumento de pressão política e de elaboração de políticas e contato com governos" (2010, p. 76). Hoje, o FISL é organizado pela ASL (Associação Software Livre), entidade sem fim lucrativo criada em 2003, que também está à frente do PSL-Brasil, entre outros projetos.[59]

Em seu trabalho, Rafael Evangelista também chama a atenção para a importância da estrutura estatal para o desenvolvimento do movimento *software* livre no país ou, pelo menos, na região de Porto Alegre. Nos primeiros anos, a organização do FISL contou com apoio dos governos estadual e municipal, ambos do PT na época. Logo após a saída desses petistas do governo, o movimento passou a contar com o apoio do governo federal já no mandato do então presidente Luiz Inácio Lula da Silva (idem). Outro evento de destaque no cenário nacional e latino-americano é o Latinoware (Conferência Latino-americana de Software Livre), que é organizado também com o apoio do governo, anualmente e desde 2004, na cidade paranaense de Foz do Iguaçu. O evento acontece na usina hidroelétrica de Itaipu e reúne diversas comunidades de *software* livre.

Chama a atenção o fato de que os dois maiores eventos de *software* livre que acontecem no país sejam realizados na região sul. Além da própria sede da ASL, principal entidade de defesa da causa no país, ser localizada em Porto Alegre. Isso pode ser explicado, em parte, pela

---

59   Disponível em: <http://softwarelivre.org/asl/sobre/atuacao>. Acesso: 04 nov. 2013.

tradição que a região sul do país tem no movimento e pelo pioneirismo, seja em relação ao movimento ou as políticas de governo no sentido da adoção de *software* livre. O primeiro caso de uso de *software* livre na administração pública parece ter sido em Porto Alegre, durante o governo petista de Olívio Dutra.[60] E, como vimos, os interesses do movimento porto-alegrense parecem ter convergido, em alguns aspectos, com os interesses dos administradores públicos que os apoiaram e, assim, acabaram fortalecendo de certa forma o movimento na região.

O que a história do movimento brasileiro mostra, é que assim como em várias outras regiões latino-americanas, o *software* livre foi tratado (ainda é) por muitos como sinônimo de mudança social. Como uma ferramenta que pode possibilitar a igualdade de oportunidades entre nós e os países desenvolvidos. Mas esse tipo de discurso não está apenas limitado aos ativistas do movimento ou aos discursos políticos das autoridades latino-americanas interessadas no assunto, há quem o defenda também no âmbito acadêmico. Yochai Benkler (2006), por exemplo, que é professor de Direito de Harvard, defende que esse modelo de produção não mercadológica, no qual o *software* livre é baseado, pode criar uma sociedade global mais justa. Além disso, ele acredita que esse tipo de produção possa ajudar a fortalecer a economia de países mais pobres. Dessa forma eleexpressa em seu livro *The Wealth of Networks*:

> ... o surgimento de uma ampla variedade de utilidades de software livre torna mais fácil para os países pobres e de renda média obter recursos de softwares importantes. Mais importante, o software livre permite o surgimento de capacidades locais para fornecer serviços de software, tanto para usos nacionais como para base de participação em uma indústria de serviços de software global, sem necessidade de contar com a permissão de empresas multinacionais

---

60   Cf. nota 222.

> de software. Publicações científicas já estão come-
> çando a usar estratégias baseadas em commons para
> publicar importantes fontes de informação de uma
> forma que torna os resultados disponíveis livremen-
> te nos países mais pobres (p. 14, tradução nossa).[61]

A expectativa depositada no *software* livre ou na bandeira do conhecimento livre, de poder alcançar através dele uma sociedade diferente, mais justa, mais democrática e/ou transparente, denota o caráter utópico do projeto político criado por Richard Stallman. A palavra "utopia", como cunhada no século XVI por Thomas Morus, refere-se a "lugar nenhum". A palavra *tópos*, em grego, explica Marilena Chauí (2008), se refere a "lugar", enquanto o prefixo "u" é usado para dar um sentido negativo, ou seja, a palavra *utopia* significa "não lugar" ou "lugar nenhum".

Mas definir a utopia a partir dessa ideia do lugar que não existe, significa dizer que o discurso utópico se remete sempre a um lugar que "nada tem em comum com o lugar em que vivemos" (*Ibidem*, p. 7). Esse lugar, por sua vez, é sempre um lugar ideal, em um mundo ideal. Não é um lugar localizado, portanto, num espaço real, porque funciona como uma antecipação do que pode vir a ser (VÁZQUEZ, 2001).

Richard Stallman fala de informática como sendo uma questão de liberdade e do compartilhamento como sendo uma questão de ética. Acreditamos ser coerente pensar no movimento que defende o *software* livre e, de modo geral, o conhecimento livre, como uma utopia, ou seja,

---

61 No original: "...the emergence of a broad range of free software utilities makes it easier for poor and middle-income countries to obtain core software capabilities. More importantly, free software enables the emergence of local capabilities to provide software services, both for national uses and as a basis for participating in a global software services industry, without need to rely on permission from multinational software companies. Scientific publication is beginning to use commons-based strategies to publish important sources of information in a way that makes the outputs freely available in poorer countries".

A tecnoutopia do software livre

como imagem de um futuro desejável, para usar uma noção de Sánchez Vázquez (idem). Os valores que Richard Stallman e o movimento *software* livre defendem, são parte de uma utopia moderna que não deve ser encarada como ilusória ou impossível, mas como tendo seus pés fincados no real e no presente, assim como os olhos voltados para o futuro, para sua realidade desejável. É neste sentido que Sánchez Vázquez lembra que

> as utopias modernas não só se aferram ao real e criticam o presente, como também se internam imaginativamente no futuro e exploram o possível. Com isso antecipam uma realidade que ainda não é, mas que pode e deve ser. A utopia aqui não só faz ver uma inadequação entre o ideal e o real e expressa uma desconformidade com a realidade presente, como também propõe um modelo de sociedade que, ao contrário do platônico, não está fora do tempo e do possível (idem, p. 356).

Embora haja essa acusação do "ideal" como algo que não é possível de se pôr em prática, que só existe no campo das ideias e nunca se tornará real, a qual Richard Stallman se referiu no começo desse tópico; ele rebate tal acusação afirmando que o seu projeto tem se mostrado concreto e prático: "Nosso idealismo tem sido extremamente prático: é a razão pela qual temos um sistema operacional livre GNU/Linux. As pessoas que amam esse sistema deveriam saber que ele é o nosso idealismo tornado real" (2002, p. 53, tradução nossa).[62]

Adolfo Sánchez Vázquez (2001), em seu livro *Entre a realidade e a utopia*, ao apontar sete teses sobre a utopia, destaca o vínculo que há entre a utopia e a realidade, no sentido de que a primeira tem efeitos

---

62 No original: "Our idealism has been extremely practical: it is the reason we have a free GNU/Linux operating system. People who love this system ought to know that it is our idealism made real".

reais sobre a segunda. O *software* livre, enquanto uma utopia moderna, estabelece um vínculo com a realidade não só porque é a partir dela que projeta sua imagem de futuro ideal, mas também porque inspira ações e práticas reais, de sujeitos e de grupos sociais agindo no presente. Neste sentindo, o *software* livre além de utópico é também tópico, ou como explica Vázquez, "é também *topia*: faz-se presente em algum lugar" (p. 362).

Os valores defendidos pela cultura do *software* livre são preferíveis aos existentes hoje, são os valores do futuro, mas que já foram também os do passado, já que Stallman fala também de um retorno à "cultura hacker" de outrora, ou a certa ética da cooperação e da solidariedade; que pode ser pensada para além dessa "cultura hacker". A utopia do conhecimento livre, assim como qualquer outra utopia, tem efeitos reais que inspiram práticas sociais e respondem a interesses de determinado grupo social (idem).

O discurso desse movimento pelo conhecimento livre é, portanto, antes de tudo, uma expressão de desconformidade daquilo que está sendo entre aquilo que deveria ser. Fazer essa leitura é possibilitar a compreensão do movimento *software* livre para além das nuances tecnicistas que boa parte das vezes são apontadas e que podem atrapalhá-la. A técnica aqui é só mais um meio pelo qual se pode alcançar esse futuro desejável, onde o conhecimento é livre.

Em um de seus textos, intitulado *Copyright and Globalization in the Age of Computer Networks* (*Copyright* e Globalização na Era das Redes de Computador), Richard Stallman afirmou que a causa do *software* livre faz parte de uma questão política maior que envolve resistência ao poder das empresas. Assim ele se referiu à sua militância:

> Dediquei dezessete anos da minha vida trabalhando no software livre e questões relacionadas. Não fiz isso porque creio que seja a questão política mais importante no mundo. Eu o fiz porque era a área onde vi que poderia usar minhas habilidades para

A tecnoutopia do software livre

> fazer muitas coisas boas. *Mas o que aconteceu foi que as questões gerais da política evoluíram, e a maior questão política no mundo de hoje é resistir à tendência de dar às empresas mais poder sobre o povo e sobre os governos. Vejo o software livre e as* questões relacionadas com outros tipos de informação que estive discutindo hoje *como uma parte desta questão maior.* Então me encontrei trabalhando indiretamente nesta questão. Espero que possa contribuir algo para o esforço (2002, p. 144, grifo e tradução nossa).[63]

Não estaria Stallman se referindo ao *software* livre como uma arma para lutar contra a tendência neoliberalizante, que temos acompanhado na sociedade desde os anos 1970? Nessa afirmação acima, ele reforça a ideia de que o *software* livre é mais que uma alternativa na indústria do *software*, seria uma alternativa política, uma alternativa para os movimentos sociais que procuram escapar ou resistir a essa nova configuração político-econômica que estamos vivendo e também à crise de valores que nos atinge há muito.

---

63 No original: "I've dedicated seventeen years of my life to working on free software and allied issues. I didn't do this because I think it's the most important political issue in the world. I did it because it was the area where I saw I had to use my skills to do a lot of good. But what's happened is that the general issues of politics have evolved, and the biggest political issue in the world today is resisting the tendency to give business power over the public and governments. I see free software and the allied questions for other kinds of information that I've been discussing today as one part of that major issue. So I've indirectly found myself working on that issue. I hope I contribute something to the effort".

Considerações finais

A ideia de uma sociedade mais democrática e mais justa, possibilitada através da nossa interação com as tecnologias da informação que emergiram do caos bélico do século XX, tem sido defendida por diferentes gerações ao longo dos últimos 65 anos, desde a utopia cibernética de Norbert Wiener. Os discursos, claro, são variados e baseados em experiências sociais diferentes, mas a noção central da tecnologia como instrumento emancipador parece percorrer todas essas gerações. Essa visão não é exclusiva do nosso tempo, a ideia da máquina como elemento emancipador, por exemplo, pode ser observada desde Descartes, no século XVII (SUBIRATS, 1984).

A utopia do *software* livre parece ser mais uma das facetas contemporâneas de uma utopia maior que envolve a tecnologia digital. Ela possui pelo menos três características básicas. Primeira, é informada por uma utopia maior e mais antiga, que é a do conhecimento livre. Como apontei, a pauta do conhecimento livre foi retomada e ganhou um novo fôlego e uma nova roupagem com o surgimento das tecnologias digitais. Segunda, ela pode ser caracterizada como uma nova alternativa política dentro do contexto de crise política e ideológica em que vivemos. Tem sido adotada por vários grupos de esquerda em substituição à causas antigas ou "perdidas" do século passado. E terceira, seu discurso, baseado na defesa de valores historicamente mobilizadores, permite uma apropriação não só da esquerda desiludida, mas da direita que aposta no novo fôlego que o neoliberalismo ganhou com as tecnologias da informação.

Em seu livro *Software takes command* (O *software* assume o comando), Lev Manovich (2013) defende que o *software* se tornou para a nossa sociedade o que a eletricidade e o motor de combustão foram para a sociedade industrial:

> O software tem se tornado nossa interface com o mundo, com os outros, com nossa memória e imaginação – uma linguagem universal através da qual o mundo fala, e um motor universal que faz o mundo funcionar. O que a electricidade e o motor de combustão foram no começo do século XX, o software é para o início do século XXI (p. 2).[1]

Como Manovich destaca, o *software* está presente em todo lugar, podemos encontrá-lo mediando as nossas relações, viabilizando as nossas atividades diárias, as nossas transações financeiras; fazendo aeroportos funcionarem; permitindo a veículos aéreos não-tripulados levantarem voo etc. Pensar o *software* como o motor que faz funcionar as sociedades contemporâneas ou como uma cola invisível que nos une e dilui fronteiras, como sugere Manovich, significa pensá-lo como um elemento estrutural e importante na configuração social que temos hoje. A causa do Projeto GNU, a de transformar todos os programas de computador em *software* livre, neste sentido, poderia alterar profundamente não só o desenvolvimento técnico dessa ferramenta, mas as nossas relações sociais.

A mudança de uma sociedade do *software* proprietário para uma do *software* livre poderia representar, antes de tudo, a construção de uma

---

1 No original: "Software has become our interface to the world, to others, to our memory and our imagination – a universal language through which the world speaks, and a universal engine on which the world runs. What electricity and the combustion engine were to the early twentieth century, software is to the early twenty-first century".

A tecnoutopia do software livre

sociedade transparente, na medida em que as informações dos *softwares* que fazem a interface das nossas relações estariam disponíveis a todos. Pensemos nos recentes escândalos de espionagem pela internet que envolvem a NSA, governos e civis de vários países. Essa prática da espionagem pela rede, por exemplo, talvez poderia encontrar obstáculos através do uso de programas de computadores transparentes, que possuem código aberto e portanto podem revelar recursos maliciosos.

Por outro lado, uma sociedade do *software* livre, embora pretenda lutar contra todo tipo de dominação, como sugeriu Richard Stallman, não se apresentaria como uma solução anticapitalista ou não resolveria os problemas decorrentes desse sistema econômico. O projeto de sociedade defendido pelo GNU não apresenta nada além de uma reforma ou flexibilização no mecanismo de dominação deste sistema. Como procurei mostrar neste trabalho, embora o *software* livre possa aparecer como uma alternativa para a esquerda desapontada com as promessas do século XX não realizadas de uma sociedade melhor, seu campo de ação é limitado na medida em que propõe trabalhar nos termos do sistema econômico atual, driblando alguns de seus mecanismos, mas, ao mesmo tempo, cooperando com outros. Vale lembrar que muitos neoliberais e muitas empresas estão pegando carona nas oportunidades que o estilo de desenvolvimento do *software* livre fornece e reproduzindo os valores do capitalismo.

Outro ponto importante que também procurei explorar aqui é o fato de que o movimento *software* não é homogêneo. Como mostrei, ele pode tanto servir aos interesses das empresas como dos movimentos sociais, tanto aos interesses de socialistas quanto de neoliberais. Não é de se estranhar, portanto, que coletivos de esquerda façam uso de *software* livre para defender privacidade, por exemplo, ou que gigantes multinacionais façam uso dele para aumentar as suas vendas ou economizar nos seus custos, usufruindo dos benefícios de um produto no qual não tiveram gastos.

Richard Stallman, portanto, foi realista em afirmar que independente de ele querer que o *software* livre fosse uma coisa de esquerda, não há como controlar as apropriações que são feitas dele. Na América Latina, por exemplo, ele tem um tom mais esquerdista e pode funcionar para muitos como uma arma contra a dominação dos Estados mais desenvolvidos. Provavelmente seja esse o tipo de uso a qual Stallman prefira ou a qual o grupo *free* prefira. Mas essa visão não é a mesma de outras regiões do mundo, claro. Na América do Norte, por exemplo, a maioria de seus simpatizantes tem mais proximidade com a direita. Em muitas regiões do mundo, como apontou Rafael Evangelista (2010), as ideologias da direita representam mais influência para o movimento do que as da esquerda.

É importante apontar, portanto, que existem várias possibilidades de uso e de apropriação desse modelo de *software*. O fato dele representar uma utopia, não significa necessariamente que esta seja de caráter esquerdista ou que privilegie demandas de grupos da esquerda. Na verdade, o *software* livre pode servir a diferentes propósitos e pode encarnar utopias de diferentes grupos políticos. Como mostramos, há vários grupos disputando poder dentro do movimento, grupos com tendências mais tecnicistas, outros com tendência mais política. É a predominância de um ou outro grupo que dará o tom do movimento nas diversas regiões em que ele se faz presente. A tecnologia do *software* livre em si, não é boa ou má ou neutra (KRANZBERG, 1985); representará aquilo que fizermos dela.

REFERÊNCIAS

BARBROOK, Richard; CAMERON, Andy. *Californian Ideology*. 1995. Disponível em: <http://www.alamut.com/subj/ideologies/pessimism/califIdeo_I.html>. Acesso: 27 out. 2013.

BENKLER, Yochai. *The wealth of networks: how social production transforms markets and freedom*. New Haven: Yale University Press, 2006.

BRETON, Philippe. *A utopia da comunicação*. Lisboa: Instituto Piaget, 1992.

_____. *História da informática*. São Paulo: Editora UNESP, 1991.

BURKE, Peter. *Uma história social do conhecimento: de Gutenberg a Diderot*. Rio de Janeiro: Jorge Zahar Ed., 2003.

CASTELLS, Manuel. *A sociedade em rede (A era da informação: economia, sociedade e cultura; v.1)*. 3ª ed. São Paulo: Paz e Terra, 1999.

CHAUVEAU, Agnés; TÉTART, Philippe (org.). *Questões para a história do presente*. São Paulo: EDUSC, 1999.

CHAUÍ, Marilena. "Notas sobre utopia". *Ciência e Cultura*, São Paulo, n. 1, vol. 60, Julho de 2008, p. 7-12.

CERUZZI, Paul E. *A history of modern computing*. 2ª ed. Cambridge: MIT Press, 2003.

COLEMAN, Gabriella. *Coding freedom: the ethics and aesthetics of hacking*. Princenton: Princeton University Press, 2013.

DUPAS, Gilberto. *Ética e poder na sociedade da informação: de como a autonomia das novas tecnologias obriga a rever o mito do progresso.* São Paulo: Editora UNESP, 2011.

EVANGELISTA, Rafael de Almeida. *Traidores do movimento: política, cultura, ideologia e trabalho no software livre.* Tese (Doutorado em Antropologia Social) – IFCH-Unicamp, Campinas, 2010.

ESPING-ANDERSEN, Gosta. "As três economias políticas do welfare state". *Revista Lua Nova*, São Paulo, nº 24, Setembro, 1991, p. 85-116. Disponível em: <http://www.scielo.br/scielo.php?pid=S0102--64451991000200006&script=sci_arttext>. Acesso: 17 jul. 2013.

FOUCAULT, Michel. *O que é um autor?.* 7ª ed. Lisboa: Vega, 2009.

GRAD, Burton. "A Personal Recollection: IBM's Unbundling of Software and Services". *IEEE Annals of the History of Computing*, Los Alamitos, 2002, p. 64-71.

GOETZ, Martin. "Memoirs of a Software Pioneer: Part 1". *IEEE Annals of the History of Computing*, Los Alamitos, 2002. p. 43-56.

GONICK, Larry. *Introdução ilustrada à computação.* São Paulo: Editora Harper & Row do Brasil, 1984.

HAFNER, Katie; LYON, Matthew. *Where wizards stay up late: the origins of the internet.* New York: Touchstone, 1998.

HARVEY, David. *O neoliberalismo: história e implicações.* São Paulo: Edições Loyola, 2008.

HOBSBAWM, Eric J. *A era dos extremos: o breve século XX, 1914-1991.* 2ª ed. São Paulo: Companhia das Letras, 2009.

_____. In: Introdução: "A Invenção das Tradições". HOBSBAWM, Eric; RANGER, Terence (orgs). *A invenção das tradições*. Rio de Janeiro: Paz e Terra, 1997, p. 9-23.

JACOBY, Russell. *O fim da utopia: política e cultura na era da apatia*. Rio de Janeiro: Record, 2001.

JOHNSON, Luanne. "A View From the 1960s: How the Software Industry Began". *IEEE Annals of the History of Computing*, Los Alamitos, N° 1, v. 20, 1998. p. 36-42.

JOHNSON, Steven. *De onde vêm as boas ideias*. Rio de Janeiro: Zahar, 2011.

KELTY, Christopher M. *Two bits: the cultural significance of free software*. Durham: Duke University Press, 2008.

KRANZBERG, Melvin. "The Information Age: Evolution Revolution?" In: GUILE, Bruce R. *Information Technologies and Social Transformation*. Washington: National Academy. Press, p.35-53, 1985.

LEVY, Steven. *Hackers: heroes of the computer revolution*. Sebastopol: O'Reilly, 2010.

LÉVY, Pierre. *A inteligência coletiva: por uma antropologia do ciberespaço*. São Paulo: Edições Loyola, 1998.

_____. *As tecnologias da inteligência: o futuro do pensamento na era da informática*. Rio de Janeiro: Ed. 34, 1993.

_____. *Cibercultura*. São Paulo: Ed. 34, 1999.

LESSIG, Laurence. *Cultura Livre: como a mídia usa a tecnologia e a lei para barrar a criação cultural e controlar a criatividade. criação cultural e controlar a criatividade*. 1ª ed. São Paulo: Editora Trama Universitário, 2005.

MATOS, Olgária Chain Féres. "Patentes e copyrights: cleptomanias do capital". In: VILLARES, Fábio (org). *Propriedade intelectual: tensões entre o capital e a sociedade*. São Paulo: Paz e Terra, 2007.p. 25-40.

MANOVICH, Lev. *Software Takes Command*. New York: Bloomsbury Academic, 2013.

MÉSZÁROS, István. *O poder da ideologia*. São Paulo: Boitempo, 2012.

_____. *Para além do capital: rumo a uma teoria da transição*. São Paulo: Boitempo, 2002.

MOROZOV, Evgeny. *The Meme Hustler: Tim O'Reilly's crazy talk*: Disponível em: <http://thebaffler.com/past/the_meme_hustler>. Acesso: 02 out. 2013.

QUEIROZ, Francisco Assis de. *A revolução microeletrônica: pioneirismos brasileiros e utopias tecnotrônicas*. São Paulo: Annablume; Fapesp, 2007.

RICOEUR, Paul. *Ideología y utopia*. Barcelona: Editorial Gedisa, 2006.

RONZANI, Rafael Yamin. *Entre vilões e mocinhos: o software livre no contexto das Américas*. Dissertação (Mestrado em História Social) - FFLCH-USP, São Paulo, 2011.

SANTOS, Laymert Garcia dos. "Paradoxos da Propriedade Intelectual". In: VILLARES, Fábio (org). *Propriedade intelectual: tensões entre o capital e a sociedade*. São Paulo: Paz e Terra, 2007, p. 41-57.

SANTOS Fº, Gildo Magalhães dos. *Um bit auriverde: caminhos da tecnologia e do projeto desenvolvimentista na formulação duma Política Nacional de Informática para o Brasil* (1971-1992). Tese (Doutorado em História Social) - FFLCH-USP, São Paulo, 1994.

SIMON, Imre; VIEIRA, Miguel Said. "A Propriedade Intelectual diante da emergência da produção socia"l. In: VILLARES, Fábio (org).

A tecnoutopia do software livre

Propriedade intelectual: tensões entre o capital e a sociedade. São Paulo: Paz e Terra, 2007, p. 58-84.

SUBIRATS, Eduardo. *Da vanguarda ao pós-moderno*. São Paulo: Nobel, 1984.

TETÁRT, Philippe. *Pequena história dos historiadores*. Bauru: EDUSC, 2000.

TURNER, Fred. *From counterculture to cyberculture: Stewart Brand, the Whole Earth Network, and the rise of digital utopianism*. Chicago: The University of Chicago Press, 2006.

VÁZQUEZ, Adolfo Sánchez. *Entre a realidade e a utopia: ensaios sobre política, moral e socialismo*. Rio de Janeiro: Civilização Brasileira, 2001.

WILLIAMS, Sam. *Free as in Freedom: Richard Stallman's Crusade for Free Software*. Califórnia: O'Reilly Media, 2002.

FONTES

Textos

Homebrew Computer Club Newsletter. Vol. 1, #5, p.1. 5 de julho de 1975.

Homebrew Computer Club Newsletter. Vol. 1, #4, p.1. 7 de junho de 1975.

Homebrew Computer Club Newsletter. Vol. 1, #2, p.1. 12 de abril de 1975.

Homebrew Computer Club Newsletter. Vol. 1, #1. 15 de março de 1975.

Homebrew Computer Club Newsletter. Vol. 1, #2. 12 de abril de 1975.

Homebrew Computer Club Newsletter. Vol. 2, #1. 31 de janeiro de 1976.

Homebrew Computer Club Newsletter. Vol. 2, #14, 16 de fevereiro de 1977.

NELSON, Theodor. *Computer Lib/Dream Machine*. 1974.

STALLMAN, Richard M. *Free Software, Free Society: Selected Essays of Richard M. Stallman*. Boston: GNU Press, 2002.

Sites

ABC. *Estado paraguayo busca utilizar solo software libre*. Disponível em: <http://www.abc.com.py/nacionales/estado-paraguayo-busca-utilizar-solo-software-libre-para-el-2012-316067.html>. Acesso: 04 nov. 2013.

ALCALDIA BOGOTA. Disponível em: <http://www.alcaldiabogota.gov.co/sisjur/normas/Norma1.jsp?i=23574>. Acesso: 04 nov. 2013.

COMPUTER HISTORY MUSEUM. *Communicating Through Computers.* Disponível em: <http://www.computerhistory.org/revolution/the--web/20/377>. Acesso: 11 set. 2012.

_____. *Community Memory terminal.* Disponível em: <http://www.computerhistory.org/revolution/the-web/20/377/2045>. Acesso: 11 set. 2012.

_____. Disponível em: <http://s7.computerhistory.org/is/image/CHM/x210.83p-03-01?$re-story-hero$ >. Acesso: 02 abr. 2013.

_____. Disponível em: <http://archive.computerhistory.org/resources/text/Burroughs/Burroughs.B2500B3500.1966.102646229.pdf>. Acesso: 01 mar. 2013.

_____. Disponível em: <http://archive.computerhistory.org/resources/text/EAI/ElectronicAssoc.EAI640.1966.102646101.pdf>. Acesso: 01 mar. 2013.

_____. Disponível em: <http://archive.computerhistory.org/resources/text/IBM/IBM.1401.1959.102646282.pdf>. Acesso: 13 fev. 2013.

_____. Disponível em: <http://archive.computerhistory.org/resources/text/IBM/IBM.1440.1962.102646250.pdf>. Acesso: 13 fev. 2013.

_____. Disponível em: <http://archive.computerhistory.org/resources/access/text/Oral_History/102658225.05.01.acc.pdf>. Acesso: 13 fev. 2013.

COMPUTER MUSEUM. Disponível em: <http://www.computermuseum.20m.com/cgi-bin/i/images/popelec/Page%2033.jpg>. Acesso: 31 mar. 2013.

CONVERGENCIA DIGITAL. Disponível em: <http://convergenciadigital.uol.com.br/cgi/cgilua.exe/sys/start.htm?from_info_index=1&infoid=34553&sid=11#.Unfxl7N1fZs>. Acesso: 04 nov. 2013.

COPYRIGHT. Disponível em: <http://www.copyright.gov/legislation/pl105-298.pdf>. Acesso: 21 ago. 2013.

_____. *Limitations on exclusive rights: Fair use*. Disponível em: <http://www.copyright.gov/title17/92chap1.html#107>. Acesso: 27 ago. 2013.

CREATIVE COMMONS. Disponível em: <http://creativecommons.org/about>. Acesso: 02 mai. 2013.

CARNEGIE MELLON UNIVERSITY. Disponível em: *LINUX's History*. <http://www.cs.cmu.edu/~awb/linux.history.html>. Acesso: 08 set. 2013.

DIGIBARN. Disponível em: < >. Acesso: 04 jun. 2012.

_____. *Finite State Fantasies*. Disponível em: <http://www.digibarn.com/collections/comics/finite-state-fantasies/index.html>. Acesso: 07 jun. 2012.

_____. Disponível em: <http://www.digibarn.com/collections/mags/byte-sept-oct-1975/one/back.jpg>. Acesso: 28 mar. 2013.

EVERYTHING IS A REMIX. Disponível em:<http://www.everythingisaremix.info/watch-the-series/>. Acesso: 10 out. 12.

FELSEINSTEIN, Lee. Disponível em: *Social Media Technology*. <http://www.leefelsenstein.com/?page_id=125>. Acesso: 01 abr. 2013.

G1. *Brasil alcança marca de 99 milhões de computadores*. Disponível em: <http://g1.globo.com/jornal-da-globo/noticia/2012/04/brasil-alcanca-marca-de-99-milhoes-de-computadores.html>. Acesso: 17 mai. 2012.

GNU. *Initial Announcement*. Disponível em: <http://gnu.ist.utl.pt/gnu/initial-announcement.html>. Acesso: 10 abr. 2013.

_____. *15 Years of Free Software*. Disponível em: <http://www.gnu. org/philosophy/15-years-of-free-software.html>. Acesso: 20 abr. 2013.

_____. *GNU General Public License, version 1*. Disponível em: <http:// www.gnu.org/licenses/gpl-1.0.html>. Acesso: 18 abr. 2013.

_____. *A GNU GPL e o Modo Americano de Viver*. Disponível em: <http://www.gnu.org/philosophy/gpl-american-way.pt-br.html>. Acesso: 06 ago. 2013.

_____. *Did You Say "Intellectual Property"? It's a Seductive Mirage*. Disponível em: <https://www.gnu.org/philosophy/not-ipr.en.html>. Acesso: 07 ago. 2013.

_____. *Combatento Patentes de Sofware - Uma a uma e Todas Juntas*. Disponível em: <http://www.gnu.org/philosophy/fighting-softwa-re-patents.pt-br.html>. Acesso: 10 ago. 2013.

_____. *E-Books: Freedom Or Copyright*. Disponível em: <http://www. gnu.org/philosophy/ebooks.html>. Acesso: 04 mai. 2013.

_____. *Copyright versus Community in the Age of Computer Networks*. Disponível em: <https://www.gnu.org/philosophy/copyright-ver-sus-community.html>. Acesso: 04 mai. 2013.

_____. *Freedom or Power?* Disponível em: <http://www.gnu.org/philo-sophy/freedom-or-power.en.html>. Acesso: 04 mai. 2013.

_____. *BYTE Interview with Richard Stallman*. Disponível em: http:// www.gnu.org/gnu/byte-interview.html. Acesso: 19 jun. 2013.

_____. *Interview with Richard Stallman*. Disponível em: <http://www. gnu.org/philosophy/rms-interview-edinburgh.html>. Acesso: 11 jul. 2013.

A tecnoutopia do software livre

_____. *A free digital society - What Makes Digital Inclusion Good or Bad?* Disponível em: <http://www.gnu.org/philosophy/free-digital-society.html>. Acesso: 29 ago. 2013.

_____. *Evitando Compromissos Ruinosos*. Disponível em: <http://www.gnu.org/philosophy/compromise.html>. Acesso: 17 set. 2013.

HANDTAP. *Hackers - Wizards of the Electronic Age*. Disponível em: <http://www.handtap.com/hackers/>. Acesso: 25 mar. 2013.

HCDN. Disponível em: <http://www1.hcdn.gov.ar/proyxml/expediente.asp?fundamentos=si&numexp=2161-D-2013>. Acesso: 04 nov. 2013.

IBM. Disponível em: <http://www-03.ibm.com/press/us/en/pressrelease/41926.wss>. Acesso: 09 out. 2013.

INTERNET ARCHIVE. Disponível em: <http://web.archive.org/web/20110629122453/http://www.research.ibm.com/resources/awards.shtml>. Acesso: 28 fev. 2013.

INFO. *Brasil é o quinto país mais conectado do mundo*. Disponível em: <http://info.abril.com.br/noticias/internet/brasil-e-o-quinto-pais-mais-conectado-do-mundo-22042012-7.shl?>. Acesso: 17 mai. 2012.

LA NACION. *Cuba apuesta al software libre*. Disponível em: <http://www.lanacion.com.ar/1098831-cuba-apuesta-al-software-libre>. Acesso: 04 nov. 2013

MICROSOFT. *Speech Transcript* - Craig Mundie, The New York University Stern School of Business. Disponível em: <http://www.microsoft.com/en-us/news/exec/craig/05-03sharedsource.aspx>. Acesso: 05 jul. 2013.

MOLLEINDUSTRIA. Disponível em: <http://www.molleindustria.org/blog/wp-content/uploads/2012/08/computerlib_cover.png>. Acesso: 04 jun. 2012.

OREILLY. *Freeware Leaders Meet in First-Ever Summit*. Disponível em: <http://oreilly.com/oreilly/press/freeware.html>. Acesso: 15 set. 2013.

PARLAMENTO. Disponível em: <http://www.parlamento.gub.uy/dgip/websip/lisficha/fichaap.asp?Asunto=30805>. Acesso: 04 nov. 2013.

REDDIT. Disponível em: <http://blog.reddit.com/2010/07/rms-ama.html>. Acesso: 12 set. 2013.

RAYMOND, Eric. *A Fan of Freedom: Thoughts on the Biography of RMS*. Disponível em: <http://www.catb.org/esr/writings/rms-bio.html>. Acesso: 25 set. 2013.

_____. *Goodbye, "free software"; hello, "open source"*. Disponível em: <http://www.catb.org/~esr/open-source.html>. Acesso: 15 set. 2013.

_____.*Open Source Summit*. Disponível em: <http://www.linuxjournal.com/article/2918>. Acesso: 15 set. 2013.

SAMSOM, Peter R. *An Abridged Dictionary of the TMRC Language*. Disponível em: <http://www.gricer.com/tmrc/dictionary1959.html>. Acesso: 05 mar. 2013.

SGE. Disponível em: <http://sge.administracionpublica.gob.ec/files/emslapcv1.pdf>. Acesso: 04 nov. 2013.

SERPRO. *Uso de e-mail seguro torna-se obrigatório em todo o governo federal*. Disponível em: <http://www.serpro.gov.br/noticias/uso-de--e-mail-seguro-torna-se-obrigatorio-em-todo-o-governo-federal>. Acesso: 04 nov. 2013.

STALLMAN, Richard. *On hacking*. Disponível em: <http://stallman.org/articles/on-hacking.html>. Acesso: 06 mar. 2013.

_____. *Let's Limit the Effect of Software Patents, Since We Can't Eliminate Them*. Disponível em: <http://www.wired.com/opinion/2012/11/richard-stallman-software-patents/>. Acesso: 11 ago. 2013.

STARTUP. *A second and final letter*. Disponível em: <http://startup.nmnaturalhistory.org/gallery/notesViewer.php?ii=76_4&p=5>. Acesso: 14 set. 2012.

SOFTWARE LIBRE. *Ley de telecomunicaciones* 2011. Disponível em: <http://www.softwarelibre.org.bo/wiki/doku.php?id=ley_de_tele-comunicaciones_2011>. Acesso: 04 nov. 2013.

SOFTWARE LIVRE. Disponível em: <http://www.softwarelivre.gov.br/noticias/News_Item.2006-06-06.4923/>. Acesso: 04 nov. 2013.

_____. *Software livre também é economia para o Estado*. Disponível em: <http://www.softwarelivre.gov.br/noticias/software-livre-tambem--e-economia-para-o-estado/>. Acesso: 04 nov. 2013.

_____. Disponível em: <http://softwarelivre.org/asl/sobre/atuacao>. Acesso: 04 nov. 2013.

TED. Kirby Ferguson: *Abraçando o remix*. Disponível em:<http://www.ted.com/talks/kirby_ferguson_embrace_the_remix.html>. Acesso: 07 out. 2012.

THE REGISTER. *MS' Ballmer: Linux is communism*. Disponível em: <http://www.theregister.co.uk/2000/07/31/ms_ballmer_linux_is_communism/>. Acesso: 05 jul. 2013.

THE JARGON FILE. *The Meaning of 'Hack'*. Disponível em: <http://catb.org/jargon/html/meaning-of-hack.html>. Acesso: 18 mar. 2013.

TANYA REZA ERVANI. Disponível em: <http://tanyarezaervani.files.
wordpress.com/2011/09/0forbes.jpg>. Acesso: 06 ago. 2013.

TECNOLOGIA. *Internet atinge 2,1 bilhões de usuários no mundo em
2011*. Disponível em: <http://tecnologia.uol.com.br/ultimas-noti-
cias/redacao/2012/01/18/internet-atinge-21-bilhoes-de-usuarios-
-no-mundo-em-2011-aponta-consultoria.jhtm>. Acesso: 17 mai.
2012.

VIMEO. *Everything is a Remix Part 2*. Disponível em: <http://vimeo.
com/19447662>. Acesso: 14 jul. 2013.

WIKIPEDIA. *WarGames*. Disponível em: <http://pt.wikipedia.org/wiki/
WarGames>. Acesso: 06 mar. 2013.

_____. *Revenge of the Nerds*. Disponível em: <http://en.wikipedia.org/
wiki/Revenge_of_the_Nerds>. Acesso: 19 mar. 2013.

_____. 1984 (advertisement). Disponível em: <http://en.wikipedia.org/
wiki/1984_(advertisement)>. Acesso: 04 abr. 2013.

_____. *Digital Millennium Copyright Act*. Disponível em: <http://
pt.wikipedia.org/wiki/Digital_Millennium_Copyright_Act>.
Acesso: 22 ago. 2013.

_____. *Freeware*. Disponível em: <http://en.wikipedia.org/wiki/Freeware>.
Acesso: 23 jun. 2013.

_____. Disponível em: <http://upload.wikimedia.org/wikipedia/com-
mons/thumb/5/53/GNU_and_Tux.svg/620px-GNU_and_Tux.svg.
png>. Acesso: 12 set. 2013.

_____. *Yuppie*. Disponível em: < >. Acesso: 08 nov. 2013.

WHOLE EARTH CATALOG. *Whole Earth Catalog Fall 1968*. Disponível
em: <http://www.wholeearth.com/issue-electronic-edition.
php?iss=1010>. Acessado em: 07 mai. 2012.

WHEELS. *Spacewar: Fanatic Life and Symbolic Death Among the Computer Bums*. Disponível em: <http://www.wheels.org/spacewar/stone/rolling_stone.html>. Acesso: 27 mar. 2013.

WELL. *Community Memory*. Disponível em: <http://www.well.com/~szpak/cm/index.html>. Acesso: 25 mai. 2012.

WEBSPACE. *Richard Stallman: "Software Livre não é pela direita nem pela esquerda"*. Disponível em: <http://webspace.webring.com/people/gu/um_6465/direita_esquerda.html>. Acesso: 05 jul. 2013.

YOUTUBE. *Richard Stallman: Snowden and Assange besieged by empire but not defeated*. Disponível em: <http://www.youtube.com/watch?v=SUJtMlEwd6Q>. Acesso: 29 ago. 2013.

ZCOMMUNICATIONS. *Free Software as a Social Movement*. Disponível em: <http://www.zcommunications.org/free-software-as-a-social--movement-by-richard-stallman>. Acesso: 22 jul. 2013.

Documentários

All watched over by machines of loving grace. Produção de Adam Curtis. Reino Unido, 2011.

Everything is a remix. Produção de Kirby Ferguson. New York, 2011.

Hackers: wizards of the Electronic Age. Produção de Fabrice Florin. Estados Unidos, 1986.

Improprietário: o mundo do software livre. Produção de Jota Rodrigo e Daniel Bianchi. Brasil, 2009.

Revolution OS. Produção J. T. S. Moore. Estados Unidos, 2001.

Anexos

ANEXO A – Anúncio inicial do GNU

From   CSvax: pur-ee:inuxc!ixn5c!ihnp4!houxm!mhuxi!eagle!mit--vax!mit-eddie!RMS@MIT-OZ

From: RMS%MIT-OZ@mit-eddie

Newsgroups: net.unix-wizards,net.usoft

Subject: new UNIX implementation

Date: Tue, 27-Sep-83 12:35:59 EST

Organization: MIT AI Lab, Cambridge, MA

Free Unix!

Starting this Thanksgiving I am going to write a complete Unix-compatible software system called GNU (for Gnu's Not Unix), and give it away free to everyone who can use it. Contributions of time, money, programs and equipment are greatly needed.

To begin with, GNU will be a kernel plus all the utilities needed to write and run C programs: editor, shell, C compiler, linker, assembler, and a few other things. After this we will add a text formatter, a YACC, an Empire game, a spreadsheet, and hundreds of other things. We hope to supply, eventually, everything useful that normally comes with a Unix system, and anything else useful, including on-line and hardcopy documentation.

GNU will be able to run Unix programs, but will not be identical to Unix. We will make all improvements that are convenient, based on our experience with other operating systems. In particular, we plan to have longer filenames, file version numbers, a crashproof file system, filename completion perhaps, terminal-independent display support, and eventually a Lisp-based window system through which several Lisp programs and ordinary Unix programs can share a screen.

Both C and Lisp will be available as system programming languages.

We will have network software based on MIT's chaosnet protocol, far superior to UUCP. We may also have something compatible with UUCP.

Who Am I?

I am Richard Stallman, inventor of the original much-imitated EMACS editor, now at the Artificial Intelligence Lab at MIT. I have worked extensively on compilers, editors, debuggers, command interpreters, the Incompatible Timesharing System and the Lisp Machine operating system.

I pioneered terminal-independent display support in ITS. In addition I have implemented one crashproof file system and two window systems for Lisp machines.

Why I Must Write GNU

I consider that the golden rule requires that if I like a program I must share it with other people who like it. I cannot in good conscience sign a nondisclosure agreement or a software license agreement.

So that I can continue to use computers without violating my principles, I have decided to put together a sufficient body of free software so that I will be able to get along without any software that is not free.

How You Can Contribute

I am asking computer manufacturers for donations of machines and money. I'm asking individuals for donations of programs and work.

One computer manufacturer has already offered to provide a machine. But we could use more. One consequence you can expect if you donate machines is that GNU will run on them at an early date. The machine had better be able to operate in a residential area, and not require sophisticated cooling or power.

Individual programmers can contribute by writing a compatible duplicate of some Unix utility and giving it to me. For most projects, such part-time distributed work would be very hard to coordinate; the independently-written parts would not work together. But for the particular task of replacing Unix, this problem is absent. Most interface specifications are fixed by Unix compatibility. If each contribution works with the rest of Unix, it will probably work with the rest of GNU.

If I get donations of money, I may be able to hire a few people full or part time. The salary won't be high, but I'm looking for people for whom knowing they are helping humanity is as important as money. I view this as a way of enabling dedicated people to devote their full energies to working on GNU by sparing them the need to make a living in another way.

For more information, contact me.

Arpanet mail:

RMS@MIT-MC.ARPA

Usenet:

...!mit-eddie!RMS@OZ

...!mit-vax!RMS@OZ

US Snail:

Richard Stallman

166 Prospect St

Cambridge, MA 02139

ANEXO B – GNU GPL Versão 1

Disponível em: https://www.gnu.org/licenses/gpl-1.0.html.

A tecnoutopia do software livre

ANEXO C – An Open Letter to Hobbyists

-2-

February 3, 1976

An Open Letter to Hobbyists

To me, the most critical thing in the hobby market right now is the lack of good software courses, books and software itself. Without good software and an owner who understands programming, a hobby computer is wasted. Will quality software be written for the hobby market?

Almost a year ago, Paul Allen and myself, expecting the hobby market to expand, hired Monte Davidoff and developed Altair BASIC. Though the initial work took only two months, the three of us have spent most of the last year documenting, improving and adding features to BASIC. Now we have 4K, 8K, EXTENDED, ROM and DISK BASIC. The value of the computer time we have used exceeds $40,000.

The feedback we have gotten from the hundreds of people who say they are using BASIC has all been positive. Two surprising things are apparent, however. 1) Most of these "users" never bought BASIC (less than 10% of all Altair owners have bought BASIC), and 2) The amount of royalties we have received from sales to hobbyists makes the time spent on Altair BASIC worth less than $2 an hour.

Why is this? As the majority of hobbyists must be aware, most of you steal your software. Hardware must be paid for, but software is something to share. Who cares if the people who worked on it get paid?

Is this fair? One thing you don't do by stealing software is get back at MITS for some problem you may have had. MITS doesn't make money selling software. The royalty paid to us, the manual, the tape and the overhead make it a break-even operation. One thing you do do is prevent good software from being written. Who can afford to do professional work for nothing? What hobbyist can put 3-man years into programming, finding all bugs, documenting his product and distribute for free? The fact is, no one besides us has invested a lot of money in hobby software. We have written 6800 BASIC, and are writing 8080 APL and 6800 APL, but there is very little incentive to make this software available to hobbyists. Most directly, the thing you do is theft.

What about the guys who re-sell Altair BASIC, aren't they making money on hobby software? Yes, but those who have been reported to us may lose in the end. They are the ones who give hobbyists a bad name, and should be kicked out of any club meeting they show up at.

I would appreciate letters from any one who wants to pay up, or has a suggestion or comment. Just write me at 1180 Alvarado SE, #114, Albuquerque, New Mexico, 87108. Nothing would please me more than being able to hire ten programmers and deluge the hobby market with good software.

Bill Gates

Bill Gates
General Partner, Micro-Soft

ANEXO D – A second and final letter

A Second and Final Letter

from Bill Gates

Since sending out my "OPEN LETTER TO HOBBYISTS" of February 3rd I have had innumerable replies and an opportunity to speak directly with hobbyists, editors and MITS employees at MITS's World Altair Computer Convention, March 26-28. I was surprised at the wide coverage given the letter, and I hope it means that serious consideration is being given to the issue of the future of software development and distribution for the hobbyist. In my remarks at the WACC I spent a great deal of time explaining why I think software makes the difference between a computer being a fascinating educational tool for years and being an exciting enigma for a few months and then gathering dust in a closet.

Unfortunately, some of the controversy raised by my letter focused upon me personally and even more inappropriately upon MITS. I am not a MITS employee and perhaps no one at MITS agrees with me absolutely, but I believe all were glad to see the issues I raised discussed. The three negative letters I received objected to the fact that I stated that a large percentage of the computer hobbyists have stolen software in their possession. My intent was to indicate that a significant number of the copies of BASIC currently in use were not obtained legitimately and not to issue a blanket indictment of computer hobbyists. On the contrary, I find that the majority are intelligent and honest individuals who share my concern for the future of software development. I also received letters from hobbyists who saw the stealing going on and were unhappy about it, and from small companies that are reluctant to provide software because they don't think enough people will buy the software to justify its development. Perhaps the present dilemma has resulted from a failure by many to realize that neither Micro-Soft nor anyone else can develop extensive software without a reasonable return on the huge investment in time that is necessary.

The reasons for writing my first letter were to open the issue for discussion, let people know that someone was upset about the stealing that was going on, and to express concern about the effect such activities will have on future software development. Some letters suggested that software should be sold for a flat fee to hardware companies who would add the cost of the software to the price of their computer. Whether this is legal or not, the marketability of software to hardware companies is questionable when software is so freely shared among hobbyists. Providing software in ROM may help, but committing a complex software package to ROM before it has been field tested means that users will have to accept the bugs that inevitably turn up. Having a select trustworthy group do field testing for six months would mean that most of the bugs could be eliminated, but delaying the introduction of a product this long isn't feasible or desirable. In any event, software on ROM can be copied.

In discussing software, I don't want to leave out the most important aspect, viz., the exchange of those programs less complex than interpreters or compilers that can be written by hobbyists and shared at little or no cost. I think in the forseeable future, literally thousands of such programs will be available through user libraries. The availability of standardized compilers and interpreters will have a major impact on how quickly these libraries develop and how useful they are.

Two factors that will encourage people to develop software are that the hobbyist market is expanding rapidly and that many commercial applications of microcomputers require the same software that hobbyists need. Unfortunately, some of the companies I have talked to about microcomputer software are reluctant to have it distributed to the hobbyist, some of whom will steal it, when the company is being asked to pay a huge sum to finance the software development.

To avoid an endless dialogue, and to keep the current controversy centered on the primary issue, this is the last open letter I will write on this subject. I thank those who responded in writing to my first letter.

APL is well under way and should be completed by the middle of the summer, when it will be made available to hobbyists. Micro-Soft also has a high-level language compiler in the design stage and is trying to work out a way to publish the source of one of its interpreters in a fairly inexpensive book form along with about one hundred pages of explanatory text.

Bill Gates
General Partner,
Micro-Soft

mits mobile caravan seminar

The mobile van that formerly transported the MITS Caravan Seminars to cities across the U. S. has been retired, but the seminars themselves are still going strong. The seminars are being recorded on videotape and will be available for viewing at all MITS local dealer outlets.

The computer stores will be scheduling the videotaped seminars beginning in July, and the qualified personnel who staff each store will be on hand to assist with any questions you may have during the presentations.

The tapes have been prepared at the MITS plant in Albuquerque under the supervision of Pat Ward and Bob Scott. Some of the topics that will be covered include machine language programming, how to use BASIC, interfacing techniques, and logic circuitry.

Our original goal in bringing you the MITS Mobile Computer Caravan was to introduce the idea of low-cost computing to as many people as possible. We feel our videotape presentations will accomplish this same goal much more effectively and efficiently.

A tecnoutopia do software livre

ANEXO E - Carta de Mike Hayes a Bill Gates

-2-

20 February 1976

Mike Hayes, MNH-AE
P. O. Box 167
Port Orchard, Wash. 98366

Bill Gates, Micro-Soft
1180 Alvarado S.E. No. 114
Albuquerque, New Mexico 87108

Regarding your Letter of 3 February 1976 Appearing in Homebrew
Computer Club Newsletter Vol. 2 No. 1

Dear Mr. Gates:

Your software has helped many hobbyists, and you are to be thanked
for it! However, you should not blame the hobbyists for your own
inadequate marketing of it. You gave it away; none stole it from you.
Now you're asking for software welfare so you can give more away.
If $2/hr is all you got for your efforts, then $2/hr is what they're
worth on the free market. You should either change your product or
change your way of selling it, if you feel it'll bring more money.
I'm sure that if I were MITS, I'd be chuckling all the way to the bank
over the deal I got from you. After all, your marvelous software has
allowed them to sell a computer which, without it, none would have
touched, except as a frustrating novelty item.

I congratulate you and MITS upon being major influences in the
founding of the computer hobby market. It's too bad you didn't get
the profit from your efforts that they did from theirs, but that's your
fault, not theirs or the hobbyists. You underpriced your product.

If you want monetary reward for your software creations, you had
better stop writing code for a minute and think a little harder about
your market and how you are going to sell to it. And, by the way,
calling all of your potential future customers thieves is perhaps
"uncool" marketing strategy!

Sincerely yours,

Dr. Michael N. Hayes

MNH-Applied Electronics

Copy to: R. Reiling
          Homebrew Computer Club

ANEXO F – Carta de Charles Pack a Bill Gates

-3-

Dear Mr. Gates,

I was gratified to see your letter published in the HOMEBREW COMPUTER CLUB NEWSLETTER. I am one of the 10% minority who paid for Altair 8K BASIC. One of the reasons I invested a substantial amount of money in an Altair with 8K of dynamic RAM memory and I/O board, was so I could get 8K BASIC, which I plan to use for accounting and other applications.

As a professional programmer/analyst with almost 10 year's background in accounting, manufacturing and research applications using COBOL, PL/1 and assembler language, I deplore the flagrant abuse of copyrighted software apparently practiced by many hobbyists, and some professionals too. What is the difference between stealing software and someone's stereo outfit? In either case the guilty party is a common thief.

There appears to be a doubt in some people's minds that charges for infringement of software copyrights would stand up in court. Unfortunately, computer programs are very easy to copy and steal. I'm not a lawyer, but I read in Computerworld and other industry publications about cases which have stood up.

I have no objection to legitimately paying $75 for 8K BASIC, or to being required to purchase suitable hardware in order to qualify for that price. However, I resent the fact that people are getting free bootlegged copies.

I would like to develop some good software for business and accounting applications using microprocessors. If I were to spend hundreds of hours of my time - not to mention some money too - on a general ledger package, why should I give it away for someone else to sell services on? We programmers have to eat, too! So why should BASIC or APL be given away?

Charles L. Pack

ANEXO G - Goodbye, "free software"; hello, "open source"

After the Netscape announcement broke in January I did a lot of thinking about the next phase -- the serious push to get "free software" accepted in the mainstream corporate world. And I realized we have a serious problem with "free software" itself.

Specifically, we have a problem with the term "free software", itself, not the concept. I've become convinced that the term has to go.

The problem with it is twofold. First, it's confusing; the term "free" is very ambiguous (something the Free Software Foundation's propaganda has to wrestle with constantly). Does "free" mean "no money charged?" or does it mean "free to be modified by anyone", or something else?

Second, the term makes a lot of corporate types nervous. While this does not intrinsically bother me in the least, we now have a pragmatic interest in converting these people rather than thumbing our noses at them. There's now a chance we can make serious gains in the mainstream business world without compromising our ideals and commitment to technical excellence -- so it's time to reposition. We need a new and better label.

I brainstormed this with some Silicon Valley fans of Linux (including Larry Augustin of the Linux International board of directors) the day after my meeting with Netscape (Feb 5th). We kicked around and discarded several alternatives, and we came up with a replacement label we all liked: "open source".

We suggest that everywhere we as a culture have previously talked about "free software", the label should be changed to "open source". Open-source software. The open-source model. The open source culture. The Debian Open Source Guidelines. (In pitching this to the corporate world I'm also going to be invoking the idea of "peer review" a lot.)

And, we should explain publicly the reason for the change. Linus Torvalds has been saying in "World Domination 101" that the open--source culture needs to make a serious effort to take the desktop and engage the corporate mainstream. Of course he's right -- and this re-labeling, as Linus agrees, is part of the process. It says we're willing to work with and co-opt the market for our own purposes, rather than remaining stuck in a marginal, adversarial position.

This re-labeling has since attracted a lot of support (and some opposition) in the hacker culture. Supporters include Linus himself, John "maddog" Hall, Larry Augustin, Bruce Perens of Debian, Phil Hughes of Linux Journal. Opposers include Richard Stallman, who initially flirted with the idea but now thinks the term "open source" isn't pure enough.

Bruce Perens has applied to register "open source" as a trademark and hold it through Software in the Public Interest. The trademark conditions will be known as the "Open Source Definition", essentially the same as the Debian Free Software Guidelines.

It's crunch time, people. The Netscape announcement changes everything. We've broken out of the little corner we've been in for twenty years. We're in a whole new game now, a bigger and more exciting one -- and one I think we can win.

(A note about usage. In accordance with normal English practice, the term is "open source" standing alone, but "open-source" used as an adjective or in compounds; thus, "open-source software".)

(Yes, we're aware of the specialized meaning "open source" has in the intelligence community. This is a feature, not a bug.)

ANEXO H - The Open Source Definition

Disponível em: https://opensource.org/osd.

Agradecimentos

Esse livro é uma realização pessoal e profissional de alguém que se apaixonou por *software* livre como um projeto político, que foi capaz de me mobilizar para defender sua causa durante os últimos nove anos; e como um objeto de pesquisa acadêmica com um grande potencial para, a partir de uma abordagem historiográfica, fornecer indícios de como a nossa sociedade contemporânea tem construído suas tecnoutopias. Ele representa o trabalho de pesquisa realizado durante o meu mestrado em História Social na Universidade de São Paulo, que concluí em 2014. Pelo suporte que me foi dado e pelo entusiasmo demonstrado por muitas pessoas e instituições durante o processo de realização do trabalho que culminou neste livro, gostaria de agradecer aqui à algumas delas.

Primeiro à minha família, em especial à minha mãe Maria da Cruz, aos meus irmãos Célio e Andréa, e aos meus avós maternos João e Rosa, que embora às vezes talvez não entendessem porque eu tenho que estudar tanto e por tanto tempo, sempre me apoiaram nessa caminhada e sempre demonstraram estarem orgulhosos do caminho que estou seguindo.

À Filipe Saraiva pelo amor tão companheiro, por acreditar em mim (às vezes mais do que mesma), pelo carinho e entusiasmo compartilhado pelo tema e pelo campo de pesquisa. E, por fim, por ter me apresentado ao *software* livre, sei que também se sente realizado com esse livro.

À Francisco Queiroz, que foi meu orientador durante o mestrado e que escolheu me acompanhar novamente durante o doutorado, sempre muito paciente e compreensivo, a quem o tema nunca pareceu fora do escopo dos historiadores. Agradeço a ele por acreditar nas possibilidades do trabalho que gerou este livro e por apostar na minha capacidade de realizá-lo. Agradeço também pelas conversas frutíferas sobre a pesquisa, sobre política, sobre ciência, enfim, sobre uma infinidade de temas que caracterizam sempre um bate-papo com ele.

Também sou muito grata à minha banca de qualificação e defesa do mestrado, composta pelos professores Rafael Evangelista (Unicamp) e Gildo Magalhães (USP), para os quais esse trabalho pareceu digno de publicação. Suas sugestões durante o meu exame de qualificação me forneceram segurança sobre o que eu estava fazendo e me apontaram possibilidades muito enriquecedoras sobre como abordar o tema e construir meus argumentos. Além disso, suas arguições na banca de defesa me ajudaram e ajudarão a continuar investindo nos acertos e a evitar os possíveis equivocos aos quais todo pesquisador está suscetível.

Aaos meus amigos de longa data, Paulo Roberto e Mauricio Feitosa, quase irmãos, com os quais aproveitei os melhores anos da graduação e com os quais dividi também todos os prazeres e as dores da pós. Agradeço pelo afeto, pelos conselhos, pela paciência em me ouvir e pelas piadas que espero que a gente nunca deixe de fazer com as coisas que nos acontecem.

Às minhas queridas amigas, Bianca Oliveira, Tainah Negreiros e Patricia Vaz, que acompanharam de perto as minhas aflições com a pesquisa e que sempre foram vozes sensatas e animadoras quando me batia cansaço ou dúvida.

Gostaria de agradecer à FAPESP (Fundação de Amparo à Pesquisa do Estado de São Paulo) pelo apoio financeiro, sem o qual seria mais difícil levar adiante o meu projeto de mestrado e a sua transformação neste livro. Tal apoio institucional atestou a pertinência e a relevância de um trabalho historiográfico sobre o tema *software* livre, ainda que alguns (ou muitos?) possam considerá-lo inadequado para a área.

Não posso esquecer, por fim, de demonstrar minha gratidão, com muito carinho, as comunidades de *software* livre, principalmente a minha

A tecnoutopia do software livre

comunidade KDE, pelo seu trabalho diário na construção de tecnologias de código aberto, ferramentas de resistência a um mundo tecnológico que tem se mostrado cada vez mais fechado e proprietário.

Alameda nas redes sociais:
Site: www.alamedaeditorial.com.br
Facebook.com/alamedaeditorial/
Twitter.com/editoraalameda
Instagram.com/editora_alameda/

Esta obra foi impressa em São Paulo na primavera de 2018. No texto foi utilizada a fonte Minio Pro em corpo 10,25 e entrelinha de 15 pontos.